丹宗曉信・小田中聰樹 編

規制緩和・司法改革・独占禁止法

構造改革批判と法の視点

花伝社

はじめに

「失われた十年」が悲嘆や諦観とともに語られて久しい。バブルに酔っていた日本の社会と経済は、その崩壊とともに出口の見えないトンネルの闇の中を迷走してきた。「構造改革」は、長期停滞から脱出する切り札なのか。昨今の「薄明かり」は、本当に再生へ向かう光明なのか。

本書は、日本の社会と経済を二一世紀に向けてバージョンアップするために、一九九〇年前後から政府によって進められてきた「構造改革」について、社会正義と権利論を中心とする法学的視点から検討することを課題とするものである。

一口に「構造改革」といっても、読者が想起される具体的な対象はさまざまであろう。あらかじめ本書で論じられる「構造改革」について対象を明示しておけば、本書のサブタイトルが示すように、近年日本において行われてきた規制緩和、司法改革、そして経済法・独占禁止法の展開である。もっとも「構造改革」についての観方や評価は、執筆者全員が完全に一致しているわけではないかもしれない。共通点があるとすれば、国民、市民のための構造改革が進まないことと為すべからざる「構造改革」が行われつつあることへの批判であろう。

本書は「第Ⅰ部　現代の法と社会」と「第Ⅱ部　独禁法・独禁政策上の諸問題」の二部からなる。第Ⅰ部では、今日課題とされている司法改革（三・四章）と規制緩和（五・六・七・八・九章）が主題として論じられる。まず、司法改革や規制緩和と関連して、「日本社会の『近代化』と『法化』」（一章）や「近代法における『共同性』の『発見』」（二章）といった概念に基づいて、法の基礎理論的考察が行われている。また、政府が諸改革の「最後のかなめ」として位置づける司法改革については、「裁判員制度の批判的考察」（三章）が、同制度の今後の推移を見ていく上で有益な基準を提供し、最高裁事務総局の支配する日本の司法官に較べて、自治組織の確立しているイタリアの司法官組織やそこにおける司法官の地位を紹介する第四章が、彼我の相違を浮き彫りにし、日本においても参考とされるべき課題を提供する。

「社会保障の規制緩和」（六章）と「農地制度の規制緩和」（七章）の二本の論文は、本来、市場の論理になじまない「社会保障」の市場化や「農地」の土地市場への開放が、誤った規制緩和であることを厳しく批判している。すなわち、医療・福祉・教育・農業といった（社会法的）分野は、規制を必要とする分野であるにもかかわらず、規制緩和（＝市場の論理）に名を借りて、人権や生存権を脅かすおそれのある改悪がなされつつあることを指摘するものである。第Ⅰ部には、さらに産業再生法（八章）とコンビニ・フランチャイズをめぐる訴訟（九章）の詳細な検討が含まれている。

第Ⅱ部では、独禁法・独禁政策上の諸問題が論じられる。規制緩和の一般理論からすれば、行政による経済統制や経済に関する許認可は、自由競争の制限や公正競争を阻害するものが多く、これらの経済規制は原則自由とされるべきとされる。しかし、独禁法の分野では、消費者保護を目的に公正競争を促進する観点から、規制の緩和ではなく、規制の強化が要求されるのである。独禁法の観点からの構造改革批判とは、独占やカルテルや不公正な取引方法から、消費者や中小企業者が保護されているかどうかの検討である。

「独占禁止法違反の民事的規制措置の検討」（一〇章）は、私人による訴訟（民事訴訟）の活用が、独禁法違反行為により損なわれた私人の権利利益の回復のみならず、独禁法違反行為を抑制する間接的効果の大きいことを説く。また、企業の合併がいかに競争制限や競争減殺をもたらすかといった観点から、合併規制の必要性とその問題点を検討したのが、「協調行動の予防としての水平型合併規制」（一四章）である。これは、アメリカにおける合併規制の独禁法理論を判例に即して展開しており、日米における合併・集中規制の厳格さの違いを理解するのにも役立つであろう。

今日、司法改革の一環として、弁護士報酬の自由化と(業務)広告規制が検討されているが、それらがアメリカにおいて判例法上どのように展開されてきたかを検討したのが、「弁護士報酬、広告と反トラスト法」(一三章)である。「農業協同組合とシャーマン法」(一一章)は、農業協同組合に対してシャーマン法の適用除外を認めないアメリカの判例をフォローする。「インドネシアにおける競争法の成立と構造」(一二章)は、競争法を先進国型競争法(競争タイプI)と開発途上国型競争法(競争法タイプII)とに分類し、日本の独禁法は競争法タイプIIからタイプIに移行しつつある独禁法であるので、アジア諸国が参考としうる独禁法であり、アジアにおける国際独禁協定作成に寄与しうるものであることを説くユニークな論攷である。

以上のように、本書は、法の基礎理論、規制緩和、司法改革、経済法・独占禁止法など、「構造改革」が課題とされる日本の社会と経済について、比較法学的検討も含めて実にさまざまなアングルから、まさに多面的な検討を行うものである。重要な課題を論じたつもりであるが、本書が成功しているかどうかについては読者諸賢のご意見を期待したい。

最後になったが、学術書・専門書の出版事情が厳しい中、本書の刊行を快く引き受けていただいた花伝社社長の平田勝氏と、編集にご尽力下さった柴田章氏に厚くお礼を申し上げる。

二〇〇四年五月一日

編　者

目次

第Ⅰ部　現代の法と社会

第1章　日本社会の「近代化」と「法化」

広渡　清吾

一　問題の設定

日本の法学界で「法化」ということばが流通し始めたのは、一九八〇年代の半ばころのことである。このことばは、日本の多くの学術用語と同様に、翻訳語であり、英語のLegalization、ドイツ語のVerrechtlichungが原語である。発生史を厳密にたどれば、法化の概念は、それぞれの原産国において、また、論者によって、異なった文脈で用いられている。[1] アメリカでは例えば、あらゆる「社会的」紛争を訴訟に持ち込み「法的」紛争として法的な解決を目指すことによってかえって社会的紛争の真の解決を遠ざけることになることが、「法化」の問題として論じられている。これは、社会的紛争解決の「脱文脈化」とよばれる。[2] ドイツでは、福祉国家のもとで人々の生活世界に対する法の介入、ないし規制作用が拡大し、生活世界の自律性が失われること、あるいは法が経済や政治の領域に過剰に介入することによって逆にシステムとしての法の自律性が侵害され、法の機能不全が生じるという事態が問題状況として分析され、「法化」という概念によって把握された。[3]

以上のように、法化の概念で語られているのは、背景となる文脈が異なるが、いずれも社会の高組織化・高密度化のなかで、法が社会に対して「過剰」に作用し、そこから法のあり方や機能について問題が生じているという認識である。したがってこのような意味での法化概念は、現代社会におけるネガティブな問題現象を把握するものとして用いられている。

法化の問題を現代日本社会のなかで考察する場合、日本における民事訴訟の利用や法曹の人数がアメリカ合衆国やドイツとの比較において著しく少ないという現実にまず直面する。現在、日本では司法制度改革審議会の答申(二〇〇一年六月)に基づく司法改革が進展中であり、二〇〇四年四月からは新しい法曹養成機関である法科大学院が発足する予定である(4)。このような司法改革の前提認識になったのは、まさに訴訟利用と法曹の少なさであった。それゆえこれを増加させようという「改革」の展望は「法化社会へ日本が変わる」という標語で示される(5)。ここでは、「法化」がポジティヴな意義において利用されている。言い換えれば、法化概念が「法化先進国」から現代日本社会に持ち込まれると、日本社会では「法化」をネガティブな問題現象とするほどに「法が過剰」ではなく、むしろ、法の社会への浸透が遅れているということがあらためて「法化」概念によって問題とされるのである。

日本社会への法の浸透が遅れているという問題は、振り返れば第二次大戦後の日本の法律学が日本社会にとっての克服すべき課題として取り上げたものであった。そこで問題とされたのは、日本社会の社会関係が伝統的な社会規範(不定量で共同体的・慣行依存的な内容をもつ義理・人情規範(6))によって統制され、近代的な権利・義務関係として確立せず、それゆえ紛争がそれぞれの社会領域の社会規範に応じて解決され、そのため法による解決を求めて裁判所に持ち出されることが少ない、ということであった。この状態は、新憲法の下で民主主義の実現、個人の尊重及び基本的人権の確立が要請され、日本社会の「近代化」が課題とされるなかで、あわせて「克服すべき問題」として位置づけられたのである。当時の代表的論者、民法学者で、日本の法社会学のパイオニアでもある川島武宜(一九〇九—一九九二)は、次のような診断を「日本社会と法」について行なった。

川島によれば、明治以降の法体制の整備および第二次大戦後の占領下の改革は、なるほど日本における法制度上の近代化を進めたが、これには社会の人々の意識や関係の近代化がともなっておらず、したがっていまや課題は、制度的な近代、「紙のうえにある近代」を現実の生活のなかに実現すること、すなわち社会における「生ける法」（社会において現実に作用し、人々を現実に支配している規範）の近代化を推し進めることである。(7) より具体的にいえば、川島は、社会のなかに「生ける法」として存続する日本社会の伝統的な社会規範（義理・人情規範）を解体し、人々の法意識を変革し、権利意識を確立することの重要性を主張したのである。川島は、戦後初期には「生ける法」の近代化を近代法制度に不可欠の「精神的要素」の確立として位置づけ、それを「民主化」＝民衆の主体性の確立の課題と結びつけて捉えていたが、戦後の時代を経るにつれて（一九六〇年代の高度成長期ころには）、権利意識の確立を社会・経済構造の変化（工業化・都市化）、すなわち資本主義の進展と結びつける客観主義的理解に相対的にシフトしていった。いずれにしても川島は、「生ける法の近代化」によって権利意識を確立した人々が、自己の権利の実現のために裁判所を益々多く利用するようになることを展望したのである。(8)

川島の仮説は、ポジティブな意味（権利義務関係としての法の社会への浸透）において「法化」の概念を用いるならば、「日本社会の近代化は日本社会の法化を推し進める」ということに他ならない。また川島は、ここでいう「近代化」を社会の「民主化」と「資本主義化」の二つの道筋で捉えている。それでは、司法改革によって「法化社会」を目指すという現代日本社会の状態は、川島のこの仮説とどのように関係するだろうか。川島の仮説の有効性についてはこれまでもさまざまな議論があるが、(9) 川島が戦後日本の出発に際して「日本社会と法」のトータルな特徴づけをおこなってみせたことの意義は大きい。以下では、川島の仮説を出発点にしながら「近代化」と「法化」の概念をキーワードにして現代日本社会の法のありようを分析する手がかりを探ってみることにしたい。

二　近代化の二重性と民主化論

川島の有力な弟子の一人である渡辺洋三（一九二一―）は、川島の西欧近代をモデルにした、いわば原理論的な〈近代化＝資本主義化＝法化〉の仮説に対して、日本社会の戦後の具体的な展開状況に応じた議論を提起した。渡辺は一九六三年の論文において「日本社会の近代化」を論じ、戦後占領下の改革が明治期の西欧法の継受による改革と同様に「国家法に依存する近代化」であり、このような国家法に依存する近代化が「自生的に成長する多様な近代化を排除して、国家による画一的近代化」を進めているとして、これを「民主化なきブルジョア化」、「ブルジョア化としての近代化」であると特徴づけた。かれによれば日本社会の民主化は達成されておらず、戦後の「ブルジョア化」の進行によって新たな日本社会の構造が作り出されつつあり、この新たな構造の分析こそが法律学の現在的課題であるとされた[10]。

渡辺は、近代化における「民主化」と「ブルジョア化」の二重性を指摘することによって、近代化を民主化と資本主義化の二重の側面で捉える川島の視点を継承すると同時に、川島と異なって〈民主化と資本主義化の矛盾的側面〉に着目したのである。そこには、近代化の進行を客観主義的に理解する〈資本主義化は民主化を進める〉川島の傾向に対して、主体的、実践的な契機を重視する渡辺の立場からの批判が含まれている。渡辺の議論は、法化の進展を民主化の軸から捉え、「民主化としての法化」が戦後的資本主義の再建（ブルジョア化としての近代化）によって制約され、阻止されるという視角を提示するものであったといえる。

「近代化の矛盾的な二重性」という渡辺の理解は、一九八〇年代の現代日本法の分析に受け継がれる。渡辺は、一九六〇代後半以降、川島の資本主義論がいわば原理論的な把握に止まっていたのに対して、資本主義経済の歴史的段階的変化と法体系の段階的変化の関連に着目し、高度成長期以降の日本社会と法の新たな構造の分析を「現代法」論として提起した。[11]「現代法」は、市民革命から産業資本主義段階にかけて成立する「近代法」構造の変容形態として、独占資本主義段階から形成されはじめ、国家独占資本主義段階において成立するものとされ、経済過程への国家介入の量的拡大と質的深化が構造的変化の指標として捉えられた。ここでは、戦後の高度経済成長を経て西欧諸国と同様に日本でも国家独占資本主義が成立したという経済学的認識（当時経済学においてこれ自体が論争的であった）が基礎におかれた。この現代法論による構造的な認識の上に立って渡辺は、一九七〇年代の後半から一九八〇年代にかけて日本社会がいわゆる企業社会の様相を濃くする状況をにらみながら、現代日本法に主体的・実践的にアプローチするために近代市民法を「市民法とブルジョア法の矛盾的統一」とする理解を提示した。[12]

渡辺によれば、「近代市民法」は「自己の労働にもとづく所有を原理とする市民法」と「他人の労働を領有する所有を原理とするブルジョア法」のあい矛盾する二重的契機によって理解されるものであり、この二つの契機、すなわち「市民法原理」と「ブルジョア法原理」は近代法から現代法への法の歴史的な構造推転に拘らず貫通的に法体系を規定するものとして位置づけられる。このような理解に立って渡辺は、「革命的市民社会の法としての市民法」の原点が「自己の労働にもとづく所有の保障」、すなわち「個人の生存権保障」に存在し、さらに現代における生存権を中核とした現代人権の体系のなかに再生・回復するもの（また、すべきもの）であると論じた。

渡辺は、「市民法原理」の実現もまた社会の権利義務関係化（法化）と同様に人民の主体的な法実践・権利運動を媒介にする民主化によってこそ進むものだと捉え、したがって、そのような民主化を阻む日本社会の固有の条件を分析することを自己の終始一貫した課題とみなした。この点について、一九八三年の時点で渡辺は、日本社会の共同体的性格をささえる伝統的社会的要素、とくに天皇制や家族制度の分析がなお重要であることを強調し、日本社会の新しい要素である「企業共同体」への批判的視線をまだ明確に示していない。[13] しかし、八〇年代後半には、日本社会の焦点は企業共同体の形成を中核とする企業社会的構造であることが明らかになりつつあった。[14] ここでは、企業社会的構造と法化の関係が解明すべき重要な論点として浮かび上がるのである。

三　企業社会的構造と法化

一九八〇年代後半において、日本の社会科学の分野では、現代日本社会を「企業社会」として分析することがとくに強く議論されはじめた。一九九一～九二年にかけて刊行された東京大学社会科学研究所の共同研究の成果『現代日本社会』全七巻（東京大学出版会）は、「会社主義」をキーワードにして「企業社会日本」の解剖を試みたものであった。ここで分析された現代日本社会の企業社会的構造は、日本社会の法化という問題の考察に重要な手がかりを与えるものである。仮説的にいえば、戦後日本社会において前近代的な社会構造の解体が進展し、それは川島が考えたようになるほど社会の法化への前進力をもたらすが、しかし、それと重なるようにして形成される企業社会的構造が「法（国家制定法）の出番のない社会構造」を作り出し、法化を抑制することになったのではないか、ということである。

企業社会的構造の柱は、第一に企業の共同体化である。日本の企業共同体はオートポイエティックなシステムのアナロジーでとらえられうる。比較していえばドイツの企業についても、共同決定制度や従業員代表委員会制度などを通じて、企業の共同体化がみられる（株主、経営者、従業員の目的共同性のシステム化）。しかし、ドイツの企業共同体は法が企業の内部編成に介入することを通じて形成された法的構成物であって、それは「企業の法化」の結果である。これに対して日本の企業共同体は、労使関係のあり方（「終身雇用」・年功序列賃金・企業別組合・内部労働市場の形成等）および株式所有関係の固有のあり方（株式の相互持ち合い・法人所有等を通じた株主支配の希薄化による経営者支配の確立）を基礎条件として、「社員」とみなされる従業員（会社の本来の社員は株主である）と従業員出身の経営者の利害の一体化およびそれを支える強い共同体的な意識＝会社第一主義的価値観と規範によって事実上形成されたものである。[15]企業は、このような強い集団内社会規範（企業の存続と繁栄の確保を第一義とする規範意識）を維持して、これを基礎にした独自のコードによって組織と組織の目的を実現し、再生産していくのであり、こうしたシステムとしての企業にとって法は外部環境に留まり、法のコードは企業システムに内部化されえない。このかぎりで、企業は内部的に「法の出番のない空間」を形成するのである。

第二の柱は、市民社会の「企業社会化」である。企業従業員は、企業共同体に強く同一化し、企業共同体構成員としての役割に「吸収」されてしまい、市民社会構成員（「市民」）としての存在感を失う。市民社会を構成すべき市民が不在となり、社会は企業が構成するものとなる。[16]本来的には企業従業員は、なによりも市民社会の成員として公共的な事柄に関与すべき「市民」であり、国民主権の担い手としての「国民」であり、地方自治の担い手としての「住民」であり、また、家族の成員である。また、かれは企業の雇用契約の相手方としての「賃金労働者」であり、それゆえ労働組合に参加し、他の労働者と連帯する利益をもつ。問題は、このような可能性としての多様なアイデンティティにもかかわらず、企業従業員が「企業共同体構成員」として、企業の存続と繁栄を第一義とする企業共同体の価値基準・行為規範に全面的に服属してしまうことである。

第三の柱は、企業共同体の形成について、伝統的な要素と人為的な要素が相互に関連しあっていることである。日本社会に伝統的な秩序観念は、自己の属するより小さな集団の規範が帰属集団をこえたより普遍的な集団の規範よりも決定的なものとみなされるという一般的傾向を示すものであり、それが企業共同体の形成についても役割を果たす。他方、企業共同体は、日本社会の伝統的秩序観念を前提にしながらではあれ、「設計された共同体」であって、共同体と構成員との間に一定の互酬的関係とそれを支える意識を作り出すことに成功したのである。すなわち、入社、社員間の競争を経ながらの昇進、種々の福利厚生の提供、そして終身雇用的な生活保障の枠組みのなかで、企業の存続と繁栄のための企業従業員の献身が「報われる」という「意識と関係」が再生産されることを通じて共同体の成立が可能になったのであり、前近代的な滅私奉公の原理がこの共同体を支配するのではない。(17) しかし、この互酬的な関係はヨーロッパ的な「我」と異なる日本的な「我」の在り方によって規定され、(18) それ故必ずしも経済的な合理性(等価性)に基礎づけられているわけではない。重要なことは、この互酬的関係は、いずれにしても、共同体と構成員の権利義務的関係としては現われないことである。

以上の企業社会的構造が社会の法化を制約する筋道は次のように考えられる。

第一に、企業従業員が企業共同体に吸収され、日本社会が「企業社会」化することによって、独立の権利義務主体として個々の市民が自己の権利を行使すべく社会に立ちあらわれる可能性が根本的に制約される。つまり、社会的な紛争が、個人によって法的紛争としてイシュー化される可能性が小さくなる。

第二に、企業の共同体化は、労働者が労働契約の当事者として、独立対等の法的人格として自己の権利を企業に対して主張することを極めて制約することになる。労働者が企業に対しておこなう権利主張は、共同体構成員としての忠誠と矛盾するもの、しばしば共同体破壊的行為とみなされ、共同体の外に出る用意ないし村八分的制裁を受ける覚悟なしには、法的紛争解決手段に訴えること(それは共同体の外に紛争を持ち出すことである)が難しいからである。

第三に、日本的取引慣行論も指摘しているように、企業間の紛争は企業間取引の相対《あいたい》化・長期化、またいわゆる系列化・下請化を与件として、内部的な利害調整過程において収拾され、法的紛争として外部化せず、裁判所に持ち出されにくい。

第四に、企業社会では、企業第一義的な価値観が支配するので、国家法においても企業保護的な法規整が尊重・促進され、企業の効率性を妨げる法規整は回避される。そこでたとえば、企業活動による地域環境の侵害などを法的紛争として争う場合、その手がかりとなる国家法的規制が不十分であり、欠如するという問題がみられることになる。(19)

川島は資本主義的工業化が日本社会の近代化を進めること、したがってまた法化を前進させることを展望した。しかしながら、世界の資本主義のなかで有数の地位を占めるまでに発展をとげた日本資本主義は、その社会の法化を必ずしも推し進めず、むしろ法化を制約する社会構造をもたらした。このことが日本社会のなんらかの意味での「近代化」がなお未達成であることを示すのか、あるいは、社会の近代化という「普遍的文脈」ではもはや整理することのできない問題を示しているのか、企業社会的構造は改めてこうした問いを投げかけたのである。

その後、日本資本主義はバブル経済の崩壊に直面し、経済成長率が九二年に〇・四％に落ち、以降九七年からの金融恐慌的状況を含んで長期の不況期に入った。世界的にはソ連・東欧圏の社会主義体制の崩壊、資本主義への移行開始による冷戦構造の終焉が、資本主義経済のグローバル化という新しい局面を作り出した。九〇年代後半から、日本では、これまでの企業経営のあり方を見直し、グローバルな競争を乗り切るための新たな企業ガバナンスとマネージメントを模索する動きが強まった。株式の相互持ち合いの解消の進展、証券市場を活用し直接金融を重視し、新たな企業ガバナンスを整備する会社法の改正[20]、また「終身雇用」とよばれてきた長期雇用慣行と異なる非正規雇用の拡大をサポートする労働法制の改革[21]など、企業体制をめぐる動きは「会社主義」として特徴づけた企業共同体の成立条件を変化させるものである。企業による法の利用についても、企業側は、司法改革を積極的に後押しし、法曹の大幅増員によってより効率的に司法を活用する方向に舵を切ったように見られる[22]。

二一世紀のグローバリゼーションはアメリカナイゼーションとも語られ、アメリカ型資本主義とアメリカ社会のモデルとしての力を強力にしているが、そのモデルは、九〇年代までの日本社会と法を特徴づける共同体的な性格と一見相反するものである。日本社会の法化は日本資本主義の形態変化のなかでどのような進展をみせるか、今後の状況の分析がさらに必要となっている。

四　社会の近代化・法化と「法の社会化」

日本社会の近代化が法化を進めるという仮説は、明治以降の日本社会が外来物である西欧近代法のシステムを社会のなかに取り込むこと（法の継受）、および近代法システムの基幹要素としての「権利」と「義務」の観念が社会関係の原理として日本社会に定着することを意味する。このように問題を立てると、社会の法的近代化において、日本社会に固有のものはどのような位置にあるのかという論点が生まれる。

明治期の西欧法の継受は、不平等条約改正のための政治的手段として行なわれ、またとりわけ民商法典の継受は上からの資本主義化を促進する役割を担わされ、そのため継受法の内容と当時の日本社会の社会関係・社会規範との解離が大きかった。ただし、利谷信義（一九三二―）によれば、継受法と土着の社会関係・社会規範は相互に無関係に存在したのではなく、明治国家は土着の社会関係・社会規範も取捨選択的に許容しつつ、また場合によっては法典の規範秩序の維持に土着の社会関係に固有の方法をすら利用した(23)。換言すれば、継受された西欧近代法のシステムは、むしろ土着の社会関係の規範秩序維持のシステムに支えられたところがあった。法制度の近代化は、この限りで主体の法意識の近代化を伴うのではなく、逆に近代法的制度が前近代的な法意識を抱え込んで機能したといえる。利谷のこの理解の仕方は、まさに川島が戦後社会に生き続ける前近代的生ける法の克服を課題とした、その前提認識につながっている。

明治以降の日本社会と法の近代化について、そこに二重の課題をみたのは、末弘厳太郎（一八八八―一九五一）である。末弘法学に関する磯村哲（一九一四―一九九九）の古典的な分析によれば、末弘は一方で「市民法学」の確立（一般民主主義の確立・拡大による社会関係の権利義務関係化、いわば「民主化としての法化」）を、他方で

「社会法学」の構築（継受法としての国家制定法体系に労働者・農民階層等の社会の新しい要求を組み入れることの追求、法体系を国家的法律によってのみならず、社会的に基礎づけることの追求、いわば「法の社会化」）を課題としたのである。[24] 末弘のこのような課題把握は、一方でヨーロッパの市民社会を範とした法のあり方と他方で日本社会の固有のエネルギーを吸い上げる法のあり方の両者を捉えようとするものであったと思われる。[25]

さて一九八〇年代の半ば、民法学者の星野英一（一九二六―）は、あらためて継受法と日本社会の固有の社会規範の関係を問題とした。星野は、日本社会において国家制定法としての民法が大きな意味をもっていないことを指摘し、その証拠として第一に民事訴訟が少ないこと、第二に社会関係を規律する規範が民法規範でなく、別の社会規範であることを挙げた。星野によれば、しばしば語られる「日本人の法嫌い」とは外国産の継受法（国家法）への反発であり、「法」そのものへの反発ではない。国家法とは別に、日本人にとっての「法」、すなわち社会関係を真に規律する日本社会の「生ける法」、あるいは日本的「自然法」が存在するのである。民法規範が社会関係を規律しないのは、民法典が西欧法からの継受法であり、日本社会に根をもたないからである。このように星野は、日本社会の自生的社会規範としての日本的自然法を継受法に対置した。[26]

星野が「日本的生ける法」として取り上げようとするのは、川島がその克服を意図した「前近代的性格」をもった義理・人情規範的なものではなく、一九八〇年代半ばの言説にふさわしく、企業取引の領域のような社会の先進的な領域における生ける法（「日本的取引法」）である。星野にとって「日本社会に固有の生ける法」は、克服されるべき「前近代的な社会規範」ではなく、むしろ積極的に「外国産の継受法」に対して自己主張すべきものである。星野のこのような主張の背景には、当時のいわゆる日本文化論（日本文化の固有性を日本の経済発展の規定要因として位置づけようとするもの）の影響[27]をみることができる。社会に固有の法の積極的な意味づけにおいて、星野の議論は末弘の「法の社会化」に共通するが、着目する領域が異なっている。末弘の「法の社会化」は資本主義の発展と労働者・農民階層の矛盾を法体系のうえでどのように調整・解決するかということを課題にしたが（ただしその側面だけに留まるものではない)、星野の場合には資本主義的発展により適合的な取引法の追求が重要な課題となっている。

星野のこうした立論は、実際に日本の企業における固有の企業法務の発展を背景にもっていた。これを示すように、企業の契約実務・取引紛争を担当する法律家の中からすぐに星野の考え方に呼応する議論が提起された。それによれば、現実の取引社会の規範意識は民法典に示される近代的契約制度及び近代的契約意識から大きくずれており、それゆえ現実の取引社会に妥当する「日本の取引規範」を明らかにして「オーダーメイドの洋服」を作る必要のあることが主張された。[28] 日本的取引規範についての具体的説明は、次のようなものである。

日本の取引社会にはさまざまな形態の社会規範が存在し、これらの取引社会的規範が取引当事者の具体的な「権利義務感」を形成している。この「権利義務感」の内容は、普遍的、確定的なものではなく、個別の事情と取引の発展段階に応じて多様に変化するものである。つまり、日本の取引関係は、「関係」という枠組みのなかで、相互の信頼関係をベースにしつつ問題が起これば誠実に協議して関係の内容を形づくるというものであって(それゆえ契約書の最重要規定は「契約書に言及されていない問題が起これば誠意をもって協議する」という「誠意協議条項」である)、近代法が想定しているように、最初に契約書によって確定的な権利義務関係が成立し、それ以降はそこで示されたルールに基づいて当事者が行動するというものではない。こうして日本的取引関係においては、ルール違反による法的紛争の発生が回避され、法的紛争の解決手段としての訴訟の利用は少なくなるのである。

以上のような日本的取引関係の特徴づけは、川島がかつて「近代的契約意識」の反対物として叙述した「日本人の契約意識」の内容と酷似している。川島によれば、近代民法の契約は、当事者の合意によって確定的な内容をもって成立するものであるのに対して、日本的契約意識では、契約の成立およびその内容が不確定であり、内容の形成が誠意協議条項に依存し、紛争が生じても訴訟ではなく、調停が優先的に利用される、と分析された。[29] 川島は、このような日本的契約意識を前近代的なものであり、それゆえ近代化すべきものと考えたのであるが、「オーダーメイド」の日本的取引法の形成を求める上述の議論によれば、これはむしろ積極的に参照すべき日本取引社会に固有の規範意識として位置づけられる。

さて、近代民法的契約制度と日本的取引規範の二元性をどう捉えるかについては、より若い世代の民法学者である内田貴（一九五四―）が、洗練した形でさらに問題を整理した。(30) 内田によれば、欧米諸国の契約法に共通の現象として契約を「合意による確定的権利義務関係」から「関係に基づく不確定的な権利義務関係」に再構成する傾向が認められるのであり、そこで日本的取引規範もそのような傾向にそったものとして位置づけることができるとされる。このように日本的取引規範は、日本固有のものというより契約法のポスト近代の普遍的傾向のなかに位置づけられるのである。内田の理論は、アメリカの社会学者I・マクニールの関係的契約理論に示唆をうけて組み立てられている。マクニールは、契約とは社会学的にみれば「未来への共同の企画」であると捉え、その場に作用する内在的規範、すなわち取引関係という場における社会規範に注目し、これに対して国家法としての契約法規範を外在的規範として位置づける。(31) 内田は、契約関係の内在的規範が生み出される場をJ・ハーバーマスのいわゆる「生活世界」の概念を使って位置づけ、さらにその場における日本社会の固有の規範を伝統的概念である「義理規範」として把握することを試みている。ここで「義理規範」とは、直接的に確定的な内容を指示することはないが、しかし取引当事者を相互に拘束して、不確定に変動する取引関係の内容を最終的に規定するものである。内田によれば、日本的取引規範は、義理規範の妥当する生活世界としての取引共同体の構成員の相互の「納得」のなかから生み出され、裁判官がそれを「共感」をもって契約法の世界に汲み上げることによって法として構築されるのである。

内田の議論は、このように「西欧継受法としての制定法」と「日本社会の生ける法」を対置した星野の立論とは異なり、「制定法規範と生活世界の規範」のズレを先進諸国に普遍的な問題として提示し、生活世界の規範による制定法規範の補充を主張するものである〈契約法は「近代的〈モダン〉意思論的契約法と現代的〈ポストモダン〉関係的契約法の二元性」をもつものとして把握される）。内田の議論は〈普遍的な論理〉（先進国に共通の傾向）を媒介に「生活世界の規範」という位置づけにおいて「日本的生ける法」を承認するものであり、星野理論と理由づけが異なるが、「日本的取引法」の評価という結論においては同じである。(32)

「法の社会化」という視角によってここで問題にしようとしたのは、〈国家制定法に社会規範・社会的に承認が求められる価値を取り込むこと〉であり、これが〈西欧継受法の法体系に日本社会に固有の社会規範・社会的価値を取り込む〉ことと重なるということである。これを論ずる場合には、「法の社会化」に二つの側面のあることが注意されなければならない。第一は、社会において生み出された新たな規範意識（権利観念）を基礎にして一定の社会的利益を権利として制定法に法認させる（戦前では農民の耕作権、労働者の団結権、戦後では消費者の権利、環境についての権利等）ことである。これに対して第二は、社会規範（慣行・道義的規範等）の法的判断における尊重であり、これは一つの形態として権利義務関係をめぐる法的な紛争の解決を「社会的な調整」（当事者自治・調停等）に委ねることを含む。上記いずれの場合も、既定の国家法の世界に社会的な要素を持ち込む作用を営むが、「社会の法化」に関連づければ、第一の権利法認型の場合は「社会の法化」と両立しそれを促進するが、第二の社会調整型の場合は「社会の法化」と矛盾しそれを抑制することがありうる。「社会の法化」と「法の社会化」という二つの視角は、対立する現象をそれぞれ別個に捉えるものではなく、相互に関連して、〈継受法と固有法〉また〈近代化と現代化〉という社会と法の二重性を捉えることに資するものであると考えられる。

五　「近代化＝法化」の位置――結びにかえて――

「近代化＝法化」の仮説は、先進国型の社会発展図式を前提に戦後日本社会の発展方向を想定する命題であった。

川島は、近代化の軸を資本主義的工業化にとらえ、それゆえ戦後の発展は必然的に社会の法化に帰結するだろうと考えた。これに対して、渡辺は日本社会の近代化の軸を民主化におき、資本主義的工業化の進展にもかかわらず「共同体問題」が依然として重要な克服すべき課題であると認識し、法化もそれに関わるものとして把握した。日本社会の企業社会的構造が法化の新たな根本的制約要因であるとする筆者の仮説は、法化を制約する日本社会に固有の要因を分析しようとした渡辺の視角をさらに展開したところに位置づけられる。そして、その企業社会的構造は、二一世紀のグローバリゼーションのなかで変容の過程にあり、日本社会の法化の問題は新たな予測できない局面に立ち入りつつある。[(33)]

日本社会における近代化＝法化のプロセスは、国家制定法と権利義務関係が社会に浸透するという側面だけではない。国家制定法に対する社会規範、継受法に対する固有法の関係が、あわせて論点となる。「法の社会化」としてそのことを論じたが、そこでの問題は単線ではなく、重層的である。末弘理論において「社会の法化」と「法の社会化」がどのような関係に立っているかは、末弘理論に即して、また、日本法学史の理論問題として今後の重要な検討課題である。星野や内田の問題提起は日本社会の固有の規範（主要には日本的取引慣行）に着目し、それに意味と位置を与えようとするものである。ここには、日本社会の法の固有性をもっぱら〈克服すべき遅れたもの〉とみなした川島の法の近代化論と対立する視角が示されている。しかし、この対立は暫定的なものであり、議論の背景にある歴史的な位相の変化を含みこんで議論の構図が捉え返されなければならない。つまり、〈日本社会の発展史〉において〈日本社会と法の現代的変容〉と〈日本社会の近代化と法化〉がなにを含意するのかがあらためて検討されなければならない。

（1）　広渡清吾「日本社会の法化——主としてドイツとの対比で」『岩波講座　現代の法　15　現代法学の思想と方法』岩波書店、一九九七年、一四三—一七六頁参照。

（2） 棚瀬孝雄「語りとしての法援用——法の物語と弁護士倫理」『民商法雑誌』一九九五年、一一一巻四—五号一三一—一六〇頁、六号一—三九頁参照。同『権利の言説——共同体に生きる自由の法』勁草書房、二〇〇二年、第五章として収録。

（3） Gunther Teubner, Verrechtlichung-Begriffe, Merkmale, Grenzen, Auswege, in: Verrechtlichung von Wirtschaft, Arbeit und sozialer Solidarität (Hrsg. von F. Kübler), 1985, pp.289-344.

（4） 日本の訴訟と法曹の現状および改革議論の状況についての比較法的検討として、広渡清吾編『法曹の比較法社会学』東京大学出版会、二〇〇三年参照。

（5） 改革を推進する弁護士である久保利英明の著作の題名である。『法化社会へ日本が変わる』東洋経済新報社、一九九七年。

（6） 義理規範については、石井紫郎『日本人の国家生活』東京大学出版会、一九八六年、第五章参照。

（7） 川島武宜「遵法精神の精神的および社会的構造」『法学協会雑誌』六四巻七、九＝一〇合併号、一九四六年（『川島武宜著作集』第四巻「順法精神」に収録）。戦後の日本社会の課題を「近代化」として把握した社会科学における「近代主義」についてはさしあたり石田雄『社会科学再考』東京大学出版会、一九九五年参照。このような川島の方法的立場が一方で西欧近代の内容としての「資本主義」への肯定的態度に、他方で「日本的文化的固有性」の否定的評価に帰結することになったと指摘するのは、水林彪「川島博士の日欧社会論」『法律時報』一九九二年一月号、棚瀬孝雄「近代の理念とゆらぎ——川島法学の理論と実践」『法律時報』一九九二年一月号（棚瀬『権利の言説——共同体に生きる自由の法』勁草書房、二〇〇二年第一章に補正のうえ収録）。近代に対応する“modern”という用語は、「当世風の、現代の」を指示する価値中立的な用語であるが、戦後日本にいう「近代」は、封建的・半封建的な社会関係を有した戦前社会に対して使われ、戦後の新社会建設のシンボル的な言葉となり、「近代」という言葉が一定の理念とコンセプトを持つものとなった。

（8） 川島武宜『日本人の法意識』岩波新書、一九六七年、二〇二—二〇三頁（『川島武宜著作集』第四巻に収録）。

（9） John Haley, The Myth of the Reluctant Litigant, Journal of Japanese Studies 4(2), 1978, pp.196-225は、日本人の訴訟回避は遅れた法意識によるのではなく、裁判制度の未整備・使いにくさに原因があるとして、川島の仮説を批判した。大木雅夫『日本人の法意識——西洋的法観念との比較』東京大学出版会、一九八三年、熊谷開作『近代日本の法学と法意識』法律文化社、一九九一年、も川島の法意識要因論を批判する。Christian Wollschläger, Die historische Entwicklung der Zivilprozesshäufigkeit in Japan und Europa seit 19. Jahrhundert: Kawashimas These im internationalen Vergleich,『比較法雑誌』二七巻二号一—三六頁は、現代日本社会にいたるまで訴訟回避の法意識が支配しているとして川島説を基本的に支持している。

(10) 渡辺洋三「日本社会の近代化」『思想』四七三号、一九六三年参照（『憲法と法社会学』東京大学出版会、一九七四年に収録）。

(11) 渡辺洋三の現代法論に関する主な論文は渡辺洋三『現代法の構造』岩波書店、一九七五年に収録されている。その分析として広渡清吾「潮見・高柳・渡辺法学の検討――戦後民主主義法学の担い手たち」『社会科学研究』一九八〇年、三二巻一号一二七―一三六頁参照。「現代法」の用語は、一九六〇年代後半以降にはじまって、その後法律学において広く用いられるようになった。『講座現代法』一五巻の刊行（岩波書店一九六五―六六年）はこの用語の普及に大きな役割を果たした。現代法の概念については論者によって理解がさまざまであり、また必ずしも厳密な定義が行なわれるわけではなかったが、その中で渡辺の現代法論は支配的な影響力を行使した。

(12) 渡辺洋三『法社会学とマルクス主義法学』日本評論社、一九八四年、八―八一頁。

(13) 渡辺・同上、二九八―三〇一頁。

(14) 藤田勇は現代民主主義における「所有の権力」の問題を先駆的に指摘し、その分析のために「所有の権力」と「政治的権力」の相互関係の現代的構造の把握が必要であることを指摘した（「民主主義的変革と法律学」『法の科学』六号、一九七八年、四―一三頁）。藤田自身のこれに関する業績として『近代の所有観と現代の所有問題』日本評論社、一九八九年参照。企業の社会的支配構造について全面的な分析を試みたのは渡辺治である。渡辺治『現代日本の支配構造の分析――基軸と周辺』花伝社、一九八八年、同『「豊かな社会」日本の構造』労働旬報社、一九九〇年参照。

(15) 広渡清吾「社会国家と会社主義」『法の科学』一八号、日本評論社、一九九〇年、六三―八四頁、同「いま、何が問題か」『現代日本社会』第六巻「問題の諸相」一九九二年、一―三〇頁、TABATA Hirokuni, Community and Efficiency in the Japanese Farm, Social Science Japan Journal, vol.1 no.2, 1998, pp.195-215、渡辺洋三ほか編『日本社会と法』岩波新書、二〇〇三年（一九九四年第一刷発行）第一章第二節（本間重紀執筆）参照。

(16) 川島とならぶ戦後の代表的法社会学者の一人であり、社会の近代化の核心を変革主体の問題に認めていた戒能通孝は、一九五七年に「市民社会」の歴史的可能性を論じて次のように述べていた。「『市民社会』は会社企業の登場によって『市民』を喪失せしめられ、『市民』が支配するという意味での『市民社会』ではなくなる。そこに残るのは『市民社会』の影であ」り、この段階においては「市民そのものの基本的性格は、『プロレタリアート』といわれる新しい『市民』によって継承されるのである」と（戒能「市民法と社会法」『法律時報』一九五七年四月号。『戒能通孝著作集』第七巻、日本評論社、一九七七年に収録）。戒能が想定した「新しい市民」である「プロレタリアート」は現代日本において会社企業の共同体のなかに吸収され、独立性を喪失したのである。憲法学者の樋口陽一は、種々の身分的社会的中間団体を解体し、一方で自由で自立した個人と、他方で権力を独占し、それゆえ法によって羈束さるべき国家が対峙することに近代国家社会の原理の確立を認めている。こうであるとすれば、企業社会的構造は、再び近代社会の固有の原理的課題、すなわち企業という社会的な中間団体に埋め込まれた個人を解放する課題を提示していることになるのである（樋口陽一『近代国民国家の憲法構造』東京大学出版会、一九九四年参照）。

（17）HASHIMOTO Juro, Corporate Structure and the Japanese Economy, in: The Political Economy of Japanese Society, Edited by BANNO Junji, vol.1, Oxford University Press, 1997, pp.13-54.

（18）佐藤俊樹『近代・組織・資本主義――日本と西欧における近代の地平』ミネルヴァ書房、一九九三年、第二部第五章参照。

（19）以上の点はすでに広渡前掲論文「日本社会の法化――ドイツとの対比で」一五五―一五九頁で指摘した。

（20）上村達男『会社法改革』岩波書店、二〇〇二年参照。

（21）西谷敏、中島正雄、奥田香子編『転換期の労働法の課題――変容する企業社会と労働法』旬報社、二〇〇三年参照。

（22）『だれのための「司法改革」か』民主主義科学者協会法律部会編『法の科学』第三〇号、二〇〇一年参照。

（23）利谷信義「伝統社会とその近代化――日本・明治以降」『法社会学講座』第九巻（歴史・文化と法）岩波書店、一九七三年、二七三―二九九頁。

（24）磯村哲『社会法学の展開と構造』第二章第二節「社会法学の展開と構造――末弘法学の体系的構造」日本評論社、一九七五年参照。

（25）末弘理論を磯村のように二つの課題を結合したものとして整理仕切れるものかどうかなお検討の必要があると考えている。戒能通厚、石田真、吉田克己、広渡清吾、水林彪「末弘法学と二一世紀法学への展望」『法律時報』一九九八年一一月号の諸論文・座談会を参照。

（26）星野英一『民法論集』第五巻、有斐閣一九八五年、二九七頁以下、三五七頁以下。九〇年代後半に星野は、日本社会ではますます民法典の定める規範が社会生活を支配するものになること、そのことは人々の行動の自由をより大きくする積極的な意味をもつものであることを認めながら、日本人の固有の社会規範とされているものには価値あるものがあり、「『日本的』とされているものが実は普遍的な価値をもつことを認め、進んでそれらを法律の解釈や立法に生かそうとする試みは、少しづつながらすでに始められているのである」と述べている（星野『民法のすすめ』岩波新書、一九九八年、二三六―二三七頁）。

（27）星野は前掲『民法論集』第五巻の引用箇所の叙述においてイザヤ・ペンダサン（山本七平訳）「日本人の法意識」『講座比較文化・日本人の価値観』第七巻、研究社出版株式会社、一九七六年、一八一―一九六頁を参照している。イザヤ・ペンダサンという人物について、またかれの議論の学問的正当性については議論のあるところである。

(28) 柏木昇「日本の取引と契約法」（共同研究「継続的取引を考える」）『ＮＢＬ』、一九九二年、五〇〇号一六—二五頁、五〇一号一六—二六頁。

(29) 川島前掲書、一九六七年、八九—九一頁。

(30) 内田貴「現代契約法の新たな展開と一般条項（一）〜（五完）」『ＮＢＬ』、一九九三年、五一四号六—一一頁、五一五号一三—二一頁、五一六号二二—三三頁、五一七号三二—四二頁、五一八号二六—三二頁参照。ここでの主張は、同『契約の時代——日本社会と契約法』岩波書店、二〇〇〇年、第一章においてより整理した形で展開されている。本文はこの整理を参照しつつ、問題提起の意味の強い初出の論文を利用している。

(31) 内田貴『契約の再生』弘文堂、一九九〇年参照。

(32) 日本的取引慣行は「継続的取引」を基礎に生じていることが指摘されており、内田が責任者となって一九九三年に日米の継続的取引の実証的比較研究のプロジェクトが立ち上げられ、一九九六年には共同研究者によってその成果が発表された。北山修悟「継続的取引に関する国内アンケート調査の結果（一）—（三）」『ＮＢＬ』一九九七年、六二七号一一—一八頁、六二九号四七—五二頁、六三〇号五二—六〇頁、中田裕康「契約と関係——継続的取引調査から（上・下）」『ＮＢＬ』、一九九七年、六三一号六—一四頁、六三二号五五—六三頁、Ｊ・Ｏ・ヘーリー（内田貴訳）「日米における関係的契約——違いはあるか」『ＮＢＬ』、一九九八年、六四一号、一五—二〇頁。中田は、星野説、内田説とニュアンスを異にした整理を行い、近代契約法と取引実態を複合的な要素として契約法の対象を重層的に把握しようとする方向を示している。ヘーリーは、日米の違いをさらに実証的に分析するために取引関係者の「取引関係の共同体性」についての意識を調査する必要性を指摘している。

(33) 渡辺洋三と同じように現代日本法の構造的認識とその変革のための主体的実践的理論を結合すべく研究活動を精力的に進めてきた本間重紀（一九四四—二〇〇二）の遺作『暴走する資本主義』花伝社、一九九八年参照。

【追記】 本稿は、英文で発表した“Post-war Japan and the Law : Mapping Discourses of Legalization and Modernization”, Social Science Japan Journal Vol.3, No.2, 2000を大幅に補正したものである。

第2章　近代法における「共同性」の「発見」

戒能　通厚

はじめに

本間重紀の遺作『暴走する資本主義』（一九九八年、花伝社）[1]の「はしがき」をあらためて読み直してみて、「規制緩和」によって経済大国から生活大国、企業社会から消費者大国への転換が達成されるかのような幻想を振りまく当時の行革路線を彼が「大きなウソ」として告発するのみならず、説得的な理論によって正面からこれを批判していたのが、一九九三年の細川内閣のもとでの「経済改革研究会（平岩委員会）の報告が出された頃、本格的には一九九六年末の行革委員会規制緩和小委員会の「光り輝く国をめざして」という報告書が出された頃であったことに気づかされた。それ以降、怒濤のような「規制緩和」策の展開が司法のレベルにまでおよび、弁護士の急増のための法科大学院づくりや弁護士自治の「崩壊過程」、さらには国立大学の独立法人化等々にまで、それが波及していったことは周知の通りである。当時私は、民科法律部会の企画責任者の一人として本間からはこのような問題提起を受け続けており、その一部は彼を中心とした企画で全体テーマに反映させ、その成果を彼は『法の科学』とい

う民科法律部会の学会誌にまとめている。(2)

「怒りに任せて規制緩和を断罪して、いわば我を忘れて飛び出してみたところ、ふと気づくと、横を見ても後ろを見ても誰もいない……」と先の遺作の「はしがき」に書いているが、司法改革がなぜ行政改革の総仕上げとして行われるのか、司法の独立を考えればそもそもそういう形式だけでこれを司法改革とすることが異常とされないのはなぜか、と夜を徹して彼と論じあったが、彼の説明は明快であった。弁護士の業務の営利性（ビジネス性）と公共性の二つの側面を指摘し、これを市場原理に委ねることの問題性をあざやかに描いて見せた。(3)当時、私が企画の責任者であった日本法社会学会でも、司法改革がミニシンポとして取り上げられ、このミニシンポの企画者であった馬場健一から、本間がもっとも明確に規制緩和論的司法改革批判の論陣を張っているから対立点をクリアに浮かび上がらせるには彼をおいてはないということで、本間に問題提起者の一人となるよう要請が行われたのも、まことに当然のことであった。その直後、私は彼からその病状を聞き、この報告辞退の申し出を受け、それからの彼の壮絶な闘病生活が始まったことは周知の通りである。彼の希望もあって、法社会学会では私が彼の代役をつとめたが、とうてい彼の代役を果たせなかったと思う。(4)

本間の新自由主義的支配戦略への果敢な挑戦の一端は以上の通りであるが、この分析視点とともに重要なのは、彼の対抗戦略論であろう。

経済法研究者としての彼は、規制緩和に対する経済学的なアプローチの中でも支配的な影響力を持っている新古典派的一般均衡理論、すなわち、自由競争にもとづく効率的な資源配分こそが公共性を実現するという「完全競争理論」を、独占を前提とした市場という市場の現実の構造を意図的に無視し、形式における自由平等の競争を貫徹させようという主張にすぎないとし、彼の支持する「寡占論的アプローチ」をこれに対置した。独占ないし寡占段階の資本主義に完全競争論を直接適用すれば、市場の階層的構造の故に、独占・寡占の自由の放任と、非独占・非寡占の自由の否認が結果し、勤労市民や中小企業の人々の自由は否定される。新自由主義的規制緩和論は、まさにそういう戦略であって、この主張は、自由競争が社会のすべての構成員に保障されているというアナクロニズムの仮定をおいているが、市場を機能させるためには経済的・社会的規制が必要であることを否認するために編み出されたものであって、たんなるアナクロニズムではない。つまり、規制の存在を悪とするそのすぐれて意図的な主張に、規制の一般的な必要性を対峙させても術中にはまるだけである。したがって例えば新規参入規制の問題についても、市場の現実の構造を踏まえつつ、寡占的市場、寡占と中小企業の生産・流通市場等における参入企業と参入される側の企業等々、規制が行われるべき市場の構造や具体的なレベルを区分しながら、参入・非参入のアクターの「順列組み合わせ」による判定枠組みを作るべきである、と提唱している。

本間はまた、完全競争理論には、古典的市民法における権利のレベルでの人々の自由平等というその抽象性と形式性とが対応していると見ることができるが、しかしその自由平等は、実質においてその反対物に転化する。そのため、法学においては、このような古典的市民法の批判的克服が追求され、市民法の修正や社会法の理論などが生み出されてきたとするが、この発展として、「市民主義的福祉社会と友愛原理」にもとづく対抗的な法戦略を提起した。(5) いうまでもなく、経済法学者の本間は、基本的に社会法理論に依拠していたであろうが、この最後の主張には、それを越えて本間の独自の学説として完成される可能性が秘められていた。

一　重層的法戦略論と「場」の法戦略論

本間が経済学の世界に視野を拡大したように、私たちは現代世界をどのようなものとして分析するかという理論を持つことが必要であるが、同時にそれを法的戦略論に投影させることがなければ、私たちの仕事は遂行されたことにはならない。本間のこの面での到達点は、経済法制の分析から着想されたと思われる「重層的」対抗戦略論であった。現代の支配の側の新自由主義的戦略では、自由の制度的一般的保障とその形式を通じた支配といういわば自由の争奪戦を通じた支配がねらわれている。したがってその自由が一方で独占・企業支配の強化につながる反面、勤労市民や中小企業の人々にとってその自由が、市民法的な自己責任原則をさえ崩壊せしめる資本の「暴走」に歯止めをかけるものとして主張されるべきとされる限り、自由はその争奪戦のアリーナに立ち続けることになる。いわば自由の複数化であり、それに応じて法戦略も重層的なものとなろう。すなわち、ある場合には市民的正義のレベルで法の要請する自由平等を額面通りに求める古典的市民法に依拠する法戦略と、他の場合での、独占・企業の存在様式そのものが実質的平等・生存原則を否定することに対しこれに抵抗する社会法的な理論に依拠する法戦略とは、対立するのでなくそれぞれが妥当する領域や位相を異にする重層的な構造をもっているととらえるべきである(6)。この議論は、民法学のレベルで、近代市民社会から現代市民社会への転換（構造変容）を大きく想定し、古典的市民法としての民法が妥当する領域が法的空間の変化(経済システムや生活世界の関係性の変化やそれぞれの空間の縮小や拡大あるいは移動)に伴い変動しているとして、この構造変容に伴って現れた新たな問題領域ごとに、現代民法学の法的戦略を複合的に設定しようという吉田克己の「場の理論」と共鳴しあう関係にあるように思える。ただし、吉田は、一九世紀末葉にその画期があるとする「市民社会」の近代から現代への転換と、我が国においてはこの現代市民社会が高度成長期をへて次の成熟段階へと移行したとして、現代市民社会の第一段階と第二段階を想定し、後者の第二段階を主要に念頭に置いて法が機能する四つの「場」を設定し、そこでの民法学の課題を探るというスキームを提案している。すなわち、「経済システムIとしての市場」および「そのIIとしての企業」、それに「生活世界のIII」、最後に「経済システムと生活世界との接触のIV」という四つの場である(7)。

市民社会の発展モデルとされる「近代市民社会」から「現代市民社会」への展開は、吉田によればヨーロッパを想定して一九世紀末葉まで支配した「市民的オイコス経済」に基礎をおいた「近代法」のパラダイムの変容を伴うという認識になっているが、そのことが、「法的空間」としての市民社会のありかたの変容としてとらえられるところが特徴的である。すなわち、吉田の言う、それぞれの「場」における国家―個人―社会の緊張関係における法の機能という観点から市民社会の歴史的展開がとらえられるが歴史的な分析自体が行われているわけではない。言い換えればこの吉田の分析は、一定の時期的な設定を行ってそこでの「場」をとりあえず輪切りにして先の国家―個人―社会の緊張関係を「市民的公共性」の観点からの「公共性」の再構築という視角からとらえ直し、法とりわけ民法の射程を拡張しようという戦略であって、「場の法戦略」とでも言うべきであろうか。この法戦略は、本間が「市場」における競争原理を前提にしつつ、独占・寡占の支配に対し、古典的市民法に依拠する自由主義的法戦略と平等主義的な社会法的法戦略の「重層的法戦略」を提起したことと、その問題意識において通底するところがある。本間は、「今日、重要なのは、とりわけ市民レヴェルにおいては自由と平等は対立的ではなく、相互依存・規定関係に立つ」と巧みに表現している。(8)

本間、吉田といった現代の法社会学・法理論研究の中堅世代を代表する研究者に共通する問題意識は、経済法学・民法学というように専門は異なっても「近代法」についての価値的な側面を踏まえつつも、広い意味で法の解釈適用上の実用法学的な営みのなかに、「近代法」の価値的な側面を再定位させようとする志向が強い。法の社会において果たす機能を「観察」するのみでは十分でない。なぜならその「観察」が普遍的なものとの関連なしに行われる限りでは、所詮、そうした法学は、個別的な法の記述的な説明を繰り返すだけのものに終わりかねないからである。近時の、法科大学院の教育理念をめぐって「理論と実務の架橋」といわれることがらの真に意味すべきは、法や権利をア・プリオリの存在として個別事例をそのなかに入れ込むことではなくして、広く他者との関係においてその法や権利を「対論的」に創造していくという、いわば司法的法創造という未だ我が国が経験したことのない世界を創り出すという課題であると、私は理解している。(9) 実際、司法的法過程を念頭におけば、そこでの「法的判断」とは、ある事件をめぐる法的判断の個別性を、一定のルールや準則などの普遍的なものにつなげていく、つまり個別を普遍の基準に包摂して判断するという、個別と普遍の双方的な交渉過程・往復過程でもあるのであって、法の解釈こそ、そのような総合的思考過程を必要とする営みというべきである。[10] この法の生成過程と法の解釈の様式の不可分の関係について、先駆的に鋭く問題提起したのが末弘厳太郎であり、彼の数多くの作品が、国家制定法と社会の中の法＝生ける法の相互の関係における、しばしば敵対的でありさえする関係と、このような認識の背後にあると思われる法源の多元性という議論に収斂していたことには、こうした司法的法過程についての卓越した直感があったからであると考えられる。

「近代法」という概念をこのコンテクストで考えてみると、法の一定時点の構造を輪切りにして理論的に観察することにその有意性があったというよりも、社会のなかからの法の生成のダイナミックなプロセスが、人々の主体的な営為を通じて疑いなく展開したという事実の価値的な側面を、歴史の進歩と考える「進歩史観」を肯定していることにあった、とあらためて気づくのである。歴史学でも経済学でもない法学が、私自身を含めて「法の歴史的」分析にエネルギーを傾けてきたのは、均しく西欧社会を例にとっても、「近代法」の構造は、それぞれの社会の「近代」を創造する社会的諸力の違いに規定されて一様なものでなく、究極的には社会から国家が導出されるプロセスの相違によって、「近代法」の類型的な差違が現れることを明らかにするためであった。しかしながら、おそらくそれだけのためではなかった。法学のためだけでなくそれを越え、歴史の進歩のシンボルとして「近代法」の普遍的な構造を語ることは、法学が一定の時点で、この歴史を推し進める人々の主体的な営為への共感を示す行動と考えられたからであった。言い換えればこのような歴史の進歩のパースペクティブを、法学の課題として包摂し、そこから社会変革の展望を得ようとしたからではないかと思われる。この営みが有した積極的意義を否定する必要はなく、「近代法」のこのポジティヴな内容を他の言説に乗りかえ変質させる必要もない。

二　公式の近代のアンビバレント

「近代法」とは、自由な個人という仮定を置くものであるが、その「仮定」が現実のものとなるためには、人々を封じ込めてはいたが団体としては自律した存在であった中間的諸団体から人々が解放されることを必要とした。自律のための自律的団体からの離脱、これは言ってみれば歴史から抽象された「近代」の公式であるが、それによって生み出されたとされる「社会」とはいかなるものであるか。絶対主義権力から国民国家における唯一の主権をになう国民は、何よりもまず個人として自律していなければならず、また自律した個人の集合体それのみが社会でなければならないとされる結果、このような「市民社会」がすなわち国家なのである。

公式の近代の魅力的なこの「物語」は、西欧近代に生まれ西欧社会の規範と同視される「近代法」の絶対的価値の源泉とされ、しばしば指摘されるように、人間の理念的存在を導くための変革の拠り所とされた。この美しい「近代」の理念と、そこから近代立憲主義の核心を導き出す樋口陽一は、近著で、『人』権と、それに先立つ身分制社会の権利との論理的相違をあいまいにしないことは、近代立憲主義の『近代』性の意味を明瞭にとらえるために欠かすことができない論点である。『人』権が個人を解放したことの歴史的役割（＝光）と、それとともに、個人が解放＝放り出されてしまったことからくる困難（＝影）の意味が、それによってはじめてはっきりするからである」と述べている。[11] こうして現れた個人が自律した意思によって他者と自由な関係を取り結ぶことをもって人間社会の在り方とされた、というのである。この主体的な契機を重視する樋口の「自己決定権」の核心的部分が、「共同性」によって個人が結合することによって弱い個人が強い集団に埋没し、個人の自律が永久に達成されない、そういった社会設計を拒絶することにあることを重視すべきである。樋口の場合、「弱い個人」が行き所を失って近代がそのさまよいの過程そのものとなったとしても、それも近代の実践であるということになる。けれどもこの突き放した一見ニヒリスティックな議論は、「会社主義」とも「企業社会」とも言われた現代日本社会のパラダイムが音を立てて崩れつつあるときに、この「会社」「企業」に代わる新たな「集団的なるもの」への人々の物質的利害にもとづく再＝帰依に警鐘を鳴らすものと見ることができ、その限りで最大限に傾聴されるべき見解であると考えたい。

近代への転換点は、実は、産業化と近代化の二重の構造に規定されるのであって近代にはそれに従って歴史的な「タイプ」がある。これは大塚久雄による「古典的」定義であるが、含蓄に富む。[12]「およそ伝統社会は必ず何らかの形態の前近代的な共同体諸制度を土台としている。……そうした共同体的諸制度の終局的な解体、前近代的な共同体の一つの形態から他の形態への移行ではなくその終局的な解体の過程がこの近代化の過程に含まれる……」、これにたいし「産業化」とは、「産業諸部門がしだいに営利企業あるいは経営として営まれるようになっていく過程を意味する。この両者は相互に深く関連しながらも実は鋭い緊張関係をはらむ内容であることが次第に分かってくる……」。この両者の関係の有り様は実はあまり論じられていなかったように思う。戦後の市民社会論の雄とも言える大塚久雄が、ことに晩年では、近代西欧文化の抑圧的性格を正面にすえた議論をもしていたことに気づく。[13]この議論を発展させれば、後述のように日本社会の「後進性」＝前近代性批判とともに、論者がどこまで、近代の展開が人間社会の傲岸さを凝縮し、人間と自然の関わりにおける抑圧的な環境破壊主義、また、「生産的な市民社会」ではなくして利益追求の「営利追求的市民社会」に向かう設計を西欧近代そのものが有していたことに気づいていたか否かに、その「近代化」論の現代的な有意性の程度が測れるという結論ともなろう。

近代の差違の要因は、基本的には、共同体が解体されて伝統社会からの体制移行がすすむ際の「産業化」との「緊張関係」にある。一例を挙げよう。土地所有権の絶対性に関してである。明治国家が行った最大の改革の一つは徴税のための地租改正であり、官民有区分という天皇制国家の「大事業」である。この関連でもっとも困難を極めたのが山林原野の区分であった。そしてそれは明治期以前の農民の生存基盤を支えた入会権の解体を伴った。[14]アジアの諸国、中国やベトナムとの比較でも、我が国では律令制下の農民の「口分田」は私有地であり、反対に公田は決して国家的土地所有を意味していなかった。それが中世において一円化、一色化を経て領域的な排他的支配権が成立しても農民の所有権は存在していた。そして明治期に一気にこの重畳的な土地所有権から一物一権主義的近代的土地所有権が生み出された。[15]

そのこととともに、「近代」の偏差は、伝統的社会からの離脱による人間の内的な精神構造そのものの解体と改変の有り様に規定されることにも注目すべきである。世に言うスコットランド啓蒙[16]の系譜にあるアダム・スミスは、決して経済的な利己心が市場をつかさどる神の見えざる手によって公共の善をもたらすとのみ考えたのではなかった。歴史家のポーコックが言うように、彼は商業社会の発展がシビックヴァーチューを破壊していく点に警鐘を鳴らし、イギリス市民革命の「見果てぬ夢」をアメリカ革命に求めようとした。[17]「政治的公共空間」の論議こそは「近代」の西欧的な伝統であってそれが民主主義との確執や相互的な影響＝浸透関係にあるという問題を、意識する必要がある。

法学の初学者がしばしば当惑するのは、以上にも断りなしに用いた「市民法」や市民社会、後に述べる「近代法」や「現代法」といった概念とその相互関係であろう。本間が「古典的市民法」と呼ぶのはおそらく、吉田が対象にしている民法の基本部分であろうが、周知のように、吉田は市民社会の三つのレベルを区別する必要があると論じている。[18]すなわち、「市民社会—α」＝ブルジョワ社会あるいは市場経済社会としての市民社会、「市民社会—β」＝政治共同体としての市民社会、「市民社会—γ」＝自由な意思に基づく非国家的非経済的な結合関係としての市民社会、である。しかし、吉田も意識していると思えるが、「市民社会」と法の関係において市民社会は多義性を有しつつもその矛盾的な統一として存在するのであって、吉田が言う、近代法から現代法への展開も、近代法の論理を媒介にしつつ転換していくことに、資本主義法の本質的性格がある。

本間重紀は、現代における自由と平等の関係にふれて勤労市民層において自由と平等が友愛原理による個のアソシエーションを介した統一が可能であると説いて、近代の価値を現代に読み込むことに成功した、と私は思う。友愛原理は自由を基礎とした社会理論の収斂先であるが、有りうべからざる差別からの自由という形での平等と自由の統一的な把握が可能な社会では、友愛原理こそは、公共性の構築の論理でさえある。しかしながら本間は自由の多義性とその主体の有り様による分裂を説き、友愛原理が自由と平等をそれだけで矛盾なくして媒介できるなどとは言っていない。

自律した個人が生まれたとされる近代は、共同体的な拘束から人々が解放されることから出発したとされる。それはまた、現代市民社会の再構築の「戦略」とされる市民的公共性の論議とも重なって活発な論戦も展開されているが、近代や近代法からこうした「共同性」を捨象した議論にも、反対にそれを単純に「復元」させる議論にも、法への一面的な理解があるように思える。近代法の「抑圧性」といった議論にもそういう「一面性」の反映があると私は考えている。要するに「近代法」が特殊に近代的である理由は、それが社会と法の関係について一定の設計的な内容を抽象的に言明しなければならなかったという社会と法の特殊に近代的なありかたによる(法的人格の自由・平等、近代的所有権の自由、契約による商品交換による人的関係の「物象化」等々)のであって、近代法はこの意味において個人としての人間の自由平等を擬制した近代市民社会の法として措定されなければならなかったのである。これを言い換えれば、近代法は、一定の歴史段階と一定の国際環境において実在し得た近代社会の、その実在的な有り様を捨象して原理的＝設計的な規範内容をもって成立した一定の擬制的な存在にほかならないのであって、それ故にまたそれは、市民社会、資本主義社会、ポスト＝工業化社会のいずれにおいても歴史的現実との乖離を深めながらも、なお貫徹していると言えるのである。近代法はしたがってすぐれて歴史抽象的かつ規範的なものである。

三　「共同性」の発見

このように、近代、近代社会、市民社会、資本主義社会や工業化社会などの概念と近代法の関係は、市民社会の概念を基軸に揺れ動いているわけであるが、[19]我が国で近代、近代法が語られる場合のコンテクストは、周知のように日本社会の特殊＝後進性との関わりで論じられるのが特徴である。近代、近代法がグローバリゼーションの時代における国民国家の揺らぎといった世界史的なコンテクストで語られる場合と、我が国の「特殊性」が語られる場合は、問題は複雑であるが、区別される必要があろう。現代的な状況における個人の自由への抑圧的な関係の進展は、グローバルなレベルでの「近代」の抑圧的な性格の顕在化と表裏の関係にあり、いわゆる第三世界や、イスラム社会への抑圧として「帝国主義的な」展開が世界を覆っている。古いヨーロッパと新しいアメリカという「欧米社会」の二極への分裂に戸惑い浮遊し始めたかの感がある我が国において、法学が果たすべき固有の役割は増大し、「近代」にこだわり続けてきたその歩みからも、独自の責務があると想定されるべきではあるまいか。

歴史は、人間がおかれた利害状況によってのみ押し動かされるのでなく、理念や観念、思想というものが歴史の進行過程に決定的な作用を及ぼすのである。

一方では「近代法」は、現代の法にも、もちろん我々の法にも基本的に維持されてきているとされる。自由権を基軸に民主主義を原理として市民革命後に発展した法が「近代法」とされているが、それはどこかの国のある時期に実際に存在し、現に存在している法というのでは必ずしもなく、むしろ一つの引照基準として歴史的実在からは区別されるべきとされる（樋口陽一）。他方、近代の擬制性を批判的に「告発」し、擬制からの離脱を強調するポスト・モダンの立場がある。

このように原理的「近代法」は、これまで述べたように一定の社会の在り方を前提とし、その普遍化によってグローバルな法へと発展する可能性をもつ。しかしこの普遍化の主体は現代では必ずしも国家であるとは限らず、国境を越えた市民による社会のボランタリーセクターであることも、多国籍化した企業であることもある。とりわけ人権は、それが——近代法的な法の「最高の形態」であるために——個人と国家の対抗を前提としているために国家を超えたアリーナで普及される可能性があり、アジアでもその問題は解決を求められている緊急の課題である。

このような状況を把握するためには、高度に中央集権的なかつethnocentric的「近代法」の原理的な枠組みではない視点から、法批判が行われる必要がある。近代法を批判するのに近代法に準拠するのは自己矛盾ではなく、近代法の原理的な特質はむしろそこにある。「自己言及性」は法を語るに法をもってするという近代法の原理的特質なのである。

そこで我が国の「近代」の特殊性の問題が「問題化」するのである。そもそも「近代」は世界史的に見れば紛れもなくグローバリゼーションの所産であった。世界の人口は、一七〇〇年に六億強、一八〇〇年に九億であったものが、一八〇〇年から一九〇〇年の一〇〇年間で一六億強に増え、一九〇〇年から一九五〇年のわずか五〇年で二五億に、さらに二〇〇〇年には六〇億へと爆発的に増加している。これはなぜか？　またどうすればいいか？[20]　明らかにこの数字によるならば地球世界に未来はない。人々は先進国のみによって享受された「豊かさ」のために滅亡の危機にあるのである。

我が国の近代は、井ヶ田が言うように、明治期のそれとともに戦後の日本国憲法体制のもとでの「近代化」があってこれ自体が「特殊」である。私たちが「日本的伝統」と考えるものの多くは、実は明治期に「創作」された。そもそも天皇号がそうである。昔は年号は天皇毎に何回も変わり、隠居をしてから院という尊称を与えられた。天皇でいる間に院号があるわけはないから元号と連動させようにもさせようがない。女帝禁止だってそうである。万世一系の天皇は、家父長制的な社会におけるイデオロギー的基礎として創造される必要があったのである。一世一元も明治の創作であった。[21]　明治以前は夫婦は別姓であったし、日の丸は米を運ぶ幕府の御用船で使われた朱の丸起源であって、大陽とは関係ないのにもかかわらず、太陽を表す日の丸が国旗とされた。これも明治の創作である。このような天皇制権力の補完的な創造の反対に、民衆の側に与えられた政治的公共空間の欠如は著しかった。欧米の近代に現れた名望家支配の欠落は我が国の近代の特質であるが、これもまた「政治的共同空間」の欠如の表現でもあったのである。問題はまさに、大塚の言う「産業化」と「近代化」の関係にある。政治的公共空間の形成なき「近代化」は現代にも深く影響を及ぼしている。

グローバリゼーションに対し、「アジア的価値」または「共同主義」を対置する論議を考察するには再び、樋口陽一の「強い個人」を析出したとされるヨーロッパ近代と国家との間に、中間的な団体または空間が存在するのか否かをめぐる「市民的公共圏」論との関係が意識されていいだろう。おそらくは個人と国家の間に中間団体を置くこと自体が近代の否定と言うことになるであろうが、問題は、「強い個人」の歴史的実在性を問うまでもなく、個人と国家の間に介在させる集団的な存在が何を担うかの問題である。

法学は、孤立した学問領域ではなく科学の全体のなかで一定の有意義な地位を保つべきある。その点で言えば、今日、科学の全体が各国のアカデミーの連携の中で、模索しているサステイナブル・ディベロップメント sustainable development をめぐる提案に参加していくことが考えられる。先に近代が自然との関係で抑圧的な作用を演じたと述べた。実際、「一国主義的」近代西欧社会論の特質は、発展途上国における固有の発展の形態を認めず、西欧社会から見た「後進性」や「前近代性」とは、決して国際的な支配＝従属の帰結に他ならないものとは考えないことにあった。世界資本主義の連鎖から切断された近代西欧社会の基準によってそれは、判定されたものにほかならなかったのである。言い換えれば、発展途上国の「後進性」や「前近代性」と称されるものが、資本主義の世界的な展開枠組に規定されたものであることを考察できない理論的な限界を有したのである。このことは、近代の生成過程における「前近代」や、共同性の解体のレベルに関わる論議にも、投影されていたと言えるのであるまいか。近代のもたらしたこの歴史的な「歪曲」は、したがって「近代」を丸ごと否定することによっては補正されることはない。

市民社会の三つの区分についての先の吉田仮説は、市民社会の近代から現代への移行を説明する論理を含むものではないのであろう。しかし、入会権＝コモンズの解体過程に象徴されるように、近代はまた、所有と経営と労働の「三位一体的」関係の分離をもたらす論理を内包するものであった。農民からの土地収奪は、イギリスの囲い込みに典型的に見られるように、直接耕作者からの土地剥奪による資本主義的農業経営者＝ファーマーの出現を可能にし、こうして彼らと農業労働者、地主の「三分割制」による土地制度を出現させた。株式会社制による所有と経営の分離において、営利追求が至上の命題とされれば、所有者＝株主の財産権の内容は株式会社による営利の累積への債権的配分権に過ぎなくなり、労働と結びついた industry の性格はいちじるしく稀薄なものとなる。

東北の一寒村の入会権をめぐった「小繋事件」を自ら弁論した戒能通孝が論じたことは、この「所有と経営と労働」とが分離しないコモンズの思想であるが、これはその地の農民の生産活動が環境保全を前提に不断に反復されるという、一定の循環論を含むものであって、それが環境経済理論に応用できる、と経済学者の間宮陽介が指摘している。(22) この現代環境経済学の先端をいく議論が、実に『小繋事件』に見出されるという間宮の議論に教えられる点が多々ある。さしあたり言えば、近代以前の「生活の論理」に戒能通孝が「近代法」の価値に優先する順位を与えていたのではという分析である。「生活の論理」が法の価値に先行するという理解となる。本間重紀が「大店法」の関わりで論じた「生業論」をこの視角から再構成できないか。

（1）本間重紀『暴走する資本主義――規制緩和の行方と対抗戦略』花伝社、一九九八年。
（2）本間重紀「日本的企業社会・国家の再編と民主主義法学」、『法の科学』日本評論社、二四号、一九九六年、所収。『暴走する資本主義』に再録。
（3）本間『暴走する資本主義』、一三二頁以下。
（4）この時のミニシンポについてはミニシンポジウム「構造変容と司法改革」として『日本法社会学会学会誌』五一号『構造変容と法

社会学（二）——共同性の変容と法変動』有斐閣、一九九九年所収、としてまとめられている。

(5) 以上、本間・前掲書の第一章、第五章参照。

(6) 本間・前掲書、とくに、二三四—二三七頁参照。

(7) 吉田克己『現代市民社会と民法学』日本評論社、一九九九年、特に一四八頁以下参照。

(8) 本間・前掲書、二三八頁。

(9) 和田仁孝コメント、日本法社会学会『法社会学』五〇号、一九九八年、五七頁以下に共感する。

(10) 原島重義『法的判断とは何か』創文社、二〇〇二年、四六頁以下参照。

(11) 樋口陽一『国法学』有斐閣、二〇〇四年、一五頁。

(12)『大塚久雄著作集　第四巻』岩波書店、一九六九年、二七六頁以下。また川島・住谷『共同体の比較史的研究』アジア経済研究所、一九七三年、参照。

(13)『大塚久雄著作集　第九巻』岩波書店、一九六九年、参照。

(14) 国有地入会権の消滅を判示した大審院判例として、大判（連合部）大正四・三・一六民集三二八頁以下参照。

(15) 井ヶ田良治『日本法社会史を拓く』部落問題研究所、二〇〇二年。

(16) 平松・角田・戒能編訳『スコットランド法史』名古屋大学出版会、一九九〇年、参照。

(17) Pocock, J. G. A. (ed.), *Three English Revolutions, 1641, 1688, 1776*, Princeton U. Pr., 1980.

(18) 吉田・前掲書、一〇六頁以下。

(19) 戒能通厚編『現代イギリス法事典』新世社、二〇〇三年、総論参照。

(20) 馬場宏二『マルクス経済学の活き方』お茶の水書房、二〇〇三年、七四—八一頁参照。

(21) 井ヶ田・前掲書、とくに第八章参照。

(22) 間宮陽介「コモンズと資源・環境問題」、佐和・植田編『岩波講座　環境経済・政策学』一巻（環境の経済理論）、二〇〇二年所収、一九四頁以下参照。

第3章　裁判員制度の批判的考察

小田中　聰樹

一　司法改革理念としての「統治主体意識」イデオロギー

1　司法改革の現在

（1）一九九〇年代中葉以降、財界や政権政党などを中核とする統治層が、アメリカの圧力や有力マスコミのキャンペーンを利用しつつ展開してきた今次の司法改革の動きは、これに先行する日本弁護士連合会（日弁連）を中心とする司法改革要求との間に一定の矛盾、対立、葛藤を抱えつつもこれを併呑し、一体となって政治的プログラム化へと進んだ。一九九九年六月政府内に設置された司法制度改革審議会は、翌年一一月の中間報告を経て、二〇〇一年六月最終意見書を作成し、改革の理念・目的と大綱とを提示した。

この最終意見書を受け、政府内には司法制度改革推進本部及びその下に一一検討会（労働、行政訴訟、司法アクセス、ADR、仲裁、裁判員・刑事、公的弁護制度、国際化、法曹養成、知的財産訴訟、法曹制度）が設けられ、司法推進計画（二〇〇二年三月閣議決定）の樹てたスケジュールに沿って最終意見書の細目的具体化の作業が進められており、検討作業の終わったものから順次法案化され、国会に提出されている。

（2） 本稿脱稿の二〇〇三年九月中旬の時点における法案成立の状況を一覧すれば次の通りである。

① 司法書士に簡裁における訴訟代理権を付与する司法書士法改正。弁理士に特許権等の侵害訴訟における代理権を付与する弁理士法改正。

② 法科大学院設置に関連する法律（法科大学院の教育と司法試験等との連携等に関する法律、司法試験法及び裁判所法一部改正、学校教育法一部改正、法科大学院への裁判官及び検察官その他の一般職の国家公務員の派遣に関する法律）。

③ 司法制度改革のための裁判所法等の一部を改正する法律（簡裁事物管轄を一四〇万円に引き上げるための裁判所法一部改正、提訴手数料引き下げ等に関する民事訴訟等の費用等に関する法律一部改正、非常勤裁判官制度導入に伴う民事調停法・家事調停法一部改正）。

④ 弁護士資格の特例の拡大、公務就任・営業従事の制限の緩和、綱紀・懲戒手続の透明化等に関する弁護士法一部改正。

⑤ 外国法事務弁護士による弁護士雇用の解禁及び共同事業等の自由化のための外国法事務弁護士特別措置法一部改正。

⑥ 仲裁法。

⑦ 裁判の迅速化のため第一審手続を二年内に終結させることを目標として掲げ、その実現に向け国、日弁連、裁判所、当事者等の責務を定める裁判迅速化法。

⑧ 計画審理等の導入による審理迅速化をはかる民事訴訟法一部改正。

⑨ 人事訴訟事件を家裁に移管する人事訴訟法一部改正。

⑩　右の成立済みのものの外、二〇〇四年の通常国会に法案を提出すべく各検討会において目下審議中のもののうち、主なものとして、裁判員制度、公的弁護制度、刑事裁判迅速化、弁護士報酬敗訴者負担制度、労働調停制度、行政訴訟法改正、ＡＤＲ整備等がある。[追1]【本稿を二〇〇三年九月一三日に脱稿して以降生じている司法改革関連立法作業の推移については、二〇〇四年三月の校正段階で追注(追1)—(追14)を附して、最小限度補うこととする。】

⑪　なお、下級裁判所裁判官指名諮問委員会を創設する最高裁判所規則が二〇〇三年二月制定され、現在は委員会運営のあり方について審議中である。[追2]

2　新自由主義改革の実体

（1）　このように司法改革は着々と実現に移されつつあるが、この動きに先行ないし併行してわが国の統治構造及び経済・社会構造を抜本的に変換、改造しようとする動きが統治層によって推進されてきた。この動きは、Ｇ５における円高合意（いわゆるプラーザ合意、一九八五年）を契機とする日本大資本の多国籍企業化・グローバル化に伴い台頭した、財界を中心とする新自由主義的改革構想を軸として展開され、改革を担う政治体制の造出をめざす政治改革（これは小選挙区制による保守二党競争・協力体制の樹立と国会空洞化とをめざすもの）、大企業の国際的競争力強化をめざす規制緩和・市場原理の無差別的適用、大企業の税負担軽減をめざす税制・財政・社会保障改革、労働力の解雇・移動を円滑化する雇用改革、そしてこれらの新自由主義的改革を実現しこれに適合的な行政を担うべき新しい行政システムへの転換をめざす行政改革などが、次々に実施に移されてきた。[1]

これら諸改革は、一口にいって新自由主義的改革と規定し得るものであり、経済のグローバル化に対応すべく国際競争力の回復・強化を狙う経済的・社会的規制の撤廃・緩和、市場原理の無差別的導入と、この改革を可能にし保障する政治権力構造及び行政システムの構築とを目指すものであるが、司法改革もまたこのような統治構造の新自由主義的改革の一環をなすものなのである。このことについては後に項を改めて述べることとし、ここでは九〇年代以降飛躍的に進行した軍事・治安体制拡大強化の動きや大学・教育改革の動きもまた新自由主義的改革の動きと内的に深く連関していることに注目しておきたい。(2)

そもそも新自由主義とは、多国籍企業化した巨大資本が、その資本蓄積運動の自由な展開にとって桎梏となった福祉国家的規制を解体し、国家装置そのものを直接的にコントロール下に置こうとするのみならず、経済的弱小国をも直接・間接にコントロール下に置こうとするものであって、軍事力の積極的発動への強烈な志向に貫かれている。一九九〇年代に入り日米軍事同盟体制の強化と海外派兵＝日米共同作戦の展開に向け、ＰＫＯ法、日米新ガイドライン、周辺事態法、自衛隊法改正、テロ特措法、武力攻撃事態法、イラク特措法などが相次いで立法されたのは、この志向の端的な表れなのである。

（2）このような新自由主義的改革の本質ないし方向性を国民の視点に立って端的に表現すれば、国家・社会の露骨な「弱肉強食」装置化であり、政治的・社会的強者による政治的・社会的弱者の支配・収奪の徹底化であり、その支配・収奪に対しレジストないし逸脱的行動をとる者（層）の異端化、排除、抑圧である。そして、このような新自由主義的改革のもたらす社会的帰結は、基本的人権の侵害・抑圧の深刻化、社会の階層的分化・分裂の進行、社会の荒廃である。

これに伴い、種々のレベルで人間関係、社会関係は分裂、破綻の危機に瀕し、従来型の犯罪や少年非行の多発のみならず、児童虐待、家庭内暴力、ストーカーなど人間関係・社会関係の分裂、破綻、荒廃に直接に起因すると思われる逸脱行為が蔓延し、これに対する一般市民の恐怖心、警戒心や、非行・犯罪者への憎悪、報復感情、処罰感情の強化現象が生じるとともに、麻薬、覚せい剤関連の組織犯罪の浸透・拡大が生じている。

このような社会状況の中で、統治層は、この状況を生み出し拡大している根本的な政治的、社会的要因に対し対策、対応、改善のメスを入れることなく、逆に拡大、深刻化を放置する一方で、一般市民の安全要求や恐怖心を煽り利用しつつ、警察組織を拡大・強大し（例えば生活安全警察の創設・強化）、市民の安全要求に直接応える形で「市民的」治安立法や（例えば各地での生活安全条例の制定）、組織犯罪対策のための立法を次々に行い（例えば組織犯罪処罰法など）、さらには捜査権限の立法的拡大（例えば盗聴権限やコントロールド・デリバリー）、情報収集権限の事実上の拡大（例えば防犯監視カメラ、Nシステム、住基ネット）などにより国民監視、国民統制のシステム作りを行っている。(3)

（3）　右のような本質・方向性と帰結とを持つ新自由主義的改革及びこれを推進する統治層は、その本質・方向性・帰結を正当化し国民にそれらを受容・受忍させるイデオロギーとして、「市場原理」「規制緩和」「自己決定」「自己責任」「統治主体意識」などのイデオロギーを流布している。すなわち、「市場原理」や「規制緩和」のイデオロギーによって「弱肉強食」に至る強者優位のメカニズムを、恰も「市場原理」に基づく自由競争の法則的帰結であるかのごとく描き出し、「自己決定」「自己責任」のイデオロギーによって「弱者淘汰」の結果の受容を弱者に強いるとともに、このような「弱肉強食」「弱者淘汰」のメカニズムを権力的に作り上げる統治層への国民の帰順、同化の意識の調達に向け、国民に「統治主体意識」なるイデオロギーを流布し注入しようとしているのである。

このようにみてくると、「市場原理」「規制緩和」「自己決定」「自己責任」、そして「統治主体意識」なるものは、一見すると自由や民主主義のイデオロギーとしての本質や役割を持つかの如くみえるが、その実体は全く逆であることが浮き出てくるように思う。(4)

3　「最後のかなめ」としての司法改革

（1）　司法改革が右にみたような新自由主義的改革の「一環」であり「その最後のかなめ」たる位置を持つことについては既に触れたところであるが、それがいかなる意味において「一環」であり「最後のかなめ」として位置づけられるのかについて、司法制度改革審議会の最終意見書を手掛かりとしながらもう少し立ち入って述べておくこととしたい。

最終意見書は、その冒頭において司法改革の「基本理念と方向」について次のように述べている。

① 個人の尊重、国民主権の真の意味の実現のため、法の精神、「法の支配」を国家・社会へ浸透させるよう司法制度を改革することが根本課題である。

② 政治改革、行政改革、規制緩和等の諸改革は、過度の事前規制・調整型社会から事後監視・救済型社会への転換と、肥大化した行政システムの改革及び政治部門（国会・内閣）の統治能力の質的向上（戦略性、総合性、機動性）の向上をはかるものだが、これは国民の統治客体意識から「統治主体意識」への転換を前提とするとともに転換を促そうとするものである。

③ 司法改革は、これら諸改革を「法の支配」の下に有機的に結び合わせようとするものであり、諸改革の「最後のかなめ」として位置づけられるべきものである。

④「法の支配」の理念に立つ司法部門は、政治部門と並ぶ「公共性の空間」を支える柱として、法の維持形成＝公共的価値の実現を図るべきであるものであるが、諸改革による政治（行政）部門の活性化に応じその規模・機能を拡大・強化しなければならない。

⑤ 法曹は、「国民の社会生活上の医師」として、国民のニーズに即した法的サービスを提供する必要がある。

⑥ 国民は、統治主体・権利主体として法曹とのコミュニケーションの場の形成・維持と、国民のための司法の実現・維持とに努めなければならず、司法部門は、司法権の独立に意を用いつつも、国民への説明責任の要請に応え、国民的基盤を確立しなければならない（国民の司法参加）。

（2） 最終意見書が提示する右のような「基本理念と方向」と前述のような新自由主義的改革の方向性、本質とを重ね合わせるとき、司法改革の狙いと本質が次のようなものであることがくっきりと浮かび上がってくる。

第一に、司法を、政治、経済、社会、行政、軍事、治安、文化、教育などのあらゆる分野に市場原理を持ち込み、自己責任の名の下に弱者に被害受忍を押しつけ、弱肉強食、弱者抑圧を強行しようとする新自由主義的改革の保障装置に変えることが、司法改革の狙いだということである。

第二に、この狙いを達成するため、司法の独立と人権保障性とを稀薄化ないし解体し、「法の支配」「公共性の空間を支える柱」「司法のサービス化」などの美辞的表現を交えたイデオロギー的スローガンの下に、司法を、強者支配・弱者抑圧のための三権一体的な権力支配秩序の維持装置へと変質させようとしているということである。これを刑事司法に即して表現すれば、刑事司法の人権保障機能の後退、迅速処罰機能の強化ということである。

第三に、右の変化、変質を達成するため、法曹（とりわけ弁護士層）の独立性、人権擁護性、権力対抗性を稀薄化させようとしているということである。法曹の基本的性格規定として、「社会生活上の医師」論、「法的サービス業」論を展開することにより人権擁護性、権力対抗性の稀薄化を図るとともに、法曹を、〝「公共性の空間」＝権力的支配秩序を支え「自己責任」社会を築くプロフェッション〟と規定することにより、統治層、国家権力層へのストレートな組み込み、包摂を試みている。裁判官制度についての改革（下級裁判所裁判官指名諮問委員会新設や裁判官人事評価システム確立による裁判官統制の再編強化）もこの動きの一環である。

第四に、このようにして司法が弱肉強食、弱者淘汰、弱者抑圧のための権力的支配秩序維持装置と化するのに伴って生ずる司法への国民の信頼の低下、ひいては司法の正統性の減退・消失への手当として、司法の「国民的基盤」の擬似的拡大（司法への国民の限定的、擬似的参加の容認）を試みているということである。

第五に、今回の司法改革は、右のような狙いからすればいわばファーストステップであって、その次には、普通裁判所からの違憲審査権の剥奪や制限、特別裁判所の復活（とくに軍法会議）などが、憲法改正の一環として実現の機を窺う運びとなるであろう。

（3）　右に指摘した司法改革の狙いと本質は、民事司法、刑事司法、法曹養成、法曹人口、弁護士制度、裁判官制度、裁判員制度など、司法改革の各分野における改革プランの内容を規定し貫徹に向っているが、このことの論証作業の一つとして、本稿では裁判員制度及びこれと関連する限度で刑事司法制度についての改革作業について批判的に検討してみたいと考える。(5)

4　本稿の問題意識

（1）　検討作業を始めるに当たり、行論の便宜上、私の問題意識を予め記せば次の通りである。

(1)　そもそも裁判員制度を刑事司法への国民参加制度として構成する場合には、民主、独立、公正の司法原理、すなわち国民主権、司法権（裁判）の独立、公正な裁判を受ける権利という憲法的な三原理に立脚し、その要請を十分に充たすものでなければならない。そして重要なのは、これらの憲法的司法原理は、それぞれ異質なばらばらなものではなく、人権保障という司法の基本的使命によって関連づけられなければならず、その結果として被告人の公正な裁判を受ける権利の保障・実現に向け収斂・統合されるべきだということである。

このような観点に立つ場合、裁判員制度が国民主権の原理を踏まえて構成されているとはいい難いのではないか。なぜなら、この制度が理念・目的として掲げる「統治主体意識」なるものは、一見国民主権原理に由来するものでありその一表現であるかの如くみえるが、しかし国民を統治層へと包摂、統合、組み込む「統治のイデオロギー」という本質と役割とを与えられており、むしろ国民主権原理とは異質で対立、矛盾する疑いがあるからである。またその構成に当たり司法権（裁判）の独立及び公正な裁判を受ける権利の保障についての十分な配慮、手当てが欠如しているのみならず、裁判員制度導入に乗じこれと抱き合せる形でその縮減、制限さえ試みているようにみえるからである。もしそうだとすれば、これらの点は裁判員制度の致命的な欠陥ではないのか。

(2)　ではこの欠陥は何に由来するのかといえば、新自由主義的な司法改革構想、即ち司法の「公共性空間の柱」的性格の強化、権力的支配秩序維持装置的な役割への重点移動と、その空間の担い手（即ち統治機構及び統治層）への国民の包摂、統合、組み込みという改革構想・理念に由来するのではないか。もしそうだとすれば、この欠陥はいわば構造的なものであって、部分的修正によっては是正、改善することが殆ど不可能ないし極めて困難なものではないのか。

(3)　そしてこの欠陥は、裁判員制度導入と同時的に進められている一連の他の刑事司法改革構想、とりわけ裁判の迅速・簡略化のための防禦・弁護活動の制限や訴訟指揮権の強権化の構想と連動、連結し、相互に促迫し合う関係に立ち、司法権（裁判）の独立及び公正な裁判を受ける権利の弱化状況を深刻化し、司法の人権保障性への国民の信頼を低下させていく危険を持つのではないか。

(4)　裁判員制度には右のような欠陥や危険があると思われるにも拘わらず、この点を真正面から取り上げて検討し批判する動きが弱いようにみえるが、一体なぜか。それは、新自由主義的改革一般の持つ疑似自由主義性（実は反人権性）、疑似民主主義性（実は非民主性）、疑似国際性（実は軍事性）のイデオロギー的陥穽にはまり、司法改革の理念とされる「法の支配」「公共性の空間を支える柱」「統治主体意識」、さらには裁判員制度導入の目的とされる「（司法への国民の）主体的関与」「健全な社会常識の反映」などのイデオロギー的実体についての分析や、司法の反人権的状況の実態分析を怠る傾向が、法曹界や報道界には勿論のこと、学界にすら瀰漫しているからではないか。そしてこの傾向の根底に、自らを意識的に「強者」として自己認識することにより統治層に積極的に同化しようとする潜在意識が潜んでいるのではないか。

(5)　このようなイデオロギー状況は、裁判員制度の欠陥を拡大するが、それだけでなくその欠陥への国民の批判的意識の伸長を妨げ、欠陥是正への取組みを阻害し、逆に制度的な欠陥の運用・実践面での肥大化をもたらすのではないか。しかも、裁判員制度が内蔵する裁判批判・裁判報道の規制装置は、前述の如きイデオロギー状況を権力的に維持、拡大し、裁判員制度及びその下における公正裁判要求の動きを閉塞状態に陥れるのではないか。

（2）裁判員制度設計についての私の問題意識は右の通りであり、以下ではこれに沿う形で検討を行っていくこととするが、その検討の方法が、問題意識に規定され、司法改革審議会の最終意見書及び裁判員制度等検討会の叩き台に盛り込まれている制度設計の具体的綱目の主要部分に、前述の如き司法改革の基本的な狙い、本質、そのイデオロギーがどのように（ある場合にはストレートに、ある場合には屈折した形で）反映、貫徹しているか、それがどのような問題状況を生み出すかを概括的に批判するものとなることについて、予め断わっておきたい。また、参考文献や資料等の注記は紙数の関係上、できるだけ少く押えることとする。

二　司法の民主・独立の憲法原理と裁判員制度

1　裁判員制度の基本的発想と「統治」のイデオロギー

（1）最終意見書によれば、裁判員制度は陪審や参審という既存の制度とは異なる、わが国独自の制度であり、「新たな時代、社会の状況の中で、国民の信頼を得ながら、その使命（適正手続の保障の下、事案の真相を明らかにし、適正かつ迅速な刑罰権の実現を図ること）を一層適切に果たしうるような制度の改革」の最優先課題として、「裁判内容に国民の健全な社会常識を一層反映させるため、一定の重大事件につき、一般の国民が裁判官と共に裁判内容の決定に参加する制度」「広く一般の国民が、裁判官と共に、責任を分担しつつ協同し、裁判内容の決定に主体的、実質的に関与することができる新たな制度」として構想されたものであり、①裁判の充実迅速化を図るための争点整理目的の新準備手続の創設及び証拠開示のルール化、②裁判の迅速化、③公的弁護制度の確立、④

取調状況の書面記録の義務化などの刑事司法改革と連関、連動するものとしての位置を与えられている。

（2）　このように裁判員制度は、直接的には国民の「健全な社会常識」を刑事裁判に反映させるため国民が裁判官と「責任を分担し、協同」するシステムとして構想されているが、この構想を生み出し展開せしめている基本的発想と究極的狙いは何かといえば、「公共性の空間を支える柱」「統治構造の一翼」として「法の支配」＝権力的支配秩序の維持の役割を担う司法への、「自律性と責任感」を持った国民の「協働」、協力の調達であり、このことを通じての「統治客体意識からの脱却」、「統治主体意識」の育成であり、統治層への包摂、統合、取り込みである。

このような基本発想、とりわけ「統治主体意識」というタームを用いて展開される基本発想は、一見、国民主権原理に立脚する民主主義的発想の如くみえる。しかし、この発想は、一般国民と国家権力を掌握している統治層との間に存する矛盾、対抗、対立、葛藤を無視、捨象し、両者の同一性を当然に自明なこととして前提し、国民の国家ないし統治層への奉仕、恭順、服従の義務・責務を導出する、危険な「国家総動員」的な実体、論理を持つ。それは、国民主権原理及びこれに立脚し国家ないし統治層に対し批判、抵抗する権利を国民に認め、これを尊重する民主主義思想とは似て非なるものがあるのである。

即ち、国民主権論及びこれに立脚する民主主義思想によれば、主権者たる国民は、国政を批判し、これに参加する権利を持つのみならず、人間として人権を尊重され、思想・良心の自由や人身の自由をはじめとする自由権、人間として平等な扱いを受ける権利（平等権）、労働し健康で文化的な生活を営む権利（労働権、生存権）、そしてさらには平和のうちに生存する権利を保障されなければならず、その実現に向け国家ないし統治層に対し連帯して批判し、要求し、行動する権利を持たなければならない。ところが「統治主体意識」論は、国民主権論が持つべき人権論との内的連繫、連関を意図的に稀薄化して切断し、人権保障強化の課題を放置したまま（否、むしろ逆に人権侵害抑圧のメカニズムを強化しつつ）、国民に「統治主体意識」の植えつけ、育成を図る。そしてこの目的に適合する限りでの限定的な疑似的国民参加の制度を用意する。しかし、その「統治主体意識」なるものは、実は国民主権論が立脚すべき人権論抜きの、否、正確にいえば人権論に背反し人権抑圧的、人権侵害的な「統治」のイデオロギーへの同化を意味しているのである。

現に最終意見書は、裁判員制度を提唱しその見取図的な大枠を設計するに当たり、国民の「統治主体意識」育成の名の下に「処罰主体意識」育成の論理を展開するのみであり、被告人の人権（公正な裁判を受ける権利）の保障を強化する視点や論理は殆ど欠落したままである。いやしくも裁判員制度が刑事司法の現状、弊害を改善しようとするものであるなら、被疑者・被告人に対し制度的、構造的、日常的に加えられている人権侵害、及びその結果として発生している冤罪・誤判の悲劇的実態についての認識、批判、究明の作業に立脚し構成されなければならない筈である。このエッセンシャルな視点とこれに基づく基礎的作業の欠落という驚くべき事実こそ、裁判員制度の基本発想の本質とその歪みとを端的に表わしている。

この点を確認した上で、以下においてこの制度の持つ本質が制度の基本構造や手続にどのように反映、貫徹されつつあるかを解析することとしよう。

2　裁判員制度の基本構造・基本理念の疑似民主性と非独立性

（1）(1)　最終意見書は、裁判員制度の「基本構造」として、概ね次のように述べている。

①　裁判官と裁判員との共同評議による有罪・無罪の決定と量刑。

②　評議における権限の対等性及び審理過程における裁判員への証人質問権付与。

③　裁判官及び裁判員の数と評決方法とについては、事件の重大性の程度と国民にとっての意義・負担等を考慮して適切なものとする。但し、少なくとも裁判官または裁判員のみによる多数で被告人に不利益な決定をできないとすべきである。

(2)　右のような最終意見書の「基本構造」の構想を踏まえ、裁判員制度・刑事検討会（以下、検討会という）は、第一三回会議（二〇〇三年三月一一日）以降、それ迄の審議を踏まえ事務局が作成した叩き台「裁判員制度について」（以下、叩き台という）に基づいて審議を続けているが、この叩き台のうちの「基本構造」関係の主要な点を摘記すれば次の通りである。

①　裁判官と裁判員の人数——二案あり。

Ａ案——裁判官三人、裁判員二～三人

Ｂ案——裁判官一～二人、裁判員九～一一人

②　裁判員の権限

（ア）　有罪・無罪の決定及び刑の量定に関し、審理と裁判

（イ）　証人尋問権と被告人質問権

（ウ）　裁判官の裁量に基づき（「適当と認めるとき」）、専ら訴訟手続に関する判断又は法令の解釈に関する審理への立会及び意見申述

（エ）　裁判員は「独立してその職権を行い、憲法及び法律にのみ拘束される」

③　評決

（ア）　基本的には裁判官・裁判員の合議体の過半数で決するが、これに附加する条件につきＡＢＣの三案あり[(6)][(追3)]。

（イ）　訴訟手続に関する判断及び法令の解釈については、裁判官の過半数による。

（2）　最終意見書及び叩き台が提示する右の如き「基本構造」について、検討会は二〇〇三年三月一一日第一三回会議及び同月二五日第一四回会議においてさらに審議しているが、議事録に表れている限りでは、多様な意見が出され、意見の対立がみられはするものの、「基本理念と方向」そのものや「基本構造」の根幹についての突っ込

んだ検討や対立はみられない。

意見の対立がみられるのは、裁判官・裁判員の人数についてである。多数を占めるA案説と少数のB案説との対立的構図の中で、裁判官三ないし二、裁判員五ないし六とすべしとする中間説が複数の委員から出されている。これらの説につき、裁判員制度を参審に近いもの(A案説)、陪審に近いもの(B案説)、その中間型の陪審的参審に近いもの(中間説)とするイメージでその対立構図を考える見方が一般にあり、最大の争点の観を呈している。

このような対立構図の中で、検討会が今後どのような説にまとめ上げられていくか軽々には予断を許さない。というのは、自由民主党司法制度調査会内で中間説的な考え方が急浮上し有力化しつつあるとされることや、有力マスコミがこれを支持しプッシュする動きを見せていることなど、検討会外に活発な動きがあり、これが検討会にどう影響していくか予断を許さないからである。(追4)

(3) 右のような審議状況をも踏まえて、最終報告書及び叩き台の示す裁判員制度の「基本理念・目的」と「基本構造」について検討することとしたい。

(1) この制度が基本理念・目的として掲げる「健全な社会常識の反映」について。

① まず初めに問題とすべきは、この理念・目的は、職業裁判官のみによる裁判には基本的には欠陥や弊害がなく、健全な社会常識の反映の点を補えばより完全なものになる、という現状認識ないし見方を前提にして組み立てられている点である。しかし、この認識ないし見方は、刑事司法の現実に目を蔽う謬見である。

予断や偏見なしに現実を直視するならば、捜査機関による長期拘束と強圧的取調とを中核とする人権侵害的な糾問的捜査に基づいて作成された捜査記録(調書など)に無批判的に依存し、被告人側の防御活動を極力押えようとする公判が行われ、人権侵害及び冤罪の弊害が生じているのが構造的実態である。そうだとすればこの構造的実態の抜本的除去・克服こそ刑事司法改革の課題であり目標でなければならない。そして、捜査手続の抜本的改革、とりわけ捜査権限の限定及び防御権の拡大こそ、第一義的課題でなければならない。

ところが最終意見書では、代用監獄の廃止、起訴前保釈制度の改革、接見交通の自由化、令状審査の改革など、第一義的課題についての具体的検討を将来的課題として棚上げにし、僅かに取調過程・状況の書面記録の作成義務化のみを打ち出し、弁護人立会は勿論のこと、取調状況の録音・録画すら当面拒否する方針を示した（この方針を受けて法務省は二〇〇三年七月三〇日、取調過程・状況の記録制度に関する構想を発表し、年内実施の方向を打ち出している）。捜査手続改革の課題は、このように殆ど無視、棚上げの状態にさらされているのである。

このようにして裁判員制度は、捜査手続の改革という第一義的改革の無視、放置の上に、即ち人権侵害的な糾問的捜査温存の上に立って、いわば汚染基盤の上に構築されようとしているのである。このことは、裁判員制度の賛否に関わりなく現状認識として否定することは不可能であろう。

しかし、問題はその先にもある。もしそうだとしても、裁判員制度導入は、裁判員の健全な常識により裁判官の捜査依存意識を変革し糾問的捜査批判へと赴かせるという効果を自ずと持つのではないか、という問題である。この問題は、裁判員制度の評価に関わる重要な論点の一つであるが、この制度についての具体的検討を経た上で扱われるべき問題なので後述することとする。

②　次に問題とすべきは、「健全な」社会常識の反映を基本目的としている点である。もともと社会常識とは多様性とともにかなりの程度の普遍性を持つものであり、その意味では一種の健全性を持っている。にも拘わらず裁判員制度導入の基本目的としてわざわざ「健全な」という字句を挿入しているのはなぜか。それは、統治層（その司法代理人としての裁判官）にとって好ましい（健全な）社会常識と好ましくない（不健全な）社会常識とを選別しようとする志向に基づくものである。そしてこのことは、裁判員の選出方式を選挙人名簿からのくじによる無作為抽出としていることと関連している。即ち、無作為抽出方式採用に伴う多様な社会常識の流入への対処の必要性である。そしてこの対処を、「健全さ」を基準とする裁判官による選別に委ねようとしているのである。

そして叩き台が、多人数の裁判員の多様な意見（社会常識）を独立空間における討議によって集約（一種の健全さへの収斂）するという民主的思考を辿らず、少数の裁判員と裁判官とのコンパクトな協議、「協働」により集約するという思考をとるのも、裁判官による「健全な」社会常識の選別的利用、その限りでの反映という発想に基づくのである。

(2) 裁判官・裁判員の人数について。

既に述べたように人数の点については、検討会内で意見が三分され、検討会外部でも意見が大きく分かれ、今後の推移につき予断を許さない状況にあり、最大の争点の観を呈している。(追4)

しかし、私は、真の争点は裁判員制度の持つ本質、構造、手続の点にあり、人数の問題は擬似的争点に過ぎないと考える。とくに、Ａ案か中間案かといった争いは、裁判員制度の持つ真の問題、真の争点を蔽い隠してしまう役割を果たすのであり、その意味では有害ですらあるように思う。この点の論証は以下の行論が自ずと行うところなので、ここではこれ以上は触れないこととする。

(3) 裁判員の権限について。

裁判員は、有罪・無罪の決定、量刑、証人尋問権、被告人質問権を持ち、評議においても裁判官と同等・対等の表決権を持つとされているので、裁判官と対等だというイメージが強い。そして、このイメージは、裁判官との「責任の分担」「協働」「主体的、実質的関与」など、最終意見書が駆使する説明概念によって、正当化されている。しかし、裁判員の権限は、その実体を透視するならば、裁判官のそれに比べ、制度面でも実際面でも制限された限定的なものであることを見逃してはならない。

まず制度面でいえば、裁判員は準備手続に関与する権限を持たない。従って争点整理、証拠開示裁定、証拠決定、証拠能力判断、審理計画策定から排除される（第一九回検討会会議（二〇〇三年五月三〇日）提出の事務局文書「刑事裁判の充足・迅速化について（その一）」（以下、叩き台（一）という））。また訴訟手続や法令解釈についても、裁判官の裁量により審理立会、意見申述が許されることはあるが、その決定に関与することはできない。判決書の作成から排除される。また控訴審からも排除される方向にある（後述）。

このような権限上の限定は、法律専門家と素人との相違に基づくもので一見妥当なもののようにみえる。しかし、この相違は、両者間に情報上の大きな格差を生み、裁判官の判断の圧倒的優位性と裁判員の判断の劣位性、部分性、限定性を構造的に生み出す。なぜなら、公判開始に先立って、裁判官は、準備手続の主宰者として、事件の全体像と争点とを把握し、自ら整理した争点に沿って証拠を開示させたり証拠決定を行い、事件及び審理についての見通しを立てるなど、十二分に事前知識を抱いて公判審理にのぞむ。これに対し裁判員は、公判直前に選定され、全く無準備のまま審理に当たらなければならない。また裁判官は、証拠の証拠能力、例えば自白の任意性や物的証拠の収集過程の違法性の有無などについて、事前の準備手続や公判手続において専権的に判断するが、その過程で、証拠能力のない証拠の内容に触れ、事実上心証（予断）を抱くことを避けがたく、このことからも情報格差が事実上生ずる。さらに、裁判官が憲法解釈を含め法令解釈権を独占し、裁判員はこれに服従しなければならないが、人権論的思考が多くの場合憲法を手掛りとして展開され事実認定に影響していくことを考えるとき、裁判員が独自の人権論的思考に立脚して事実認定を行うことは極めて困難ないし不可能となるであろう。(追5)

このようにみてくると、裁判官と裁判員との間には権限格差に由来する構造的情報格差が作出され、その格差の上に立って、裁判員は裁判官の決定した枠組み（争点、証拠、審理計画）の中でのみ限定的に判断することができるに過ぎない立場に置かれるのである。そしてこのことは、もともと裁判官と裁判員との間に存在する裁判経験、法律知識、説明的論理力などについての格差とあいまって両者間の対等性の建前を崩しフィクション化する。しかも、このような格差は、裁判員の人数の如何に関わりなく存在するのである。

右に述べた構造的情報格差の問題に加え、私は次の問題についても着目すべきだと考える。それは、裁判員は、欠格事由、就職禁止事由、辞退事由、忌避事由の存否に関連するプライバシー関係資料、及び選任・解任の判断権を裁判官に握られた、弱い立場に立つということである（後述）。

また、これまで述べてきたことと文脈が少し異なるが、裁判員が量刑の権限を持つことについての懸念についても述べておきたい。このことについて、一般に市民間に厳罰感情が拡がっており、これが裁判員を通じて量刑の峻厳化を生むのではないかとの懸念がかなり抱かれている。私もこの種の懸念を共有するが、ここで特に指摘しておきたいのは、裁判員関与裁判においては後述のように裁判員負担の軽減のためと称して裁判の迅速化や簡略化が推進されることになるが、その結果として情状立証の制限強化や画一化がこれ迄以上に裁判官を中心に進行し、裁判員の量刑判断が結果の重大性重視へとシフトし重罰化傾向が生じる危険があることである。

このようにみてくると裁判員を裁判官と対等な協働者とみることはできない。裁判員は、裁判官との非対等性を構造的に持つのであり、その対等性は、せいぜい外見上の装飾に過ぎないとのそしりを免れない。このことを確認した上で、「協働」との関連で裁判員の独立の問題について考えてみたいと思う。

(4)　裁判員の独立について。

周知のように憲法は裁判官に対し職権上及び身分上の独立を保障している。この独立保障の趣旨が、裁判官ではない裁判員についても、基本的に適用・貫徹されなければならないことは当然である。そもそも裁判というものは、法に則り、手続を進め、事実を認定し、法を解釈・適用して裁決するという営みであるが、その何れの点についても、「その良心に従い独立して」憲法及び法律に基づき職権を行使することによってのみ任務を全うすることが初めて可能なのである。換言すれば、独立こそ、裁判が立法や行政とは異なる独自の国家的作用として正当性を持つエッセンシャルなファクターであり、独立なくして司法、裁判は独自の正当性を持たない。そうだとすれば、独立の保障は、裁判官のみならず裁判員に対しても及ばなければならないことになるのは当然である。

この観点から叩き台をみるとき、いくつかの問題点に気付かざるを得ない。

①　叩き台は、裁判員の職権行使につき「独立してその職権を行い、憲法及び法律にのみ拘束される」としている。この保障が法律上のものに過ぎない点はさておくとしても、憲法上の裁判官独立保障規定と対比するとき、「そ

の良心に従ひ」（憲法七六条三項）という文言が欠落していることに気付く。

周知のように、ここでいう「良心」なるものが客観的なものか、主観的なものか、「独立して」という文言とどういう関係に立つか、「憲法及び法律への被拘束性」とどういう関係に立つかなどについて、憲法解釈のレベルでは見解は分かれている。とはいえ、この「良心」条項の持つ実質的意味が、職権の独立的行使が裁判者の人格的な存在価値を賭ける「良心」抜きには実現不可能であることの明示化であり、「良心の独立」こそ裁判者の職権上の独立のエッセンスであるという事理の明文化であることについては異論がないであろう。そうだとすれば、「良心」抜きの職権上の独立保障には本質的欠落があるというべきであり、その意味で裁判員は「半独立」的存在とされていることになるのである。(追6)

② 次に問題とすべきは、裁判員の地位の不安定性である。裁判員は、就任前には選任に当たっての欠格、就職禁止、除斥、辞退、忌避等の制度、及び虚偽回答禁止等を通じて、また就任中には職務誠実遂行義務、品位保持義務、信頼保持義務、秘密不漏示義務を通じて、さらに任務終了後にも秘密不漏示義務を通じて、絶えず裁判官によるプライバシー捕捉、行動監視、監督の下に置かれ、場合によっては就任中であっても「引き続きその職務を行わせることが適当でない」として解任されるという不安定な立場に置かれる（解任決定権者が審判不関与の別裁判官とされていることは、この不安定性を解消し得るものではない）。

右の①②に加え、前述のような裁判官・裁判員の間の構造的情報格差と非対等性も裁判員の独立的判断を困難にする作用を持つことを考えるとき、裁判員に、制度上、独立性を期待することは困難といわなければならない。

3　裁判員就任の強制と選別・排除

（1）　(1)「裁判員の選任方法、裁判員の義務等」について、最終意見書は、選挙人名簿からの無作為抽出者からなる母体から事件毎に選任する方式を提唱し、また召喚された裁判員候補者に出頭義務を課することにより裁判員就任を強制する制度を打ち出した。

(2) これを受け、叩き台は、概要次の如き案を示している。

① 裁判員の要件――三案あり

A案――衆議院議員選挙権者

B案――右の内、二五歳以上の者

C案――右の内、三〇歳以上の者

② 欠格事由、就職禁止事由、辞退事由、忌避事由

(ア) 欠格事由――中学不卒業者、禁固刑以上の受刑経験者。なお、心身故障者については、欠格者とするA案と、規定を設けないB案とがある。

(イ) 就職禁止事由（省略）

(ウ) 除斥事由（省略）

(エ) 辞退事由――七〇歳以上、会期中の地方議会議員、学生・生徒、裁判員被選任経験者、検察審査員被選任経験者、「疾病その他やむを得ない事由により、裁判員として職務を行うことが困難であると裁判官が認めた者」など

(オ) 忌避理由――不公平な裁判をするおそれ。理由なしの忌避も、〇名を限度として認められる。

③ くじに基づく裁判員候補者名簿の一年毎の作成、公判期日決定時のくじに基づく候補者の選定、召喚、質問票の事前送付、回答の質問手続当日閲覧許可（但し裁判官の裁量による）、非公開の質問手続（裁判官・検察官・弁護人出席。被告人出席は裁判官の裁量による）、質問に基づく欠格事由等の決定及び裁判員の無作為抽出

④ 裁判員等の義務

（ア）　裁判員候補者の質問手続期日召喚への出頭義務（→過料）
（イ）　裁判員候補者の真実回答義務（虚偽の回答をしてはならず、かつ正当な理由なく回答を拒んではならない）（→過料、罰金）
（ウ）　裁判員の公判期日出頭・宣誓（→過料）、職務誠実遂行・品位保持、裁判の公正さへの信頼不損、評議での意見申述、職務上秘密不漏洩（→懲役・罰金）の義務

⑤　裁判員の解任
（ア）　前記④（イ）（ウ）義務に違反し「引き続きその職務を行わせることが適当でないと認めるとき」と、無資格の場合
（イ）　辞退申立につき事由該当の場合

（2）　右の如き最終意見書及び叩き台につき、検討会は第一四回（二〇〇三年三月二五日）及び第一五回（同年四月八日）の会議において審議しているが、議事録に現れている限りでは裁判員の要件、即ち選出母体に関連し論議が交わされ、年齢制限説（B案又はC案）が優勢にみえることの外は、裁判員就任強制や裁判員の諸義務などの本質的な問題については殆ど議論を交わした形跡がない。[追7]

（1）　裁判員就任の強制について。

先にみたように最終意見書及び叩き台は、無作為抽出の方法により選出された裁判員候補者に対し拒否権ないし辞退権を認めず、不出頭に対しては過料で臨むこととしているが、これは、裁判員制度を、国民に「統治主体意識」を注入し統治層に包摂し組み込もうとする権力的な発想の端的な発現に外ならない。そうであればこそ、検討会も叩き台作成前の第六回会議（二〇〇一年九月一八日）において若干の意見交換をしたのみで、これを当然の前提的枠組みとして扱い、本質的な疑問をさしはさむ動きはみられなかったのである。

しかし、国民に裁判員となることを義務づけ強制することが憲法上果たして可能なのであろうか。私は深い疑問

を覚える。

そもそも国民は、憲法上主権者とされ、公務員の選定・罷免権、国会議員選挙権、地方公共団体の議員及び長の選挙権を持つとともに、自らも公務員、議員等となって国政や地方自治の一翼を担う権利を持つ。しかし、その行使についてはあく迄個人の任意の判断に委ねられており、義務として強制されてはいない。それどころか逆に憲法は、国民に対しその意に反する苦役を禁じ、職業選択の自由を認め、思想・良心の自由を保障するなどして、国民の国政参加等の強制に対しむしろ消極的な態度をとっている。これは、自由で任意な国政参加であってこそ、初めて民主主義、基本的人権、平和主義という憲法的価値の実現に資することが可能となるという考え方に基づいているのである。

この理は、司法についても同様である。否、この理は、良心の営みであるべき司法においてこそより強く妥当する。だからこそ、憲法は裁判員就任強制容認の手掛りとなり得る規定を一切置いていない。それどころか全く逆に、苦役の禁止、職業選択の自由、思想・良心の自由、裁判官の良心の自由などに関する憲法の規定は、裁判員就任強制が憲法上許されないことを明らかにしていると考えられるのである。

このような考え方に対し、国民が主権者であることを根拠に、裁判員として裁判に参加することは国民の責務であり義務であるとして反論する向きもある。しかし、これは前述の理に照らすとき、およそ憲法論、法律論の体をなさぬ、誤れる俗論と評すべきものである。そして、裁判というもの、特に刑事裁判というものが人間、社会、国家の根源的なあり方に関する考え方、即ち人間観、社会観、国家観、ひいては世界観に直接、間接に深く関わる営みであることを考えるとき、その営みへの関わりを強制することがいかに愚かな誤りを犯すものであるか厳しく批判さるべきである。

このように裁判員候補者に拒否権ないし辞退権を認めるべきかは憲法問題として理論上重大な意味を有するが、この問題の持つ具体的、現実的な意味は深刻である。国民の間には自分が裁判員になることについて消極的な空気がかなり強いからである。二〇〇三年七月二八日付読売新聞の全国世論調査によれば裁判員制度につき、賛成約五割弱（四九・六％）に対し反対が四割強（四一・二％）であり、しかも「ぜひ参加したい」「参加してもよい」（三四・六％）に対し「参加したくない」が六一・七％に上り、その理由の七割強が「有罪無罪などを的確に判断する自信がない」というのである。

ここには、裁く者の立場に立つことへの国民の強い良心的な躊いと不安とがくっきりと浮かび上がっている。このような良心的躊いや不安が、単に経験不足や知識不足への自信のなさにのみ由来するとみるのは正しくない。良心的であろうとすればするほど、果たして事実を正確に認定できるか、認定された事実を果たして違法だと自らも確信できるか、非行や犯罪を犯した人を、同じ人間として悩みの多い自分が法と正義の名の下に断罪できるか、とりわけ死刑を含む刑罰を科す自信があるかなど、深刻に悩まざるを得ない筈だからである。

このように、ことは思想や良心に関わる問題であり、その本質は、兵役に関する良心的拒否の自由の問題に通底する根本的重大性を持つ。にも拘らずこのことを軽視ないし無視し、「統治主体意識」なるものを国民に流入しトレーニングする権力的手段として刑事裁判、ひいては被告人を政策的に利用し、裁判員になることを国民に刑罰を以て強制しようとすることは、国民はもとより、それのみならず被告人及び刑事裁判の尊厳をも侮蔑するものだと私は考える。(追8)

(2)　裁判員候補者の真実回答義務及び裁判員の職務誠実遂行義務等について。

叩き台は、先に述べたように、質問票または質問手続において「虚偽の回答をしてはならず、かつ、正当な理由なく質問に対する回答を拒んではならない」として真実回答義務を課すとともに、その違反に対し過料や罰金の制裁を科し、選任後も場合によっては解任し得ることを定めている。

この真実回答義務との関係で重要なのは、質問内容の如何によっては裁判員候補者の思想・信条・プライバシー等について不当な侵害がなされる危険があることである。質問手続の趣旨・目的からみて、質問事項は欠格、就職禁止、除斥、辞退、忌避の事由とされている事項に関連するものに限定され、それを逸脱した質問に対しては真実回答義務を負わないとすべきは当然だが、問題は、学力(学識)、受刑経験、心身の故障、疾病のみならず、「不公平な裁判をするおそれ」などについても質問が及び得るしくみが用意されており、プライバシーや思想・信条に関連する広範囲にわたる指弾が質問の形をとって当事者からなされることが十分に予想され、その質問の正当性ないし妥当性や忌避事由についての判断結果の如何とは関わりなく、質問自体によってプライバシーや思想・信条の自由の侵害現象が、意図するとせざるとに関わりなく、生じることが懸念されることである。そしてその侵害は、黙秘権に及ぶことさえあり得るのである。

また裁判員に課される義務が、広範且つ無限定的であることも問題である。例えば誠実にその職務を行う義務、品位を辱めることのないようにする義務、裁判の公正さに対する信頼を損なうおそれのある行為をしてはならない義務が裁判員に課されるが、これらの義務の持つあいまいさ、無限定性、広範囲性は、説明の必要のない程明らかである。しかもこれらの義務は、裁判員が具えるべき徳目や心得に関する訓示的意味を持つに止まらず、その違反に対しては公判中の解任措置が用意されている。これは、裁判官による裁判員の事後的な選別・排除を可能にするものであり、裁判員の自由・独立な判断を妨げる危険が大きい。

しかも、「裁判の公正さに対する信頼を損なうおそれのある行為」の禁止が、裁判員在任中のみならず任務終了・退任の後も適用され、その結果として裁判内容に関する批判は勿論のこと、裁判制度や裁判官・裁判員のあり方に関する批判的言動を、担当事件との関わりの有無に関係なく一切禁じるしくみとなることにも私は強い疑問を覚える。

さらに裁判員は、在任中のみならず、退任後も無期限に、評議の経過、各裁判官・裁判員の意見とその数、その他職務上知り得た秘密につき漏らすことを禁じられ、この禁止に違反した場合及び合議体構成員以外の者に対し担当事件の事実認定や量刑に関する意見を述べたときには懲役又は罰金に処せられる。これにも甚だ疑問が多い。裁判員又はその職にあった者は、広い範囲で秘密義務を負い、自己の経験や意見を具体的に第三者に語ることを生涯禁じられ、秘密漏洩罪の恐怖に脅える存在と化する。このようにして裁判員制度は、裁判員のみならずその経験者をも秘密の壁の中に追いやり、その意見や経験を個別化、分断化し、その交流を妨げるのである。
なお、裁判員が評議において意見申述の義務を負わせられている点にも、私は思想・表現の自由との絡みで深い疑問を覚えることも記しておきたい。

4 裁判員関与裁判の強制

（1） (1)「対象事件」につき、最終意見書は、法定刑の重い事件とすること、被告人の認否による区別は設けないこと、被告人の辞退権を認めないこと、特殊事件（組織的犯罪、テロ事件）は対象事件から除外することを検討する余地があることを述べている。

(2) これを受け、検討会の叩き台は、対象事件につき、次のような三案を示している。

A案――死刑、無期、一年以上の懲役・禁固にあたる法定合議事件（但し、内乱罪関係を除く）（注――年間約四五〇〇件）

B案――死刑又は無期の懲役・禁固にあたる事件（但し内乱罪関係を除く）（注――年間約二五〇〇件）

C案――法定合議事件中、故意の犯罪行為により被害者を死亡させた罪のもの（注――年間約八五〇〜二三〇〇件）

また叩き台は、「除外事件」についても次の二案を示している。

A案――民心、裁判員・その親族の身体もしくは財産に害を加え、またはこれらの者を畏怖させてその生活の平穏を侵害する行為がなされるおそれがあることその他の事情により、公正な判断ができないおそれがあると裁判官（審判非関与の）が認めるときは、裁判員を除外し、裁判官のみで審理する。

B案――除外を設けない。

（2）　右の如き叩き台の案について、検討会は第一四回会議（二〇〇三年三月二五日）において検討しているが、議事録でみる限りでは、対象事件についてはB案とC案とを折衷し、除外事件は設ける説が有力であるようにみえる。(追9)

このように裁判員制度が対象とするのは法定刑の重い重大事件であることを前提にして論議が展開され、国民の参加実感（国民が関心を持って参加を実感できるのにはどのくらいの事件数であるか）や国民の負担感などの政策的ファクターを主として考慮する形で対象事件に関する論議が行われており、裁判員制度の理念・目的との関連において自覚的に検討する態度は殆どみられない。しかし、例えば裁判員制度が国民の健全な社会常識の反映ということに目的があるというのであれば、単に法定刑の重さや結果の重大性（被害者死亡）を以て対象事件化の判断基準とすることは必ずしも妥当でない。たとい法定刑の軽い犯罪であっても、いや軽微事件についてこそ、健全な社会常識を反映させることに意味があるともいえるからである。ところが叩き台およびこれに基づく検討会審議は、この種の疑問ないし意見を簡単に切り捨てている。

では何故法定刑の重い重大犯罪とするのか。この点につき、最終意見書は、「新たな参加制度の円滑な導入のため」には「国民の関心が高く、社会的にも影響の大きい」重大事件とすべきで、事件数をも考慮して決めるべし、としている。しかし、この理由づけ（円滑な導入）は、事件数を絞るという政策的な点を除けば説得力がない。それだけでなく、公正な裁判を受ける権利を持つ被告人の立場からみる場合には、叩き台が呈示する対象事件化の基準、ひいては対象事件の設定そのものに対して深い疑問が生ずる。ところがこのような疑問を抱くことなしに専ら政策的ファクターを中心に対象事件が設定されようとしているのは、裁判員制度導入の理念・目的が「統治主体意識」の注入にあることに由来するのである。重大事件とするほうがこの理念・目的に、より適合的だからである。

（3）　次に、最終意見書及び叩き台が被告人に裁判員関与裁判を辞退（ないし拒否）する権利を一切認めないことについて検討してみたい。

その理由とされるところは、裁判員制度は個々の被告人のための制度というよりは国民一般にとって裁判制度として重要な意義があるので導入するからだ、ということのようである。しかし、真の理由は、もし辞退権を認めれば、裁判員関与裁判は極く少数にとどまり、裁判員制度が事実上空文化しかねないことへの危惧感のようである。この危惧感は、戦前の陪審法についての歴史的体験と、現実に存在する国民意識（二〇〇三年七月二八日付読売新聞世論調査によれば、回答者本人が刑事裁判を受ける立場に置かれた場合、現行裁判制度のほうがいいとする者が四九％であり、裁判員制度のほうがいいとする三七％を上廻っている）とに鑑みるとき、かなりリアルな切実性を帯びているようだが、私がここで問題としたいのは、この危惧感の顛倒性（権力性、非民主性）の点もさることながら、次項で本格的に取り上げる被告人の「公正な裁判を受ける権利」との不整合性の点である。

そもそも被告人は、憲法上、「公平な裁判所の裁判を受ける権利」を保障されている。この権利は、「公平な裁判所」こそ「公正な裁判」のエッセンシャルな構成要素であることや、世界人権宣言を始めとする関連国際文書・規約等に照らすとき、「公正な裁判を受ける権利」の表現形態として捉えられるが、ここで重要なことは裁判所の組織・構成の公平・無偏頗性に対する被告人の納得、信頼こそ裁判の公正さにとって絶対的、不可欠的だということである。

このような観点に立って辞退権の問題にアプローチするとき、辞退権を一切否定することは、被告人の納得、信頼の問題を無視するものであって、「公正な裁判を受ける権利」と不整合的、相反的であるといわざるを得ない。このような本質的な疑問を抱くことなく、辞退権の一切否定を打ち出している最終意見書及び叩き台の前述の理由づけは、裁判員制度を「統治主体意識」注入の道具とする考えをストレートに反映するものに外ならないというべきである。

三　公正な裁判を受ける権利と裁判員制度

1　公判簡略化の論理と公正な裁判を受ける権利

（1）(1)　最終意見書は「公判手続・上訴等」につき、次のような基本的方向を示している。
①　裁判員の主体的・実質的関与の確保のための運用上の工夫と関係法令の整備。
②　判決書の内容は、裁判官のみによる裁判の場合と基本的に同一とする。
③　当事者からの事実誤認・量刑不当を理由とする上訴の許容。
(2)　右の如き最終意見書の示す基本的方向を踏まえ、検討会の叩き台は、これを次のように具体化している。
①　裁判員制度対象事件の審理は、裁判員の負担を軽減しつつ、実質的に関与できるよう、迅速で分かりやすいものとする。
②　第一公判期日前の事前準備手続を必要的とし、要審理見込時間（日数）を明らかにする。
③　（事前準備手続の概要については後述。）
④　弁論の分離・併合につき、迅速で分かりやすい審理の実現の観点から検討する。
⑤　できる限り連日開廷する。
⑥　裁判員は宣誓する。
⑦　検察官、弁護人は、準備手続における争点整理の結果に基づき、証拠との関係を具体的に明示して冒頭陳述を行わなければならない。

⑧　証拠調は、迅速で、かつ裁判員に分かりやすく、実質的関与を可能にするものにする。
⑨　証拠調は、争点集中の厳選証拠により行い、量刑関係証拠取調の区別化、争点毎の計画的証拠調、証拠物と争点との関連性の明確化、証人尋問の争点中心・簡潔化、反対尋問の主尋問終了直後実施、供述調書の信用性立証を作成状況を含め的確な判断の可能なものとする工夫、第一回公判期日前の裁判官による証人尋問の活用、公判開始前の鑑定実施の励行などを行う。
⑩　迅速でわかりやすい審理に向け、訴訟指揮を行う（注――この点につき後述）。
⑪　判決書は、裁判官が作成する。なお裁判員の署名押印及び身分終了時期については、ＡＢＣの三案あり。
⑫　控訴審については五案あり。
Ａ案――現行法通りとする。
Ｂ案――裁判官のみとし、自判を訴訟手続の法令違反、法令適用の誤りに限定（事実誤認、量刑不当につき自判を認めない）。
Ｂ′案――裁判官のみとし、事実誤認についてのみ自判を認めない。
Ｃ案――裁判官のみとし、事実誤認、量刑不当による破棄理由を加重する。
Ｄ案――裁判員も関与し、覆審構造とする。
⑬　差戻審については二案あり。
Ａ案――新裁判員関与の事後審
Ｂ案――新裁判員関与の覆審
⑭　裁判員候補者・裁判員の不出頭及び裁判員の宣誓拒否に対する罰則（過料）
⑮　裁判員・同経験者の、評議経過、各裁判官・裁判員意見とその多少の数、その他職務上知り得た秘密の漏洩又は合議体構成者以外の者への意見申述に対する罰則（懲役、罰金）

⑯　裁判員に対する請託罪
⑰　裁判員・同経験者、その親族に対する威迫罪
⑱　裁判員候補者の質問票又は質問手続における虚偽回答、不回答に対する罰則（過料、罰金）（但し罰金は虚偽回答についてのみ）
⑲　裁判員・同候補者の、氏名以外の個人情報の記載訴訟記録の非公開、氏名・住所その他の個人特定事実の非公表義務（「何人も」この義務を負う）。
⑳　何人も裁判員に対し、その担当事件に関し接触してはならない。何人も知り得た事件の内容を公にする目的で裁判員経験者に対し、その担当事件に関し接触してはならない。
㉑　何人も裁判員又は同候補者に事件に関する偏見を生ぜしめる行為その他の裁判の裁判の公正を妨げる行為を行ってはならない。報道機関は、この義務を踏まえ、事件報道に当っては、裁判員、同候補者に事件に関する偏見を生ぜしめないよう配慮しなければならない。
㉒　出頭の確保のための、裁判員についての休業制度及び休業による不利益取扱い禁止など。

（2）　概要右の如き叩き台につき、検討会は、第一九回会議（二〇〇三年五月三〇日）以降審議中であり、多様な意見が出されている。

その中には、第一回公判前証人尋問の活用、偽証罪の積極的適用、反対尋問制限の強化、合意書面の活用、犯行再現ビデオ録画の活用、判決書内容の簡略化などをはじめ、叩き台の線に沿った発言の外、裁判員経験者の秘密漏洩に対する処罰範囲の広さへの疑問、裁判員等の個人情報保護（非公開）につき公開性拡大の意見、裁判員経験者への報道機関の接触（取材）規制への疑問（削除論）、公正妨害行為禁止への反対など、叩き台に対する疑問や反対意見も出されているが、大勢は叩き台ないし叩き台中のA案（但し、判決書への署名押印については裁判官のみの署名・押印、裁判員身分終了時期については判決宣告時とするC案）に向けて収斂することが予測される。この

ような予測をも踏まえつつ検討を進めることとしたい。(追10)

２　防御権無視、準備手続中心、公判簡略化、弁護活動規制、裁判秘密化、裁判批判規制

（１）　最終意見書及び叩き台は、裁判員制度における公判手続を設計するに当たり、軽負担、迅速化、平易化による裁判員の主体的、実質的関与の実現ということを基本的方向として掲げ、公判簡略化の構想を打ち出している。

しかし、ここには重要かつ基本的な視点の欠落がある。それは、被告人の「公正な裁判を受ける権利」、即ち、公平な裁判所、適正手続、防御権、弁護権などを十全に保障すべしとする憲法的視点の欠落である。わかり易くいえば、最終意見書及び叩き台は、裁判員制度を構想するに当たり、裁く側の便宜を重視するの余り、裁かれる側の権利保護の視点を見失っているということである。そして、最終意見書及び叩き台が提示する手続構想、すなわち準備手続において早期に設定した争点につき迅速で平易な簡略審理を行うという構想は、実は防御権の無視ないし軽視の上に組み立てられているのである。

（２）　(1)　最終意見書及び叩き台が必要的とする準備手続のより一層具体的な中身について、二〇〇三年五月三〇日の第一九回検討会会議に提出された叩き台「刑事裁判の充実・迅速化について（その一）」（以下、叩き台（その一）という）は、およそ次のような案を提示している（裁判員制度関連の主要部分）。

①　主宰者――二案あり

Ａ案――受訴裁判所を構成する裁判官

Ｂ案――受訴裁判所以外の裁判所

②　準備手続の方法、出席者

訴訟関係人出頭、又は書面にて行う。出頭方式の場合、出席者は検察官、弁護人。被告人も出席できる。

③　準備手続の内容

訴因・罰条の明確化、争点の整理、証拠開示の裁定、証拠調の請求、立証趣旨・尋問事項の明示、証拠調請求への意見の聴取、証拠能力判断のための事実取調、証拠調の決定・却下、証拠調の順序・方法、公判期日の指定、審理計画の策定。

④　準備手続結果の顕出など

経過及び結果は、公判期日における調書及び当事者提出書面の朗読又は要旨告知により明らかにする。

準備手続は、できる限り早期に終結するよう努める。

⑤　検察官主張事実の提示、請求証拠の開示

検察官は、主張事実陳述書の送付と、取調請求証拠開示とを行わなければならない。

⑥　検察官取調請求証拠以外の証拠の検察側開示——二案あり

A案——検察官が開示する保管証拠標目一覧表より被告人側が証拠を特定して開示請求があった場合、弊害発生のおそれがあると認めるときを除き、開示しなければならない。

B案——⑤による開示証拠以外のもので一定類型（証拠物、鑑定書、検証調書、実況見分調書、写真・ビデオテープ・録音テープ、検察側証人請求予定者調書、検察官主張事実に直接関係する参考人の供述調書、被告人供述調書）につき、類型、範囲を特定し、特定の検察官請求証拠の証明力判断上の重要性を明らかにして開示請求があったとき、開示の必要性と弊害の有無、種類、程度等とを考慮し相当と認めるときは開示しなければならない。

⑦　被告人側主張の明示——二案あり

A案——被告人又は弁護人は、否認の主張、関係する事実の主張その他事件に関する主張をする場合には、検

察官主張事実陳述書送付及び証拠開示の後、準備手続において、予めこれを明らかにしなければならない。刑訴法三二六条の同意をするかどうかなど、検察官請求証拠に対する意見についても同様である。

B案――弁護人は、検察官主張事実陳述書送付及び証拠開示の後、右主張事実のどの部分を争い、積極的にどのような主張をする予定かをできる限り明らかにするとともに、右同意をするかどうかの意見を述べなければならない。

⑧　被告人側による証拠開示――二案あり

A案――被告人又は弁護人は、取調請求証拠を準備手続において請求、開示しなければならない。

B案――弁護人は、（以下A案と同じ）

⑨　争点関連証拠の開示

検察官は、開示証拠以外の証拠であって⑦の主張に関連するものについて、被告人側より証拠の類型・範囲、⑦の主張との関連性その他防御準備上必要な理由を明らかにして開示請求があった場合には、弊害の有無、種類、程度などを考慮し相当と認めるときは、開示しなければならない。

⑩　裁判所の証拠開示決定

裁判所は、開示すべき証拠を開示していないと認めるときは、請求により開示を命じなければならない。同決定に当り、裁判所は、必要があるときは、証拠の提示を求めることができ、また検察側に裁判所指定の類型・範囲に該当する証拠標目一覧表の提出を命じることができる。なお、この一覧表の被告人側への開示の要否については、積極（但し弊害のおそれあるときは不開示）（B案）、消極（A案）の二案あり。

⑪　争点の確認効――二案あり

A案――準備手続終結に当たり裁判所により確認された争点と異なる主張は、やむを得ない事由又は証拠調の結果に照らし相当な理由がある場合を除き、することができない。

B案――A案の制度は設けない。

⑫　準備手続終了後の証拠調請求――三案あり

A案――やむを得ない事由により請求できなかった場合に限り取調請求を認めるが、裁判所が職権で証拠調することはできる。

B案――裁判所又は相手方の求めに応じ請求しなかった理由を説明しなければならず、その説明に相当な理由がないと裁判所が認めるときは請求を却下する。

C案――AB両案の制度は設けない。

⑬　開示証拠の目的外使用の禁止と刑罰（省略）

(2)　右の如き叩き台（その一）の提示する準備手続につき、議事概要からみる限りでは検討会では、案が分かれる論点、例えば準備手続の主催者については①A案、取調請求証拠以外の開示については⑥B案、被告人側主張の明示については⑦⑧A案、準備手続終了後の主張・証拠調請求については⑪⑫B案が優勢のようにみえるが、その外の点は、叩き台（その一）に議論が収斂していくものとみられる。(追11)

（3）(1)　右のような準備手続について、予測をも交えて考察する場合、指摘すべきは次の諸点である。

まず第一に、準備手続中心主義の傾向が色濃いことである。準備手続では、公判手続に先立って検察官主張事実なるものをめぐって、検察側と被告人側との間で攻撃・防御が、認否や争点主張、さらには証拠開示の適否（とくに検察官請求証拠の証明力の判断にとっての重要性（⑥B案）や、被告人側主張との関連性（⑨）の有無）に関する主張の形をとって、事実上かなり踏み込んで先取り的に行われる。そしてこの準備手続における裁判所の判断・決定は、手続的に公判審理に対し拘束力を持つことは勿論のこと、公判における新主張、新証拠の提出を極めて困難なものにし、被告人側の防御活動を制限、阻害する効果を持つ。そして重要なことは、準備手続が公判担当の受訴裁判所の裁判官によって行われることになる可能性が大であって、その結果として受訴裁判所の裁判官による予断形成、先取り的心証形成が行われ、裁判員との間に情報格差が生ずることである。

しかも、そもそも的確、適切な争点設定のためには被告人側への十全な防御権保障、とりわけ、検察側手持証拠の全面的開示と、被疑者・被告人と弁護人との自由・秘密の接見交通権とが最低限保障されなければならず、この保障を欠く争点の早期設定は、検察側主導性（それは即ち捜査中心性である）を増強すること必至である。ところが、叩き台（その一）が示す証拠開示手続は、開示の必要性や開示による弊害の有無・程度、さらには被告人側の争点主張を前提とする争点関連性の存在などを条件とする、極めて限定的なものにすぎない。また接見交通の自由化に向けても、改善措置を何ら打ち出していない。

さらに、より根本的な問題は、叩き台（その一）が被告人側に対し、準備手続における争点主張義務ともいうべきものを課していることである⑦（なお、この点につきA案とB案とが示されているが、本質的には両案は同じである）。周知のように被告人は黙秘権及び無罪推定の権利を憲法によって保障されている。この憲法的権利の観点に立って争点主張義務の問題をみれば、争点主張義務を被告人に課することは黙秘権侵害となることが指摘されなければならない。黙秘権とは包括的に一切を沈黙する権利であって、認否及び争点主張を義務づけ強制することはもともとできないのである。この理は、憲法上の黙秘権保障の包括性を否定し、憲法三八条一項の「自己に不利益な供述」という文言に字義通りに従う解釈論をとる場合にも、妥当する。なぜなら、早期の争点主張は検察側の攻撃準備（例えば補充捜査によるアリバイ潰し）を誘発、強化する危険があり、かえって自己を不利益な立場に追い込みかねないからである。従って、早期の争点主張義務は、不利益供述強要に等しい効果を発揮し、そして被告人側に対し公判段階における無罪の立証責任を課するに等しい作用を持つのである。

(2)　このようにみてくると、裁判員制度が公判手続に前置する必要的準備手続とは、被告人の視点に立ってみれば、軽負担、迅速、平易化という公判簡略化方針に従って組み立てられた、防御活動限定、予断早期形成、立証責任転換の場に外ならない。

裁判員関与の公判手続は、このような準備手続の上に構築されることになるが、この準備手続が非公開で、基本的には被告人抜きで、書面方式を混じえる形で、いわば秘密裏に進められること、しかも糾問的捜査依存性を持つことなどを考えるとき、裁判員関与裁判は、秘密・非公開の準備手続中心主義、ひいては捜査手続中心主義の実態を構造的に持つことになる。

（4） 以上に述べたところからだけでも、軽負担、迅速、平易化を追求する裁判員制度の構想が、被告人側の防御活動の制限を主な手段とする公判簡略化構想であることは明らかである。この点を叩き台に即してもう少し詳しく検討する必要を感ずるが、紙数の関係上、ごく概括的な記述にとどめざるを得ない。

(1) 既にみたように、叩き台は、争点に集中し厳選された証拠調、争点ごとの計画的証拠調、証人尋問の簡略化、反対尋問の主尋問終了直後施行、自白の任意性に関する争いの公判からの切捨て（準備手続事項化）、その結果として生ずる信用性と任意性との有機的関連の切断（信用性立証の単純化）、訴訟指揮の強権化などの措置を用意している。

そして右の措置と関連し、検討会第二二回会議（二〇〇三年七月一八日）に提出された事務局作成の「刑事裁判の充実・迅速化について（その二）」（以下、叩き台（その二）という）は、訴訟指揮権に基づく命令の不遵守（例えば、検察官・弁護人に対する公判準備手続・公判手続への出頭・在席命令の違反や、裁判長の尋問・陳述制限への違反）につき過料に処する権限を裁判所に付与するとともに、弁護士会又は日弁連にその旨を通知し弁護人について適当な処置をとることを請求しなければならず、弁護士会等は速やかに処置の上裁判所に通知しなければならない、とする案を示している。これによれば、裁判長の訴訟指揮に従わない弁護人は、二重の制裁を受けることになり、弁護活動は厳しい規制にさらされることになる。これは新職権主義とも呼ぶべき権力主義的仕組みである。(追12)

(2) また、最終意見書が謳う「直接主義・口頭主義の実質化」についても、叩き台（その二）も含めその具体化の動きはこれ迄のところ見当らず、本来最も問題視されるべき自己矛盾の検察官面前調書の証拠能力(刑訴法三二一条一項二号後段)についても温存、活用の方針が固まっている。要するに、いわゆる調書の証拠能力については一切手を触れず、いわゆる調書裁判の構造を維持しつつ、その簡略化(調書内容の簡略化、その任意性・信用性立証の簡略化、調書内容への事後的反対尋問の簡略化)を図っているのみか、その迂回的拡大を意味する第一回公判前証人尋問の活用(刑訴法二二六条以下)をも打ち出している。

なお、叩き台(その二)は、被告者側が被疑事実を認め、即決裁判手続に異議がないことを書面で明らかにしたときに、裁判所は簡易公判手続による審理を行い、即日結審・判決を言い渡す即決裁判手続の新設を謳っている。この手続は、手続の簡略化、効率化と引き換えに、自白強要や冤罪を作り出す危険を持つ。

(3)　このように、裁判員制度には、被告人の公正な裁判を受ける権利、防禦権の無視ないし軽視の傾向が著しい。そしてこの傾向は、裁判員制度が「統治主体意識」の注入という権力的な発想に基づくことに由来する構造的、本質的なものである。

ところが、このような批判的な見方に対し、証拠開示のルール化や、公的弁護制度導入等による弁護活動の充実により、この傾向の現実化を防ぐことができる、という反論があり得よう。

しかし、先にみたように、現在策定中の証拠開示ルール化は、証拠の特定性、争点関連性、開示必要性、さらには「弊害のおそれ」などの縛りを厳重にかけた、制限的なものである。また、公的弁護制度についても、運営主体や運営システムの点で疑問があり、果たして、弁護活動の自主、独立、自由な展開を保障するものとなるかに危惧の念が持たれること、また何よりも裁判員制度には弁護活動規制装置が埋め込まれていることなどの点からみて、弁護活動に前述の如き構造、本質の現実化を防ぐ役割を期待することには限界がある。[追13]

(5)　控訴審についても論ずべき点は多々あるが、紙数の関係で一切省略して他日に譲り、最後に、罰則規定等に関連し、裁判員制度が、裁判員・同経験者に対する秘密漏洩罪、裁判員個人情報の保護措置、裁判員に対する接触規制措置、裁判の公正さへの妨害行為の禁止、偏見を生ぜしめる報道の規制などにより、裁判を、情報入手、報道、批判の困難な秘密的聖域と化する危険のあることを強く指摘しておきたい。(追14)

この危険がいかに重大なものであるかは、松川事件をはじめとしてこれ迄広く展開されてきた公正裁判要求運動や裁判批判、そして裁判報道が、いかに被告人への人権侵害や冤罪を救済し、裁判の公正化に貢献してきたか、そしてそれらなしには防禦・弁護活動も公正裁判の実現も到底あり得なかった、という歴史的経験を想起するとき、明白な事柄である。

刑事裁判の秘密化に向けた刑罰網と規制は、国民の裁判への関心を低レベルのものに押し止め、被告人の人権保障に立脚する公正な裁判の実現を妨げる。そしてそれは、やがて司法への国民の信頼の低下、司法の国民的基盤の空疎化をもたらすことになるのである。

四　裁判員制度批判の現実的意義――仮の結びとして――

（1）　(1)　これ迄縷々述べてきたことを、本稿冒頭で提示した問題意識に沿って結論風にまとめれば、次の通りである。

①　裁判員制度は、司法の民主、独立、公正の憲法的原則に反する構造的本質を持つ。

②　この構造的本質は、「統治主体意識」の注入という司法制度改革の権力的発想、ねらいに由来する。

③　この構造的本質は、刑事司法の人権保障機能強化に向けた改革的営みと対立しこれを抑圧する逆改革と連動、連結しており、人権侵害的で冤罪作出の危険を強く孕む糾問的刑事手続構造の温存・強化へと向かうことは必至である。

④　さらに裁判員制度は、公正裁判を求める裁判運動、裁判批判、裁判報道を排除、抑圧する装置を内蔵しており、そのため公正裁判実現の現実的契機の発現、発展を妨げる危険を持つ。

⑤　そしてこの危険は、実は裁判員制度の「改善」、ひいては国民の真に民主的、人権保障的な司法参加の運動的、制度的構築への展望的基盤を脆弱化していく。

(2)　右の五点のうち、①～④については、司法制度改革の実体を、時代的状況の分析と憲法的視点とに立脚して分析、検討しようとする者の間では、認識をほぼ共有できるし、現に共有しているように思う。

しかし、⑤については、見方が分かれており、このことが裁判員制度の最終的評価の分岐に繋がっているように私は思う。いま設計されつつある裁判員制度が仮に大きな欠陥や問題点を抱えるとしても、裁判員制度により司法への国民参加が実現することそれ自体に大きな意義があり、欠陥や問題点は今後改善、改良していけばいい、という類の意見があり、むしろ有力だからである。しかし、この意見には現実的基礎が果たしてあるのだろうか。私は、この点について真剣に論議がなされるべきだと考える。この点の解明こそ評価分岐克服の鍵だからである。そして、その論議に資することを願い、敢えて論争風に次の四点を述べてみたい。

第一に、裁判員制度には、民主的発展を阻害、抑圧する契機がもともと構造、本質として埋め込まれていること。

第二に、右の阻害的契機は、諸改革を生み、かつ諸改革の生み出す政治的、司法制度的、イデオロギー的な時代状況の下で、今後進展、強化されていくであろうこと。

第三に、このような状況の進展を阻止するためには、裁判員制度の構造と本質とに対する徹底的な批判が必要であり、その不徹底、妥協化、曖昧化は、批判の発展力を弱め阻害することになること。

第四に、そうだとすれば、国民の司法参加の民主的展開を希求する者こそ、裁判員制度の構造と本質とに対する批判に最後迄取り組むべきであって、安易で楽観的な見通しに立ち妥協すべきではないこと。

(2)　だがしかし、裁判員制度実現が決定的となったいま、このような批判を展開することに一体どのような現実的意義があるのだろうか。

(1) 私は、この点に関連し、さし当たりの考えとして次の三点を述べておきたい。

第一に、裁判員制度の構造、本質に対する徹底的批判を、この制度構想の抜本的改良へと繋げていくことが果たして可能か、その条件、ポイントは何かを、ぎりぎりのところ迄探るための論議を広く巻き起こすことが必要である。

第二に、もしそれが不可能なことが判明した場合には、裁判員制度反対を明示すべきである。裁判員制度に、仮に極く部分的に改良要素があるとしても、それを上廻る改悪要素があるとする以上、反対の態度をとるべきことは当然だからである。[7]

第三に、もし反対する場合、反対者は、日本社会の持つ民主的な人権擁護の運動的エネルギーを信頼しつつ、裁判員制度への批判・反対論にこそ現実改革的な正当性があること、そして批判・反対論こそ真の刑事司法改革への理論とエネルギーを用意することについての歴史的見通しと確信とを持つべきである。[8]

(2) 最後に附け加えたいのは、このような批判作業を有効に行うについては、問題意識と方法論と民主主義及び基本的人権への志とを共有する者の共同作業が必要だということである。

故本間重紀氏は、逸早く司法改革の重大性を把握し、率先して民主主義科学者協会法律部会司法特別研究会を組織し、リードされた。そして、病魔と必死に闘いながら気力を振り絞って最後迄この共同研究に参加し、その成果を発表された。その遺稿ともいうべき論文「財界統治戦略としての規制緩和的司法改革論の現段階像」(『だれのための「司法改革」か』、民主主義科学者協会法律部会編『法の科学』三〇号、日本評論社、二〇〇一年)の中で、本間氏は、透徹した理論的分析力、的確な現状認識、そして巧みな論証力を以て司法改革の本質の分析を行い、「現状よりも悪くなる」、と喝破しておられる。

その志の高さと気丈なお姿とを憶い起こしつつ、この拙い論稿を本間氏のご霊前に捧げる。

（1）渡辺治「新自由主義戦略としての司法改革・大学改革」『法律時報』二〇〇〇年一一月号、本間重紀『暴走する資本主義』花伝社、一九九八年、年表「一九九〇年代司法改革の軌跡」（佐藤岩夫氏作成）『だれのための「司法改革」か』民主主義科学者協会法律部会編『法の科学』第三〇号、二〇〇一年、参照。なお、拙著『司法改革の思想と論理』信山社、二〇〇一年、をも参照されたい。

（2）拙稿「市民の安全要求と人間的・社会的連帯の回復」田島泰彦ほか編『住基ネットと監視社会』日本評論社、二〇〇三年、『法律時報』臨時増刊・全国憲法研究会編『憲法と有事法制』日本評論社、二〇〇二年、参照。

（3）前掲拙稿「市民の安全要求と人間的・社会的連帯の回復」参照。

（4）前掲拙著『司法改革の思想と論理』参照。なお、晴山一穂「行政改革会議最終報告の批判的検討」原野翹ほか編『民営化と公共性の確保』法律文化社、二〇〇三年、は、同様のイデオロギーを用いて進められる行政改革につき、鋭い批判を展開している。

（5）拙稿「中間報告の全体像――司法制度改革審議会の思想と論理の発現・貫徹状況」前掲民主主義科学者協会法律部会編『だれのための「司法改革」か』、拙著（共著）『地方自治・司法改革』小学館、二〇〇一年、参照。

（6）三案は左の通り。

A案――（被告人に有利・不利を問わず）裁判官一名以上及び裁判員一名以上の賛成が必要的。

B案――被告人に不利な裁判は、裁判官一名以上及び裁判員一名以上の賛成が必要的。

C案――被告人に不利な裁判は、裁判官の過半数及び裁判員一名以上の賛成が必要的。

（7）渕野貴生「刑事司法制度改革の評価方法――裁判員制度を素材として――」『法政研究』（静岡大学）第六巻三・四号、二〇〇二年、も本稿とほぼ同旨の主張を展開している。

（8）この点については、他日論じてみたい。

（追1）本稿初校の段階（二〇〇四年三月中旬）において、裁判員の参加する刑事裁判に関する法律案（以下、「裁判員法案」という）、刑事訴訟法等の一部を改正する法律案（刑訴法・少年法・検察審査会法の一部改正案――以下、刑訴法改正部分を「刑訴改正案」という）、総合法律支援法案（被疑者国選弁護制度新設部分を含んでいる）が三月二日、国会に提出されている。

その他に、知的財産高等裁判所設置法案、行政事件訴訟法一部改正案、労働審判法案、民事訴訟費用法等一部改正案（弁護士費用の敗訴者負担制度導入）なども国会に提出されている。

（追2）　下級裁判所裁判官指名諮問委員会は、二〇〇三年一〇月六日、同月一六日付任命の新任判事補指名候補者一〇九人のうち一〇〇人指名、八人不指名、一人判断留保の答申を行い、翌日最高裁は、答申通り八人を不指名とする決定を行った。また同委員会は二〇〇三年一二月二日、再任希望の裁判官一八一人のうち六人を不再任とする答申を行い、その後その六人のうち四人が再任希望を取り下げた。最高裁は二〇〇四年三月三日、残る二人につき再任不指名の決定を行った。

このような新・再任における新選別システムの本格的稼働と並び、高裁長官・地家裁所長による裁判官人事評価システムも整備された（二〇〇四年一月七日最高裁規則——裁判官の人事評価に関する規則）。

このようにして、裁判員制度導入と併行し、裁判官の選別・評価システムが強化され、裁判官に対する官僚的統制体制が再編・強化されるという恐るべき事態が進んでいる。

（追3）　裁判員法案は、A案を採用している（六七条）。

（追4）　裁判官・裁判員の人数問題につき、裁判員法案は、裁判官三人・裁判員六人を原則型とし、例外型として被告人が公訴事実を認めている場合であって当事者に異議がなく、かつ事件の内容等を考慮して適当と認めるときは裁判官一人・裁判員四人とすることができるとしている（二条）。

（追5）　裁判員法案は、裁判員に対し、裁判官の法令解釈及び訴訟手続に関する判断に対する服従義務規定を設けるとともに（六六条四項）、義務違反を解任事由として掲げている（四一条一項四号）。

（追6）　裁判員法案は、「裁判員は、独立してその職権を行う」（八条）と規定し、憲法及び法律への被拘束性をも削っている。これは、前掲追注（追5）で述べたことに関連しており、良心条項欠如や裁判官法令解釈等への服従義務規定と相俟って、裁判員の独立をいっそう限定的で無内容なものとし、その思考・判断を脱憲法的、脱人権論的なものとする危険を持つ。

（追7）　裁判員法案は、裁判員の要件（資格）等につき、次のような選択ないし修正を行っている。

ⓐ　裁判員の選任資格（要件）につき、A案採用（一三条）。心身故障者を欠格事由とする（一四条三号）。

ⓑ　辞退事由として、「政令に定めるやむを得ない事由」を附加（一六条七号）。これは、新聞報道によれば、自由民主党の意見に基づき、政令で思想・信条を理由とする辞退を認める含みだとのことである。

ⓒ　理由なしの不選任請求（いわゆる専断的忌避）につき、裁判員法案は、限度を、原則型の場合四人、例外型の場合三人、としている（三六条）。

（追8）　前掲追注（追7）において述べたように、裁判員法案は、思想・信条による裁判員辞退を認める方向に向かっていると伝えられており、裁判員制度と思想・信条の自由との抵触は回避されるかに一見みえる。しかし、政令における規定のしかた如何によっては、思想・信条の内容の開示の責任や、その内容と裁判員職務遂行の困難性との因果関係の証明責任が裁判員候補者に課されることとなりかねず（その公算が大である）、その結果、思想・信条の自由についての侵害を惹起する危険が生じるおそれは依然として極めて強い。

（追9）　裁判員法案は、ほぼ予測通り、対象事件につき、①死刑・無期の懲役・禁錮にあたる事件、②法定合議事件であって故意の犯罪行為により被害者を死亡させた①以外の事件、としている（二条一項）。また対象事件からの除外も認め、その要件についてはA案に字句上の修正を施し、被告人の言動、所属団体の主張もしくは他の団体構成員の言動又は裁判員候補者・裁判員への加害もしくはその告知等の事情により、裁判員候補者・裁判員・同経験者・同親族等の生命・身体・財産に危害が加えられるおそれ又はこれらの者の生活の平穏が著しく侵害されるおそれがあり、そのため裁判員候補者・裁判員が畏怖し、裁判員候補者の出頭確保が困難な状況にあり又は裁判員の職務遂行ができず代りの裁判員の選出も困難であると認めるとき、としている（三条）。

（追10）　裁判員法案は、予測通り、⑫⑬の控訴審及び差戻審につき、何ら規定しない形をとることにより、A案をとることを明らかにしている。その他の点についても、⑱までは叩き台の線にそって規定化している（但し、②のうち要審理見込時間（日数）の明確化、⑧ないし⑪についての同法への規定化はしていない）。

しかし、⑲の裁判員・同候補者の個人情報保護については、検察官・弁護人、被告人（もしくはこれらの経験者）による裁判員候補者の氏名、質問票記載内容、選任手続陳述内容の正当理由なき漏洩に対し刑罰（懲役・罰金）を科することとし（八〇条）、⑳の接触規制につき「公けにする目的」を「秘密を知る目的」と修正することにより規制範囲を拡大するなどして秘密保護強化を行う一方、㉑の公正妨害行為禁止については、報道機関の強い批判にあい規定化を見送っている。

（追11）　準備手続に関連し刑訴改正案は、ほぼ予測通りの規定化を行っているが、手直しを施している主な点を挙げれば、次の通りである。

⑥の検察官請求証拠以外の証拠の検察側開示につき、証拠類型に被告人関係取調状況記録（取調年月日、時間、場所その他の取調状況の記録）を追加していること（刑訴改正案三一六条の一五）、⑩の証拠標目一覧表につき閲覧・謄写を一切禁止していること（刑訴改正案三一六条の二七）、⑪の争点の確認効については予測通りB案に従い規定しなかったが、⑫の新証拠請求についてはA案をとり「やむを得ない事由」のある場合に限り認めることとしていること（刑訴改正案三一六条の三二）、などである。

（追12）　刑訴改正案は、出頭・在席命令違反については叩き台（その二）に従い過料及び処置請求の権限を裁判所に与えているが（二七八条の二)、尋問・陳述制限命令違反については過料を削除し処置請求のみとしている(二九五条三、四項)。

(追13) 公的弁護制度については、従来の被告人国選弁護制度に加え、新たに被疑者国選弁護制度を創設し、両者を統括、運営、実施する機関(独立行政法人的な枠組みを持つ法人)として、日本司法支援センターを設立する法案(総合法律支援法案)が国会に提出されている。これによれば、同センターは、法務省の管理・監督下に置かれ、法的情報提供、民事法律扶助、被害者援助の外、国選弁護人を契約弁護士の中から指名、提供しその事務を取り扱わせるなどの業務を行う。契約弁護士たる国選弁護人は、「独立してその職務を行う」(三三条一項)とされてはいるものの、支援センターが法務大臣の認可を受けて定める業務方法書、法律事務取扱規程、国選弁護人事務契約約款などに拘束され「契約解除その他契約約款に基づく契約に違反した場合の措置」(三六条)(これは懲戒を含むものと思われる)に服する。それのみならず刑訴改正案は裁判所の国選弁護人解任権を新たに明記し、被告人と弁護人との利益相反、心身故障、弁護人に対する被告人暴行等の外、「弁護人がその任務に著しく反したことによりその職務を継続させることが相当でないとき」にも解任できるとしている(三八条の三)。

(追14) 前掲追注(追10)で述べたように、裁判員法案は、公正妨害行為禁止・偏見報道規制を削除してはいるが、しかし依然として刑事裁判秘密化の壁は厚い。

【後記】 二〇〇三年九月一三日に本稿を脱稿してから半年以上経った。その間に生起した関連事象については、初校に当たり前記のような追注を補うことにより対応したが、本稿本文に記した批判的考察の部分については改筆の必要を感じなかったので、そのままとした。

もっとも、紙数が許すならば補筆したい部分は沢山ある。特に本稿末尾の結論的部分、四-(2)-(1)で提示している問題については、本稿の草稿を下読みしてくださった方々からの指摘もあり、補筆の必要を強く感じるが、既に制限枚数を大幅に超過しているため断念し、別の機会に廻さざるを得ない。

なお、紙数の大幅超過の点については、関係者の方々に深くお詫び申し上げる。

第4章　「司法改革」と司法官の自治と独立
——第二次ベルルスコーニ内閣における司法の危機——

吉田　省三

はじめに

今回の「司法改革」は、市場・競争原理の導入による弁護士自治の変質を主要な目的としており、それは「規制緩和的『司法改革』」(本間重紀) というにふさわしい。(1) それゆえ日本の司法の最大の問題である司法官僚による裁判官統制については、司法制度改革審議会の段階から現在まで検討の対象にすらされていない。部分的な裁判所改革として提案された裁判官の給源の多様化・多元化、任命手続や人事制度の透明化・客観化などは、裁判所改革の問題の所在を曖昧にするだけでなく、新たな裁判官統制の手段となる危険性を有している。本稿は、今回の司法改革で無視されている司法官僚制による裁判官統制の問題、司法官の自治と独立の欠如の問題をイタリアとの対比で検討する。日伊の対比の意味は、イタリアの司法は欧米の制度に比べこれまで研究が少ないというだけでなく欧州の司法制度の中でも独自性があり、司法官自治と司法改革を考える上で意義がある。(2) 司法の自治と独立を不可分のものとして捉えるという点、司法の自治を保障する組織を重視するという点、司法官の独立を外部からの独立、内部からの独立に分けるとともに司法官個人の独立を重視する点、市民の権利保障の前提として司法官の自治と独立を位置づける点などである。

第二次ベルルスコーニ内閣の下で実施されている司法改革は、これらすべてのイタリアの司法制度の利点を破壊するものであるかのように見える。ベルルスコーニ政権の司法介入について調査した国連の人権委員会はその報告書で、「裁判官と検察官が司法の独立性を脅かされていると感じるもっともな理由がある」という警告を発している。第二次ベルルスコーニ内閣のもとでの司法の危機とそれに対する司法官の対応を、司法官の自治を保障する憲法上の組織としての「最高司法会議」、最高司法会議の委員を選出する母体であり司法官の労働組合として活動する「全国司法官協会」の活動をとおして検討する。

一　イタリアの「司法改革」と最高司法会議

二〇〇一年六月に発足した第二次ベルルスコーニ内閣の司法政策の特徴は、治安および軽微な犯罪に対する厳格さ、それと対照的に企業犯罪、政治家の犯罪に対する寛大さである。前者は発足直後のジェノヴァG８の警備においてサミット史上初めての死者を出したことに見られる。後者は国際司法共助をより困難にする司法協力に関するイタリア・スイスの条約（一九九八年九月一〇日）の承認（法律二〇〇一年一〇月五日三六七号）、会社法改正（法律二〇〇一年一〇月三日三六六号）において粉飾決算に対する処罰を軽減する「規制緩和」などガバナンスの強化に逆行する改革の実行があげられる。さらに「九・一一事件」への欧州連合加盟国の共通の対応として合意された欧州連合共通逮捕状の提案に加盟国で唯一反対したことなどがあげられる。(3) ベルルスコーニ内閣の司法政策は、国内における政治的緊張を高めるとともに国際的にはイタリアの孤立をもたらした。(4)

第二次ベルルスコーニ内閣の司法大臣ロベルト・カステッリ（北部同盟）が手がける司法改革の特徴は、第一に刑事被告人である首相を司法による訴追から防衛するというベルルスコーニ首相の個人的な利害・関心によるものであることである。第二に訴訟の遅延の解消、迅速で効率的な裁判のための司法改革という市民的要求にこたえるという形をとりながら（イタリアは、欧州連合人権裁判所により民事・刑事における裁判の遅延による人権侵害の判決を受けている）、最高司法会議をはじめとする司法の自治と独立を保障する組織および制度の改変を目的としていることである。イタリアにおける裁判の遅延は、司法官の独立性の高さとは無関係である。

1　司法官自治のイタリア・モデルとしての最高司法会議

女性として初めて最高司法会議の構成員に選出され、また全国司法官協会の事務局長および会長を務めた経験を持つエレナ・パチオッティは、一九九〇年代のイタリアの司法について「イタリアの司法官の独立性が今日法により完全なまでに保障されているということは疑いが無い」と自負し、それは一九七〇年代からおよそ三〇年間にわたる司法官の努力を通じて獲得されたものであると述べている。[5] イタリアの司法に対するパチオッティの評価は、九〇年代初めの政界汚職に対する日伊の司法の対応の差異に見ると誇張ではないことがわかる。たとえばイタリアの司法官、とくに検察官の独立性は、九〇年代初期、ミラノ検察庁のいわゆる「マーニ・プリーテ」（清い手）による徹底した政界汚職（タンジェントポリ・賄賂都市）の追及を通じて市民の間で広く知られることになった。同じころ日本では、佐川急便事件をめぐる金丸略式起訴問題で検察に対する市民の失望と批判が高まった。イタリアの司法官の捜査は徹底して行われキリスト教民主党、社会党などの支配政党を解党させることになった。日本では司法の捜査は、政界の中枢に迫ることは無かった。

パチオッティが誇るイタリア司法官の独立性の完全な保障は、最高司法会議ＣＳＭという憲法に定められた司法官自治の組織的保障に基づいている。憲法一〇四条は、司法官の自治の組織としての最高司法会議の構成、構成員の選出、任期などについて定めている。最高司法会議は、司法官の任用、補職、転任、懲戒に関し司法行政に関する主要な権限を有している（憲法一〇五条）。司法大臣は、司法行政に関する最高司法会議の権限に属するものを除く権限を有するに過ぎないのである（憲法一一〇条）。また司法大臣は、最高司法会議に対し司法官の懲戒の訴えをおこすことはできる（憲法一〇七条二項）が、司法官を直接に懲戒することはできない。司法官は最高司法会議の決定によるのでなければ懲戒されることはない（憲法一〇七条一項）。イタリアの司法官は、裁判官および検察官を含むのであるから、裁判官だけでなく検察官も司法省、司法大臣の監督から独立した自治の権限をもっている。この制度は憲法の定める起訴法定主義（憲法一一二条）の原理とともに、検察官に高い独立性を保障するものとなっている。

最高司法会議の設立は、一九四八年の憲法の制定の一〇年後、最高司法会議の構成に関する法律（法律一九五八年三月二四日一九五号）により実現されることになった[6]。一九六二年に実質的に発足し、その後の立法や憲法裁判所の判決により、次第に破毀院（最高裁）の影響力を脱し今日の司法官の自治組織へ発展した。とくに一九七五年に司法官から選出される構成員の選挙方法を小選挙区制から比例制へ変更したことが決定的な契機となった[7]。

最高司法会議は、その構成員について、議長を務める共和国大統領（一〇四条二項）、破毀院長、破毀院検察総長（一〇四条三項）の三名を定めている。その他の構成員については、司法官による選出を三分の二、議会の合同会議による選出を三分の一とその比率を定めている。この比率にもとづく実際の定数は、最高司法会議の構成に関する法律で定められる。最高司法会議は、司法官の自治的組織であるが、司法官選出委員だけでなく、議会選出委員を含むことにより、司法官の同業組合的閉鎖性を再生産することなくまた同時に行政権力への従属関係に陥ることなく、司法と他の権力機関との連結の役割を果たす組織として考えられている[8]。

2　最高司法会議の定員の削減と選挙方法の変更

カステッリ司法改革は、最高司法会議の定員の縮小と委員の選挙方法の変更から開始された。最高司法会議の委員の任期は四年であり（憲法一〇四条六項）、二〇〇二年七月末の任期の終了期限が近づいていた。司法相は、任期終了までに法律を「改正」し、新しい定数のもとで委員を選出しようとした。この改正は、最高司法会議の権限自体を変化させるものではない。

カステッリ司法相は、司法官選出委員を「改正」前の二〇名から一四名に、議会合同会議選出委員を、一〇名から七名に削減し、選挙による構成員を合計三〇名から二一名に、充て職の三名を含め全体で三三名から二四名に減少させるという法案を上院に上程し可決された（二月一四日）。この提案は、下院での修正を経て成立した（三月二七日）。「改正」法による構成は、全体の構成員が三三名から二七名に六名削減された。司法官選出委員は一六名、議会合同会議選出委員は、八名となった。

「改正」は、司法官選出委員の選出方法も変更した。司法官選出委員の選挙方法は、司法官の労働組合組織である全国司法官協会内のグループの提出するリストに基づく投票による比例制であった。改正後はグループのリストによる投票は廃止され、司法官の職務の区分による投票となった。司法官の「政治化」を避けるという理由により司法官のグループのリストによる投票を廃止した。

最高司法会議の司法官選出委員（二〇〇二年改正後は一六名）を選出する全国司法官協会ＡＮＭは、一九〇六年に設立された司法官の労働組合組織である。ファシズム崩壊後一九四五年に再建され司法官の経済的な利益を擁護する活動を開始した。五〇年代前半までは、主として経済的待遇の問題で活動してきた、後半からは憲法に定められた司法および司法官の実現に取り組み一九五九年の新最高司法会議の設置を実現した。ＡＮＭにはイタリアの裁判官、検察官の九三％が所属している。現在は内部に四つのグループがあり、このグループから比例制により三六名で構成される中央指導委員会をおきそこから九名で構成する中央執行委員会を組織する。ＡＮＭ内部のグループは、大きいものから、「憲法のための統一」、「民主的司法」、「独立司法」、「正義のための運動」である。(9)

3　「改正」最高司法会議委員の選挙

新制度のもとで、最高司法会議の司法官選出委員の選挙が六月三〇日、七月一日に実施され一六名の委員を選出した。八五五五人の司法官のうち、七五一九人が投票を行い（投票率八八％）一六名の委員を選出した。選出された委員を、ＡＮＭ内のグループ別に見ると、「正義のための運動」・「民主的司法」・「ギベッリーニ」の左派連合八名、穏健派「憲法のための統一」六名、右派の「独立司法」二名で左派が最大となった。今回の選挙では、左派の「正義のための運動」と「民主的司法」が「ギベッリーニ」と連合を組んだことが左派に有利に働いた。「ギベッリーニ」は、「憲法のための統一」を脱退した新しいグループである。

議会合同会議が指名する八名の選出作業は七月一〇日に開始されたがただちには合意にいたらず、大統領による仲介も経て七月一六日に終わった。議会選出委員は、大学の法律学の正教授か一五年以上の職歴を持つ弁護士から選出される（憲法一〇四条四項）。与党推薦委員が五名、野党推薦委員が三名選出された。

八月一日、最初の会議で副議長を選出し、新しい最高司法会議の四年間の任期が開始された。最高司法会議の副議長は、議会選出委員の中から選ばれる（憲法一〇四条五項）。副議長は、慣例上与党推薦委員の中から選出されることになっている。しかし今期の副議長は、慣例を破って野党推薦委員であるヴィルジニオ・ロニョーニが副議長に選出された。このような結果になったのは、穏健派グループ「憲法のための統一」の司法官選出委員が、左派グループとともに野党推薦委員に投票したためである。最高司法会議の歴史上初めての選択が行われたのは、ベルルスコーニ首相の司法官に対する過激な発言に見られる司法官攻撃、司法の自治と独立の危機に直面し、党派的判断よりも司法官としての判断が優先されたことによる。

最高司法会議の定員が削減された結果、会議内の重要な小委員会が廃止されることになった。組織犯罪に対するたたかいを扱う第一〇委員会（マフィア委員会）は、法律案に対する見解を扱う第六委員会に合併されることになった。マフィア委員会を廃止するところに今回の司法改悪のねらいが率直に表現されている。廃止されたもうひとつの委員会は、予算を問題とする第一一委員会である。最高司法会議は、七〇年代から八〇年代の活動を経て、新しい役割を果たしていくようになった。マフィア委員会は、一九八二年九月一五日に設置された。司法官の独立及び職務の権限に配慮しながら、個別の司法官及び官署の仕事の「地域的及び機能的分散性を克服するイニシアティブにより、司法官の効果的な交流を促進し、司法活動を調整する」ことを目的として設立されたものであった。組織犯罪対策の必要性は現在でも解消していない。

カステッリ司法改革の第一弾としての最高司法会議の縮小は、司法の独立の保障である最高司法会議を縮小すること、委員の選出方法を変え、選挙において右派が有利になることを期待した。このようなねらいは半ば成功し、半ば失敗した。最高司法会議の委員の選挙方法を変え、ＡＮＭ内のグループの「政治的」影響力を減殺するという意図による改革は、司法官としての団結を強くするという結果をもたらすことになった。

日本の司法改革に欠けているのは司法官自治の考え方であり、司法官自治のイタリア・モデル、最高司法会議から学ぶところは多い。最高司法会議は、同僚の直接選挙によって選ばれた委員が自治の組織を構成し、司法行政を担当する。日本の裁判が国民の信頼を得られないのは、最高裁事務総局による官僚的裁判官統制に原因がある。日本には統制と競争だけが存在し自治が存在しない。日本では、最高裁事務総局と検察官僚が独占的に行使している裁判官と検察官の人事権をはじめとする司法行政権を、イタリアでは、司法官（裁判官および検察官）が自ら選挙した最高司法会議が行使するのである。

イタリアでは、戦後の憲法体制の下でとくにこの三〇年間に司法官が市民的自由、政治的自由を行使し、司法官自治の組織としての最高司法会議を実質化してきた。日本では、裁判官自治の制度である裁判官会議が形骸化されてきた。司法行政を裁判官会議に戻すことが司法改革の主要な内容とならないのは不思議なことである。

二　裁判移送法（チラミ法）

最高司法会議が新しい構成員で発足した翌日八月二日、上院は、「裁判官の公平性」を理由とする裁判の移送に関する法案（チラミ法案）を可決した。賛成一六二、反対九、棄権一という投票結果である。反対票が少ないのは野党が、同法案をベルルスコーニ首相とプレヴィティ議員を救済する個人的法案であると抗議して退席したことによる。

刑事訴訟法四五条は、事件の移送について「当該地方の深刻な状況によって公共の安全又は訴訟関係人の自由な判断が阻害されることにより、訴訟の進行が妨げられ、他にこれを解消する手段の無い場合」の手続の他の裁判官への移送を定めていた。移送を決定するのは破毀院（最高裁）であり、移送を請求する権利を有するのは、検察、被告人の両方である。上院で可決された法案は、刑事訴訟法四五条を改正し、上記の理由に加え「裁判官の公平性」による裁判の移送を新たに設けるものであった。メルキオッレ・チラミ上院議員の提案によるこの法案は、その他に、裁判の手続を中止すること、破毀院の決定が出るまで判決を禁止すること、現在公判中の事件にも適用することが含まれていた。

同法案がベルルスコーニ首相とその側近を救済するためのものであるというのは、ＳＭＥ事件などベルルスコーニ首相が被告人となっている事件の裁判をミラノ地裁から移送させることができるようにする法案だからである。(10)ＩＭ

I・SIR事件、モンダドーリ事件、SME事件は、ベルルスコーニがその総帥であるフィニンヴェスト社顧問弁護士のチェーザレ・プレヴィティがローマ地裁のレナート・スクィランテ予備審理判事長をはじめとする裁判官を賄賂で買収し、自社に有利な判決を書かせた容疑の事件である。プレヴィティ弁護士は、その功績により第一次ベルルスコーニ内閣では、国防大臣に任命された。ベルルスコーニ首相はプレヴィティ弁護士を司法大臣に任命し司法官による訴追から自己を防衛させたかったのだが、あまりの露骨さに実現しなかった。前述の国連人権委員会のイタリア司法問題に関する報告書が懸念しているように第二次ベルルスコーニ内閣では、首相が被告人となっている裁判の主任弁護人が下院議員であり、同時に下院司法委員会の委員長でもある。

チラミ法案に対する市民の側から反対運動も発展した。映画監督のナンニ・モレッティが呼びかけた司法改悪に反対する運動「ジロトンディ」は、九月一四日ローマのサン・ジョヴァンニ広場で、大集会を開き八〇万人が参加した。この市民運動は、モレッティ監督が呼びかけ、ローマの裁判所を「ジロトンディ」という子どもの遊びの踊りで手をつないで包囲したことに始まる（イタリアの「人間の鎖」）。短期間のうちに全国的に発展し「ジロトンディ」という新しい内容を持つ言葉と運動を定着させた。モレッティは二〇〇二年二月に中道左派連合のオリーブの木が開いた司法問題集会で発言し、左翼の司法問題に対する態度を批判したことをきっかけに、司法問題に対する市民のレベルでの運動を組織した。

最高司法会議の司法官の動きもあった。九月一七日、最高司法会議の第六委員会は、チラミ法案は、裁判を一層長期化させるおそれがあるとの決議をまとめる。最高司法会議の見解として公表するためには全体会議で決定する必要があった。九月二四日に開催された最高司法会議全体会議は、チラミ法に関する決議を審議することになったが、議会選出委員のうち与党推薦委員が開会後退席し定数割れとなり決議をすることはできなかった。

議会での審議は、下院と上院の間を往復しながら（一〇月一〇日、下院で可決、一〇月二四日、上院で可決）、一一月五日、下院で最終的に可決された。一一月七日に、大統領による審署を受け翌日官報に掲載され発効した。一一月二五日、ミラノ地裁刑事四部は、首相とその側近が被告人となっている事件にチラミ法を適用し二〇〇三年一月三〇日まで停止することを決定し、ミラノ地裁で結審するかあるいはブレッシャ地裁に移送するかという破毀院の決定を待つことになった。

二〇〇三年一月二八日、破毀院は、ＳＭＥ、ＩＭＩ・ＳＩＲ事件、モンダドーリ事件についてチラミ法に基づくベルルスコーニおよびプレヴィティ被告人の裁判の移送要求を却下した。破毀院の刑事統一部の九人の判事（ニコラ・マルヴッリ裁判長）は、ミラノ地裁について裁判を移送すべき「深刻な状況」は存在しないと判決し、ミラノ地裁において公判を継続させることとした。

三　裁判凍結法（マッカーニコ・スキファーニ裁定）

チラミ法に基づくミラノ地裁からブレッシャ地裁への裁判移送が失敗し、ＳＭＥ事件などの公判は、ミラノ地裁で継続された。二〇〇三年四月二九日、ミラノ地裁は、ＩＭＩ・ＳＩＲ事件でプレヴィティ議員に懲役一一年の有罪、収賄側のスクィランテ元ローマ予備審理判事長に懲役八年六月、メッタ元控訴院判事に懲役一三年の有罪判決をくだした。プレヴィティ被告人は、判決に対し「司法による迫害」とコメントし、ベルルスコーニ首相は、政治化した司法官が問題とコメントした。ベルルスコーニ首相自身も被告人となっているＳＭＥ事件は、ＩＭＩ・ＳＩＲ事件と同じ裁判官買収事件である。ＩＭＩ・ＳＩＲ事件でのプレヴィティやスクィランテに対する有罪判決は、ＳＭＥ事件でのベルルスコーニ首相の有罪判決も予想させた。イタリアは、二〇〇三年の後半、七月一日から欧州連合の議長国となる。その前に議長となる首相が裁判官に賄賂を贈った罪で有罪判決を下されることになるというのは不名誉なことに違いない。首相に有罪判決がでることを避けるための法律を制定し首相を免責するという法案が急遽準備されることになった。

提案者は、アントニオ・マッカニコ議員で法案は、マッカニコ裁定と呼ばれた。マッカニコ案は、フランスの大統領に対する免責を参考にして短期に作成された。大統領、首相、上下両院議長、憲法裁判所長官の関係する刑事裁判を、就任前の事案についても、その在任中は停止するというものである。法案はスキファーニ議員による修正を受け、六月五日、上院で可決、六月一八日には下院という異例の早さで可決された。野党は採決に抗議し退席し、与党だけで採決した。[11]

同法は、形式的に首相のほか大統領、上下両院議長、憲法裁長官の在任中の裁判を、現在公判中の裁判も含め凍結する内容となっている。しかしこれは、法案が個人的なものと言われることを防ぐためのものであってベルルスコーニ首相が被告人であるＳＭＥ事件裁判において首相に有罪判決が下されることを防止するところにこの法律の目的があった。同法は、六月二二日に発効し、六月二五日にミラノ地裁で開かれたＳＭＥ事件の法廷で裁判の停止が決定された。ベルルスコーニ首相が欧州連合の輪番議長の間に有罪判決が下されるという心配は消えた。

二〇〇四年一月一三日、憲法裁判所は、裁判凍結法を違憲であるとの判決をくだした。同法により停止されていたミラノ地裁でのＳＭＥ事件の裁判はこの違憲判決により再開されることになった。憲法裁判所が、裁判凍結法を違憲と判断した共和国憲法の条項は三条と二四条である。三条は、平等原則を定めた条項である。ジロトンディなどは、裁判凍結法はこの平等原則に反すると運動を展開していた。二四条は、国民の裁判を受ける権利についての条項であり二項において、弁護の権利を定めている。憲法裁判所は、裁判凍結法は、五人の高官だけでなく、共同の被告人および附帯私訴原告の弁護の権利を侵害するものとした。[12]

この判決に先立って、憲法裁判所は、アントニオ・ディピエトロ議員が提案していた裁判凍結法についての憲法七五条による廃止的国民投票を承認した。しかし違憲判決が下されたため国民投票を実施する意味はなくなった。

憲法七四条による大統領の法律再議権の行使は、違憲立法をチェックする仕組みとして機能する場合がある。(13) しかし、チャンピ大統領は、裁判凍結法について法律再議権を行使しなかった。大統領のこの判断を善意に解釈すれば、イタリアが欧州連合の議長国を引き受けるという期日が目前に迫り、欧州連合の議長に有罪判決が下されるという事態を避けるための緊急避難的な措置であったとみることもできる。このような判断がよかったのか、緊急避難的措置によって首相の失言問題やイタリア議長国のもとで欧州憲法の合意がまとまらなかったことなど、かえってイタリアの信頼を低下させたのではないか。しかし、半年間のイタリア議長国が終わった今憲法違反の疑いのある法律を放置しておく必要は無くなった。憲法裁判所の違憲判決はこのように読むことができる。

四　司法組織法の改悪案

1　裁判官と検察官の職務の分離

カステッリ司法相は、就任直後の二〇〇一年七月二四日に、裁判官と検察官の職務の分離を中心とする司法改革案を下院司法委員会に提案した。(14) これに対し全国司法官協会はただちに反対を表明した。裁判官と検察官の職務の分離は、カステッリ司法改革の核心であり、また司法官の反対も最も強い。さらにチラミ法などベルルスコーニ首相が被告人である裁判への対応を優先しなければならない事情があった。これらの問題をひとまず処理した上で司法改革の本題に取り組むことになった。二〇〇三年九月二五日、上院司法委員会は、一年半の論議を経て、司法組織法改正案を可決した。裁判官と検察官の職務の分離を中心的な内容とする法案は、カステッリ「司法改革」を総括する内容となっている。

イタリアの司法の特徴は、裁判官と検察官が司法官として一体であることである（憲法一〇七条三項）。両者の試験、研修、自治組織は一つである。組織上の地位も同一であり検察の場合は、若干の職階制はあるが役所内の組織の基準も類似している。また司法組織法一九〇条二項により、一定の条件を満たした上で、最高司法会議の承認を条件に別の職務へと変わる可能性をもっている。近年では裁判官と検察官をあわせて年間約一〇〇件の申請がある。イタリア独自の司法官制度は、憲法制定会議が、ファシズム期司法の反省の上に、司法官の完全な独立と裁判官と検察官の地位の同一化を憲法上の規定として定めたことによる。憲法一〇四条一項および憲法一〇一条二項がその表現であり、司法を「自治的で他のいかなる権力から独立した組織」で司法官を「法律だけに従う」としている。

イタリアでは、最高司法会議および司法官の政治主義化に対する批判、攻撃はしばしば行われてきた。例えば一九八〇年代には、イタリア社会党により、一九九四年には第一次ベルルスコーニ内閣により、また二〇〇一年以後は第二次ベルルスコーニ内閣による司法批判である。また急進党などによる国民投票を利用した司法批判も組織されることがある。最近のものでは二〇〇〇年五月二一日の国民投票があり、司法に関する三件を含む計七件の国民投票が実施された。この国民投票は、七件すべてについて投票率が有権者の過半数を超えることなく無効となった。司法に関する国民投票の中心は、司法官という裁判官と検察官の統一体を解体することにあった。[15] 司法に関する三件は、第三項目から第五項目までであり、三項、最高司法会議の選挙、四項、司法職における裁判官と検察官の分離、五項、司法職以外からの任用であった。いずれも、投票率は三〇％を少し超えた程度だが、投票結果は、現行制度の廃止に賛成が多数を占めていることは注目すべきである。[16] このような「世論」も考慮して、司法組織改正案は準備されている。

2　司法組織法改正案への司法官の批判

全国司法官協会は、政府の司法改革は司法の自治と独立を脅かすものとして反対を表明していた。しかしそのたたかいの方法については意見が分かれ、当初二〇〇二年六月六日に予定したストライキを延期することにした。このためアントニオ・パトローネ会長が辞任し、左派のエドモンド・ブルーティ・リベラーティ会長が選出された。新会長のもとで右派司法官の同意も得て二〇〇二年六月二〇日、政府の司法改革案に反対するストライキを行った。一一年ぶりのストライキであった。ＡＮＭは八割の司法官が参加しストライキは成功したと発表した。これに対し司法省側は、独自に調査し五七〇三人（六八・三％）と発表した。ストライキへの参加率の高さが、ストライキ後に「改正」された制度のもとで実施された前述の最高司法会議委員の選挙における左派および中道左派の勝因となったと考えられる。[17]

二〇〇三年九月の上院司法委員会の司法組織改革法案は、以下のような内容を持っている。

①裁判官と検事の職務の分離について、裁判官と検察官の職に就くためには、それぞれ別個の試験によるものとする。裁判官から検察官へ、あるいはその逆に、一つの職務から別のものに変わる場合にも試験を受ける。また同一の司法地区内では職務を変えることはできない。また少なくとも五年の経過期間をおくことが必要である。②検察官を階層的組織に再編する。③司法官の昇進について、年齢だけではなく、専門性についての定期的な評価を導入する。④司法官の政党および労働組合への登録を禁止する。「学問、レクリエーション、スポーツ、連帯の性格を欠いた」集会やデモへの参加を禁止し、違反した場合に最高司法会議が懲戒することができる。⑤裁判官による法律のいわゆる「創造的」解釈を禁止する。⑥許可を受けない司法官とマスコミと

の関係を禁止する。(18)

最高司法会議のロニョーニ副議長は、法案の内容についてカルロ・アゼリオ・チャンピ共和国大統領と協議した。機会のあるごとに司法改革について発言し、司法の自治と独立を強調してきた共和国大統領は法案に懸念を示した。

全国司法官協会のリベラーティ会長は、明白に憲法違反の誤った改革と批判した。全国司法官協会は、法案について緊急事態を宣言し中央指導委員会を招集した。全国司法官協会の批判の要点は以下の通りである。

改正案は、裁判の効率性、司法官の専門性を保障するものではなく反対に、市民に法の前に平等であるという原則を保障するための前提である司法官の独立を減少させるものである。検察官を階層的に再編することは、権力からの干渉を受けやすくする。検察官の政治的コントロールを可能にする。裁判官と検察官の職務の分離は、司法官としての共通の司法文化を破壊し、自治組織としての最高司法会議を空洞化する。

全国司法官協会は、二〇〇三年一〇月四日に司法組織法改正案についての宣言を発表した。司法組織法改正案を「司法権に対する攻撃、権利に対する攻撃」としてとらえることを明らかにした。「宣言」の内容を要約すると以下のとおりである。(19)

(1)　与党、政府、首相の個人的な突出した代表者による司法に対する野蛮な攻撃によって、司法権の中心的な価値が攻撃にさらされている。裁判官の法解釈、個々の司法官の独立と職業的専門性、司法官の市民としての権利が脅かされている。この問題を欧州司法官協会、欧州の世論、欧州議会を通じて訴えていく。

(2)　司法組織法は、通常の法律のひとつではない。市民一人ひとりが、独立した裁判官により、政治的および経済的権力からその権利を守ることをできるようにするものである。司法組織法の問題は、司法官だけの問題ではなく、市民全体の死活的利益に関わる。

(3) 司法大臣の懲戒権を利用し、司法官の社会生活や公的論争への参加を制限することは、司法官の社会的、文化的な孤立を招くおそれがある。

(4) 司法官の独立性の削減、縮減は、裁判の合理的な期間内の終了が第一の目標であるはずであるが、司法の独立性の削減が第一の目標であるように見える。

改正案は、当初からの裁判官と検察官の職務の分離に加え、新たに司法官に対する懲戒処分を定め、司法官の組合活動、市民的活動を制限するものとなっている。もっとも重大な意味を持つ職務の分離については、比較的穏健な内容となっている。労働組合への登録を禁止するという内容は、労働組合的活動の性格も有している全国司法官協会の運動を制限する可能性がある。司法官の組合活動だけでなく、市民的活動に対する制限も新たに入れられ、全体として復古的な内容となっている。また裁判官の法律の解釈についてまで介入している。

全国司法官協会は、これまでの政府との対話路線を変え、「緊急事態」を宣言するにいたった。また一一月五日に、「司法のための一日」として、全支部で開かれた討論会をもつこと、一一月二二日には、「司法のための一日」全国集会をヨーロッパの司法官の代表も含めて行うことを決めた。司法官がこれらの催しを通じて、司法の自治と独立と市民の人権との関係をいかに市民に説得的に説明できるかが問われている。

全国司法官協会は、二〇〇四年二月五日から八日までヴェネツィアで総会を開催した。総会の議題の中心は、政府の司法改革案への対応であった。総会は内部の五つのグループの事務局長の共同の提案により、三月一一、一二日に司法改革に反対するストライキを決定した。[20] このストライキの決定後、司法相は司法改革案について司法官との協議に応じるようになり、三月三日全国司法官協会の執行部はストライキの中止を決定した。

なお、司法改革と並行して憲法「改正」の動きが急である。与党「自由の家」連合の「賢人」案に基づき憲法第二部の改正政府案が九月一六日に閣議決定された。今後政府案は、国・州会議で調整の上再度閣議を経て議会に上程する成案となる。最終的に二〇〇四年中の成立を目標としている。(21)

この「連邦制憲法」改正案は、司法問題に限定して見ると以下のような問題点を持っている。憲法裁判所は、裁判官を現行の一五名から一九名に増員する。現行では大統領が五名、議会が五名、司法部が五名を指名できることになっている。改正案は、議会が指名する裁判官を五名から九名にし、九名のうち下院が三名、連邦上院（憲法改正により新設）が六名を指名する。憲法裁の「改正」案については、七名もの元憲法裁の長官から反対意見が述べられている。また最高司法会議は、現在委員の三分の一を両院の合同会議から選出することになっているものを、下院から六分の一、新設する連邦上院（前述）から六分の一選出するという改正内容である。(22)

おわりに

ベルルスコーニ内閣における司法官攻撃の激しさは、日本における六〇年代末から七〇年代にかけての「司法の危機」を想起させる。これまでのところイタリアの司法官は、ストライキを含む抵抗により司法官自治のイタリア・モデルを解体しようとする復古的な司法改革に反撃することに成功している。十数件の事件で刑事被告人である首相が個人的な利害と関心により司法官を攻撃しその制度まで変更しようとしているイタリア的特殊性はあるにしても日伊に共通の状況もある。司法官と司法制度をめぐる歴史と文化のちがいは大きいが、イタリアの司法官の自治組織、市民的、政治的権利の行使などを見ることにより、日本の司法官のおかれている位置を明らかにすることができる。

最高司法会議という同僚の選挙による自治組織が司法行政を担当する司法官自治のイタリア・モデルは、日本の官僚司法制、最高裁による司法行政の独占の異常さを示している。また裁判官と検察官が司法官として統一した地位を有することによる検察官の地位は独特のものであり、日本の検察官の公正性、客観性、人権擁護性、政治的独立性などの問題を考える上で、あるべきもう一つの検察官像を示している。[23]

（1） 本間重紀「規制緩和論的『司法改革』論批判」『自由と正義』四七巻五号、一九九六年四月（本間重紀『暴走する資本主義』花伝社、一九九八年に所収）。

（2） ハインツ・シュテッテル、木佐茂男訳「ヨーロッパ諸国の司法システムにおける自治――イタリアにおける裁判官独立のプロセス」『月刊司法改革』二〇〇〇年七月、四五―五〇頁。

（3） 近年、パルマラット事件などイタリアを代表する企業における不正経理事件が続発するようになった背景には、ベルルスコーニ内閣における規制緩和的会社法の改正があると指摘されている。

（4） ベルルスコーニ首相は、欧州連合共通逮捕状は、国民の基本的人権を侵害するおそれがあるため、憲法、国内法改正を必要とするなどを反対の理由にあげたが、実際にはスペイン捜査当局によるベルルスコーニ首相に対する逮捕状の発行をおそれたためと報道されている。第二次ベルルスコーニ内閣の司法政策について、Luigi Ferrajoli, *Giustizia*, Francesco Tuccari (a cura di), *Il Governo Berlusconi*, Laterza, Bari-Roma 2002, pp.73-88. Paolo Sylos Labini, *Berlusconi e anticorpi*, Laterza, 2003. Paul Ginsborg, *Berlusconi*, Einaudi, Torino 2003.

（5） Elena Paciotti, *Sui magistrati, La questione della giustizia in Italia*, Roma-Bari 1999, Laterza, p.31. パチオッティは、イタリアの最高司法会議が、司法官の自治のためのイタリア・モデルとして、専制から解放後のスペイン、ポルトガルおよびポーランドなど東欧諸国に影響を与えていると指摘している。アレッサンドロ・ピッツォルッソ（ピサ大学）によれば、イタリアの最高司法会議はフランスの制度（司法官職高等評議会）の忠実な模倣としてつくられたものだが、現在ではイタリア・モデルがフランスの制度の改革に影響を与えている。Alessandro Pizzorusso, *La Costituzione ferita*, Laterza, Roma-Bari, 1999, p.141.

（6） 憲法上の機関としての最高司法会議は、一九四八年の憲法以後のことであるが、イタリアの最高司法会議の歴史は、一九〇七年に司法大臣に司法官の見解を表明する機関として設置されたことにさかのぼる。その後一九二一年に司法官委員の選出を選挙制に変え、また大学法学部の教授四人を加える改正を行った。これはファシズムにより政府の任命制に戻された。戦後は、一九四六年五月の司法組織法により最高司法会議が設置された。ただし司法による最高司法会議の委員は、上級の司法官だけによる間接選挙で選出され、また会議の権限は、昇任と懲戒だけに限定されていた。Alessandoro Pizzorusso, *Consiglio sueprιore della magistratura*, Enciclopedia del Diritto seconda edizione, Garzanti, 2001, p.356-357.

（7）　Edmondo Bruti Liberati, *Potere e giustizia*, in *Governo dei giudici*, *La magistratura tra diritto e politica*, a cura di Edmondo Bruti Liberati, Adolfo Ceretti, Alberto Giasanti, Feltrinelli, Milano 1996, p.227.

（8）　Luciano Violante, *Le quattro fasi della legislazione*, nell *Profili dell'Italia repubblicana*, Editori Riuniti, 1985, p. 489.

（9）　ＡＮＭ内部のグループは、「憲法のための統一」Unita, per la Costituzione、「民主的司法」Magistratura Democratica、「独立司法」Magistratura Indipendente、「正義のための運動」il Movimento per la Giustizia である。

（10）　ベルルスコーニ首相が被告人となっているＳＭＥ事件とは以下のような内容を持つ。南部融資会社ＳＭＥ（Societa' meridionale finanziaria-Societa' meridionale elettronica）は、国家持株会社ＩＲＩが所有し食料食品部門の会社を統合していた。事件当時のＩＲＩの会長は、現欧州連合委員長ロマーノ・プローディであった。プローディは、ＩＲＩの民営化をすすめその第一号として食品部門のＳＭＥを売却することにした。一九八五年四月二九日、ブイトーニのカルロ・デ・ベネデッティに四九七〇億リラで売却する仮契約を締結した。しかし、当時首相であったクラクシが、ＳＭＥのデベネデッティへの売却を安売りであると反対した。同時に、デベネデッティに対抗する買い手が現れた。ベルルスコーニのフィニンヴェスト、バリッラ、フェッレッロ、ＣＯＮＦＣＯＯＰでつくるＩＡＲ連合でデベネデッティよりも少し高い価格をつけた。デベネデッティは、ローマ地裁にＩＲＩとの仮契約が有効であると訴えた。しかし、ローマ地裁（ヴェルデ裁判長）は訴えを退け（一九八六年六月二三日）、高裁、最高裁でもデベネデッティは敗訴した。ミラノ検察庁専従班によると、フィニンヴェスト社の顧問弁護士チェーザレ・プレヴィティはアッティリオ・パチフィコを介してヴェルデ裁判官に二億リラ、スクィランテ予審判事長に一億リラをおくった。ステファニア・アリオストが検察側証人としてプレヴィティ弁護士とローマ地裁裁判官との関係を証言し事件が明らかになった。

（11）　Legge 20 giugno 2003, n.140. Disposizioni per l'attuazione dell'articolo 68 della Costituzione nonche' in materia di processi penali nei confronti delle alte cariche dello Stato.

（12）　“Il Sole 24 ore” di 14 gennaio 2004.

（13）　Carlo Fusaro, *Il presidente della Repubblica*, il Mulino, Bologna 2003, p.90. 憲法八一条四項は、支出を伴う法律についてその財源を示すことを求めている。大統領の法律再議権の行使はしばしばこの条項に違反していることを理由として行使されてきた。

(14) 「上院法案一二九六号、政府への司法組織法改正の委任」Ddl Senato 1296 - Delega al Governo per la riforma dell'ordinamento.

(15) 司法と国民投票の関係および二〇〇〇年の国民投票について、Edomonodo Bruti Liberati, Livio Pepino, *Giustizia e referendum*, Donzelli, 2000.

(16) 司法に関する三件の国民投票の結果は、投票率、廃止に賛成、廃止に反対の順に、第三項—三一・九、七〇・六、二九・四%、第四項—三二・〇、六九・〇、三一・〇%、第五項—三二・〇、七五・二、二四・八%であった。

(17) David Nelken, *Berlusconi e giudici: legittimi sospetti?, in Politica in Italia, edizione 2003*, p.145.

(18) "Il Sole-24 Ore"di 26 settembre 2003, p.14.

(19) 全国司法官協会の見解については同協会のウェブサイトを参照した。http://www.associazionemagistrati.it/

(20) "Il Sole-24 Ore" di 8 febbraio 2004.

(21) "Il Sole-24 Ore" di 17 settembre 2003, p.12. 憲法的法律草案(二〇〇三年九月一六日閣議決定)は、「連邦制」をキーワードとしている。二〇〇一年に改正した第一一七条を再改正し、教育、保健、治安までを州が排他的な権限を持つ分野とする内容となっている。

(22) 憲法第二部改正案における「憲法裁判所」の改革案について、Carlo Guarnieri, *Troppi allarmismi sulla nuova Corte*, Il Sole-24 Ore, 15 ottobre 2003, p.14.

(23) 日本の検察の問題について、富田真「司法改革と検察制度」、民主主義科学者協会法律部会編『だれのための「司法改革」か』、『法の科学』三〇号、日本評論社、二〇〇一年、二〇九頁。川崎英明『現代検察官論』日本評論社、一九九七年。

第5章　現代日本社会と規制緩和
――故・本間重紀『暴走する資本主義』に学ぶ――

山本　義彦

はじめに

一人の日本経済史家として、現代の日本政治支配体制が中核的作業として推し進めている「規制緩和」の諸政策が歴史の文脈に照らして、いかなる位置を持ち、かつその正当性や妥当性があるのか、またその妥当性がどの程度あるのかを検討する手がかりとして、本書『暴走する資本主義』を読んでみたいと考えている。

本間氏が本書に込めた意図は何であったかは鮮明である。臨調・行革以来二〇年余にわたって展開している日本国家の「規制緩和」政策が、一体国民にとって真に有益なものであるのかどうかを総点検しようというわけである。そしてあるべき、または目指すべき日本社会の理想を「市民主義的福祉国家」に求めるという立場である。また戦時経済統制法・独禁法の長年にわたる研究者として規制緩和問題を「独禁法」の骨抜き化＝解体の歴史とかかわらせて展開しているところに本書のもう一つの、かつ鋭い課題設定の方法が見られる。しかもこの著作が市民や業者向けの講演であったり、片や専門学会での報告であったりしたものを体系的に整備収録している点でも、類書に数少ない特徴をもっている。そればかりか、まさに専門学会での本間氏の報告内容そのものが同時に市民へのアピール文書の内容と違わずに展開できるという点で、いわばその専門内容の市民への啓発が可能であることを見事に示していることにも本書の積極的・実践的意味が認められよう。

筆者が本書に学ぼうとする意識の底には、近代日本経済史を研究する一人として、戦後の経済改革という民主化課題が今日、総攻撃を受けているという認識があり、その総攻撃に対置される戦略は一体何であろうか、何であるべきかという関心がある。少し以前の話であるが、円高が高進し、まさにバブル絶頂の時期、一九八七年一月の日本経営者団体連合会労働問題研究委員会報告がいみじくも語っていたように、当時、資本の活動が労働法、労働省（現厚生労働省）による時間規制を受けながら、かつ円高の故に国際的には見かけの賃金水準が最高となるそのような時期、同報告に筆者は大変関心を抱き、かつ規制緩和の大キャンペーンの意味をあらためて認識させられていた。いわく、日本では労働規制があるためにアジア諸国ではもっと多く働く低賃金労働力が無限大に存在しているのだから、資本に対して海外進出をやめろと言われても困る。資本の立場からは長時間、低賃金労働が存在していれば当然そこで活動して何が悪いのか。そしてそれを阻害する労働省の干渉や労働規制は是非とも撤廃して欲しいと赤裸々かつ切々と訴えていたのである。特に労働時間規制は無意味であり、労働医学的に見ても個体差があるのを一律規制するのは正しくない、要するに働きたい人がいれば働いてもらって当然ではないかというのである。まさにあけすけな資本の論理であろう。そしてその後の労働法制の改訂においてこの要望に応えるかのように変形労働時間制、裁量労働制の容認と、男女雇用機会均等法の趣旨に合わせるという打ち出しのもとで展開した女子労働時間規制の撤廃へと転換していった。

今一つ筆者が当時、気にしたことは日米構造協議なるもので展開された日本の諸規制に対する解除を要請するアメリカ側の圧力であった。大型店舗の地域展開に対する諸規制が、一面では地域経済をささえるための、また他面では社会的諸矛盾への配慮をも含む内容を持つものであることは見やすい。しかしそうした諸規制はアメリカ側の参入への阻止的効果を発揮するばかりか、実は日本側の大型店舗の出店に対しても規制的に働いてきたことは当然であった。つまり日米構造協議の中で登場したこのアメリカ側の要請は同時に日本側の大型店舗資本の要請をも反映する側面を持つものであった。(1)

筆者はむろんこの立場に与みするわけにはいかない。例えばそもそも労働時間規制は長い人類の実践の中から積み上げられてきたのであり、(2)まして男女雇用機会均等法の名の下に、性差を無視した深夜労働に及ぶ女性の酷使は許すべからざることは、第一次世界大戦以来のＩＬＯ勧告が示したところであった。筆者はこの赤裸々と言えば赤裸々な、まるで『資本論』から飛び出してきたような資本の論理（絶対的剰余価値の獲得）の表明にはいささかあきれもしたし、まさに資本主義の日本型とでも言うべき実相を知る思いがした。(3)筆者のスタンスは規制緩和一般が正しいということではなく、その規制のよって来る歴史的諸要因に鑑みて、人々の安全で健康にして文化的生活を営む（日本国憲法第二五条）ために機能すべき規制、またその歴史的歩みを通じて形成されてきた規制をも破壊することには何らの正当性もないということである。その点では、規制敵視論の立場はとらない。

一　本書の基調は何か

さっそく述べるべき第一の点は、本書が社会科学の真髄とでも言うべき王道を歩んだ成果であるということだ。筆者はかねがね社会科学が社会科学であるゆえんは、その実践性にあると感じてきた。むろんここにいう実践性とは学問上のそれであること、そして人々の利害状況を包み込みつつ展開されるべき政策論的アプローチを構想することである。つまり主張者の立脚点がいかなるものであるかを如実に表現しているということである。本人がたとえ、「客観性」を標榜していようとも、それは実は自己を偽ることにもなるだろう。その面が本書では随所に示されていると思わされた。特に大規模店舗の地域展開に関する規制問題とマスメディアと再販価格維持制度の意味に、それは特に感じられたのである。再販価格維持制度が規制緩和の名の下に撤廃されたら、どういうことになるか。むろん競争原理が出版業界を覆い尽くし「売らんかな」主義一本槍の出版物が、書店を今より一層占拠するばかりか、専門性の高い学術的に意義ある著作物の出版がますます困難になるということである(悪貨は良貨を駆逐するというべきか)。今日でさえも、出版業界は販売店を含めて苦況に陥っているのであり、それ自体は思想表現の自由、出版の自由を実質的に解体することになるであろう。

第二に、本書は学界の最先端で、非科学的な支配体制がいかにも科学性と公正さを装おって、国民に対して欺瞞的に規制緩和を合唱していること、しかも「規制緩和」という、人々に承認されやすい表現形式をとって実は乱暴にも市民生活の不安定化を引き起こし続けていることを遺憾なく批判していることである。またこれを先進資本主義諸国で共通に見られる「規制緩和」の動向を所与の前提としつつ、実は日本的近代・現代社会の特殊性を色濃く帯びた特殊日本的「規制緩和」の動向を分析するという、明確な意識を提示した方法論を打ち出している。

二　本書の背景に関する筆者の認識

筆者は、もう二〇年余りも以前のことであるが、本間氏と共同して、静岡市内の大型店舗の出店問題に取り組んだ経験を持っている。当時、焼津市や藤枝市の人口規模当たりの大型店舗を含む(人口一人当たり)売場面積比率が、静岡市よりも高く、その面では、静岡市が小売販売の「後進地帯」と考えられ、またそのために全国的に見ての物価高が引き起こされているとして、大型店舗の出店を認めることが消費者利益に合致するという主張が声高に叫ばれていた。どういうわけか、静岡市の物価高が問題とされる際に、全国と対比してのこの地の地価の相対的な

高さなどが捨象されがちであり、また地域最低賃金の相対的高位性も捨象されている場合が多いように筆者は感じている。(4)

独占禁止法の専門研究者としての本間氏は、その際に種々の検討すべき視座を、提示していたように思われる。それは第一に、地域社会の商業者活動は一面では生業者、生活者としてのそれであること、また第二に、地域社会の経済生活を維持し発展させるという課題は、生業者にも消費者（同時に生業者でもあり得る）にも均しく存在している課題であること、第三に、地域社会は経済活動体としてのみに意味があるのではなく、生活・教育環境に対して配慮すべきこと、その際に、生業者の生活を守ると言う視点と、消費者のより安価で良質かつ安全な商品を購入したいとする意識とは、本来矛盾すべきものではないが、それを意識的に対立的に捉える手法が地域社会の大型店出店問題での方向付けにしばしば見られること（政府の規制緩和方針でいう「社会的規制」の分野）、第四に、そこから実に見事に地域の生活者としての商業者と同じく消費者にとっても、生活環境の破壊の危険性を生じる課題には、協力・共闘が可能であること、その端的な課題としては、学校教育環境に関連しての問題点を見定めるべきことをいち早く問題提起していたように思われる。つまりこの視角によって、大型店舗が、例えば学校施設の近隣に立地する場合、地域住民にとっては青少年の生活・教育環境を保全する課題からはおよそ似つかわしくないことを浮き彫りにしたのである。(5)

本間氏の議論は、この地域生活者としての、別の言い方をすれば消費者としての地域住民と共に生きる、同じく生活者としての小商店経営者の生活権（生業権）擁護の課題と地域住民との共存共栄の課題を破壊する可能性の高い大規模小売店舗の地域への出店をいかに考えるかという視点を抜きにはできない。そうした認識が本間氏の生活体験としての生業を営むことへの熱い眼差しある発言として、時には大店舗に対する怒りをも込めた迫力ある発言や認識となっているのである。またそれは同時に地域の生活者にとっての大店舗の出店がいかなる意味で利点を提供するかという論点に関しても慎重な姿勢を示す要因でもある。

というのは、現実に大店舗は自己都合による出店を行っているに過ぎず、地域での収益を上げられないと見るや大店舗の社会的責任を置き去りにして撤退や閉店を繰り返すのが現実であり、その結果出店により閉店を余儀なくされていた地域商業者の復活は事実上困難であるということに関わっている。事実、そのことが高齢者には極めて不便な結果を招いている。筆者が知るところ、静岡県焼津市や藤枝市は一九七〇年代に大型店舗の出店により地域商業の活性化が進んでいたとされているが、その後の現実は大型店の閉鎖と撤退の結果、都心部の優良地が寂れているという事実を知っている。(6) この出店規制の緩和が地域住民に本当に貢献するものではないというのが本間氏のメッセージであろう。

第五に、これが本来の独占禁止法を研究する法学者としての課題であろうが、大型店舗の出店が果たして安価で安全な商品を住民に供給できるのかどうかという問題に関しても、筆者は大変教えられたことを覚えている。むろん筆者も経済研究者の一人でもあるので、当然、流通過程＝商業行為でもっぱらその要した価値を下回るような商品提供を図る業者がこの世に存在するということは経済学的には、とうてい無理な話であるから、実は大型店舗の出店が地域に安価な商品を提供し、消費者利益になるのは論ずるまでもない式の判断を根拠づけるものはないと言うべきであろう。むろん「規模の利益」が発生する商品群（例えば缶詰やパック化された製品）で、零細小商店経営者よりも価格的に有利な位置を占めることは認められるし、大規模なるが故の消費者サービスの一環としての「アメニティ」提供(7)の可能性もより優位であろう。後者の点では、小零細事業者は組織化して対抗する必要性が生じるはずである。またマンツーマンのサービスでは大規模店舗は小零細商業者には勝てそうもない。本間氏はこれに関しても鋭い分析視座を提供していた。(8)

本間氏のこの貴重な学問的実践と社会との切り結びの姿勢、そして地域生活者の視点は、本書でも一貫して流れているモチーフであるだろう。

三　本書をどのように読むか

筆者が本書を読んで極めて感銘を受けたのは、規制緩和という政策動向が、いわば「規制緩和ファシズム」の色さえ示している危険性への警告であった。一九九三年八月以来のこの十年余のいわゆる連立政権の時代は、全ての施策が、いかにも「正義の味方」であることを過度に強調し、その内容の吟味も充分に行わず、歴史的検証をも踏まえて国民に提起することなく、「実行あるのみ」式の政治的実践となっていると筆者は考えてきた。それに抵抗感を持つ正当な主張に対して、それは「反動」「守旧派」のレッテルさえ捧げられてきたのである。例えば、筆者もかつて『朝日新聞』(9)で論じたことであるが、細川護熙非自民連立内閣の「政治改革」＝小選挙区制の導入という一面化がいかに政権政党ばかりか野党勢力の体質を換骨奪胎し、政治の民主制を破壊してきたかは自明であろう。そして人々の選挙権行使の選択幅を狭め(政党間の政策的相違や対立点が不鮮明なことによる)、投票所に足を運ぶ人々を大幅に減少させるなどの国民主権破壊に繋がってしまったのであった(投票率の低下は特に非自民連立内閣成立時代の特徴となった。この点では、投票率の上昇と政権から距離を取る党派への支持率の上昇を記録した一九九八年参議院選挙は、そうした政治家たちの反動的もくろみを超える人々の「反乱」でもあるわけである)。それと同じほど狡猾な手法をもって政府・財界が強行している「規制緩和」の方向性の問題を、私たちはどのように批判的に捉えればよいのであろうか。

まやかしと誤魔化しとでも言うほかない論理が、「規制」を、かの「経済的規制」と「社会的規制」に二分化して論理付け、前者は基本的に「原則廃止」することとし、後者は可能な限り縮減せよという語り口はいかにも科学性、客観性を装っているかに見えても、実はそうではないことを暴露することは極めて大切な視角であろう。本間氏はそれを展開している。そもそも「規制」をこのように二分化する論理は「規制」の内実からしてあり得ないのである。あるとすれば、人々の生活を安定させる上での必要な規制であるか、企業間の利害調整をもっぱらこととするカルテルのような規制であるかということではないだろうか。つまり独占規制力を何ら変更することなく、人々の暮らし向きに関わっての規制緩和がいかに多く、かつ人々にとって不利な状況に落とされているかという問題である。

しかし本間氏が暴露しているように、要するに支配体制としては、全面的な規制撤廃に走ることで、国民にとっての必要な規制を廃止して、搾取・収奪領域を無制限にするというところに基本的なねらいがあるとして間違いはないであろう。金融機関の分野を超えた参入を保証する近年の「ビッグバン」の場合のように、稼ぎの対象領域の拡大と競争がねらいであるのに、国民には金融機関の競争で消費者サービスに繋がるという一面のみが喧伝され、逆に弱小のみならず大金融機関さえもの経営不安定化と消費者損失を招く側面への理解は得られていないことも事実であろう。

これらを貫く今一つの論理として、グローバル・スタンダードに日本の経済活動を沿わせるという論理もある。しかしこの「グローバル・スタンダード」なるものも実は和製英語であることはよく知られている事実であり[10]、その本質はアメリカン・スタンダードとでも呼ぶべきアメリカ独占多国籍大資本にとっての参入障壁を撤廃させたいとの、かの「日米構造協議」(Structural Inpediments〔構造障害〕Initiative)に際してのアメリカ側の認識ともかかわっているという事実を無視してはなるまい。もちろんそれは同時に日本の独占資本にとっての国際活動領域の確保とかかわってもいる。有り体に言えば、日本独占資本の活動領域を確保するためにこそ日本国内の経済活動の「国際化」=アメリカへの密着度を高めるとの意図とも関連していると見るべきであろう。

むろん結果として、最近の大手証券会社や金融機関が倒産した後に海外金融機関がそれを買収したり、金融機関相互の合併が急進していることに見られるように、ますます強大な金融機関づくりを本来の趣旨としたビッグバンであることは、見やすい事実であろう。その意味では、六七〇〇億円の公的資金の注入による住宅専門金融会社救済措置に始まり、一九九八年後半、ついに金融機関に対する六〇兆円の公的資金のつぎ込みに至るプロセスに示されているように、一九九七年一二月時点の国会では都市銀行が必ずしも公的資金に依存せずとも、そのバブル不良債権の処理可能という事実が示されている。[11] そもそもの目的が金融ビッグバンに備えての国際競争にうち勝つための政府による「支援」の色彩が濃厚となっていた事実は疑う余地はない。またこの九六年時点の大蔵省（現財務省）のホームページでも金融ビッグバンの目的が強大な金融機関の創出にあり、そのための国内業界の建て直しにあることがうたわれているのである。大蔵省のホームページからその事情を語らせよう。

ビッグバンの背景

① 我が国金融の自由化・国際化の進展

バブル経済以前の我が国経済は、企業の資金調達の変化、国債市場の拡大等を背景に、金融分野の自由化が進められてきました。例えば、預金金利の自由化、子会社形態による証券・銀行の相互乗り入れ等の規制緩和が進展しました。

② バブル経済の発生・崩壊

一九九〇年をはさんでバブルが発生、崩壊していく中、金融機関における不良債権処理は、喫緊かつ重要な課題となってきました。このようにバブル崩壊後に各種市場問題が顕在化する中、マーケットルールやディスクロージャーの徹底、監視機能の強化が図られました。また、地価下落の中、金融機関の不良債権処理・破綻処理が行われ、処理スキーム・法制度が整えられました。

③ 欧米市場との比較

一方、欧米の金融市場はこの間着実に発展を続けていました。アメリカはS&L危機等を乗り切り、経済も金融・証券市場も順調に拡大しています。欧州では、今世紀〔二〇世紀〕末には統一通貨「ユーロ」が実現します。外国為替取引や株式取引における東京、ニューヨーク、ロンドン市場の状況をみても、最近〔一九九〇年代後半〕においては東京市場は他の市場に比べて、伸び悩みがみられているのも事実です。また、主要国の個人金融資産を見ると、我が国はアメリカに次いで一二〇〇兆円もの額に上っています。これらの金融資産が我が国経済にとって有効かつ効率的に使われ、国民にとって有利な運用である必要があります。こうした背景を受け、我が国金融市場を二〇〇一年までにロンドン、ニューヨーク並みの国際金融市場として再生するための「金融システム改革」すなわち日本版ビッグバンの必要性が認識されました。

しかも驚くべきことは、今回〔一九九八年〕の公的資金の注入に関しての『朝日新聞』[12]の調査でも、地方銀行の七割が公的資金を要さないと認識していたことであろう。にもかかわらず、そうした施策が大手を振ってまかり通っている事実は、経済の活性化を図るとか、透明性の高い経済運営、規制緩和、自由競争、公平性という大合唱にも背を向けていると言わざるを得まい。念のために、一言すれば、住宅専門金融会社の不良債務の公的資金による救済六七〇〇億円が決定される直前に、経済企画庁が公的資金による救済がモーラルハザードを招くので、好ましくないと明言していたにもかかわらず[13]、そのごいっさい「専門」官庁としての責任ある弁が見られないことであろう。いいわけは可能である。何しろ「国権の最高機関」で決定されたことを粛々と実施していくのが官僚組織の責務だ、と。しかしこれでは「専門」官庁は行革の対象とされてしかるべきではないのだろうか。「専門」性の放棄そのものであろう[14]。

それに筆者が感銘を受けた今一つのこと、すなわち戦後日本社会の特殊歴史的構造が、近代市民社会的規範力を充分に発揮することなく、現代資本主義、つまりは国家独占資本主義的支配秩序に呑み込まれてきたために、社会的保全のための現代的な規制（社会保障的施策）さえ、充分に発展させられて来なかったという事情が、今日の複雑性を作り出していることであろう。ヨーロッパ風の現代福祉国家の経験を持つことなしに、人々の権利、保護諸規定そのものが破壊されつつある現状を座視するわけにはいかない、これが本間氏のスタンスでもあるだろう。例えば規制緩和の一環として取り上げられている労働法制における女子保護規定の撤廃問題はその端的な表現であろう。(15)

そして本間氏の目は、以上に止まることなく、今日の「規制緩和ファシズム」の無視できない力として働いている要素こそは、日米構造障害協議（ＳＩＩ、実はアメリカにとっての「構造障害」のイニシアティブ）におけるアメリカの側の強い要求であることであろう。今日、「世界基準」「ワールド・スタンダード」に日本経済社会を沿わせることこそが、当然の至上命題であるかの論議が横行している。これに対して本間氏は要するにその内実がアメリカン・スタンダードの押し付けという意味をも色濃く内包していることを指摘している。(16)ここでも独占的経済支配体制の狡猾ぶりが見られるが、実は自己の利益を追求する上で、撤廃したい規制を、アメリカ側から非難させて、即「国際世論」と言うことで実践していることがこの一〇余年間の一つのビヘーイビアとなってきた感がするのは、本書を読む筆者だけのことであろうか。

四　経済学と法学を架橋する

筆者は、本書を読み進めてきて、本間氏の力弱き民衆の立場をいかに守り、かつ彼らのよりよい未来を切り開いていくか、そのためには社会科学者として何が出来るかといった問いを常に意識した強烈で真摯な態度に共感しつつ、では筆者のような経済学研究者から一体どのようにこの問いを受けて立てばよいかということを、今、考えてみようと思う。筆者は本間氏が規制緩和の大合唱をリードした学問的装いはアメリカのシカゴ学派の経済学にあるという至当な批判を行っていることをさらに広げて考えてみる必要に迫られている。それは経済学のこれまでの基調が近代経済学であれ、マルクス経済学であれ、ともに経済効率主義、経済効率論の呪縛から解放されていない問題性を感じる。

宇沢弘文氏が述べるように、近代経済学はもとよりであるが、マルクス経済学の場合さえも、いかに日本の近代化（西欧化）を実現するかという論議をしばしばしてきたわけであるから、広義の効率主義、発展主義を立脚点としてはいないだろうか。もう少し補っておくことにしよう。マルクス主義の経済学は日本では、一方で西欧社会に比しての近代化の遅れを問題にして、その謎を解くことに腐心して「前近代性」＝封建制論を構築してきた。他方でアジア社会唯一の帝国主義国家となったことに着目して、他のアジア諸国に比しての「進歩性」を解明してきた。とくに後者はここ数十年の歴史研究で問題が多いことが知られてきたが、何れにせよ、これらの視座は著しく経済主義的で微妙にキャッチアップの論理を介して、効率性願望に傾斜する可能性を秘めてきた。日本サクセス・ストーリーの誕生である。(17)

筆者も近年、自己の経済学の研究姿勢にそのような限界を感じることがしばしばである。その点では本間氏の真摯な態度を学び尽くしたいと考えている。近代経済学者の宇沢弘文氏が、農業、医療、教育＝人格形成、環境などは、この効率主義に最も馴染まないものであるにも拘わらず（社会的共通手段）、経済学はそこにさえ経済学的手法を講じて政策論議に走ってきた、この在り方は問い直すべきだと強調している。(18)筆者はこうした意識改革がいかに重要であるかを、本書を読みながらあらためて感じさせられてきている。

さて経済研究者の一人としての筆者は、本書に学んで、なお次のような論点を検討すべきではないかと感じている。第一に、日本社会の官僚支配的体質が、高度に突き詰められた資本主義の実現を図るべく「規制」を創出してきたために、一般的な「市民感情」としても「規制を撤廃せよ」という合唱に唱和しやすい風土を形成してきたことにも目配りをする場合、本間氏の表現から一体どのようにして本書の主張を広範な人々の意識に換えていくかというルートを本間氏はどのように考えているのであろうか。筆者として是非ともお聞きしたい問題の一つである。「そんなこと、頑張って言い張るしかないよ」という言葉が返ってきそうではあるが。

第二に、シカゴ学派的装いを凝らした、規制緩和の大合唱に対抗する上で、なお解くべき課題がありそうである。それはアメリカン・スタンダードとは言え、国際的な市場原理万能であるかのような風情のあるグローバル化した資本活動の強烈なベクトルが働いている現在、客観的には彼らの力による規制緩和、すなわち彼らの支配領域の一層の拡大化を目指す動向をとどめる政策的展開が求められているのではないかということである。その見通しを是非とも解明するべきではないであろうか。例えば、国際金融市場での横暴を極める金融資本によるデリバティブ取引に対抗して、国際規制を創出して、余剰の資金をカジノ的に活用することを厳重に禁止し、かつ余剰資金を国際管理して、資金過小の貧困地域に振り向けて、世界的なレベルアップを図ることで新たな需要創出(環境政策などのための投資への援助)を実現して世界的経済不安を解消するといったことも、空想的に聞こえるかも知れないが、考えられてもよいのではないだろうか。例えば、相当に大幅な課税を徴収することで国際カジノ的金融活動を規制し、それを原資として国際援助を図るなども考えられよう[20]。

実際、一九七〇年代の第一次石油危機に端を発した途上諸国の資源恒久主権の要求が、七四年の国連特別総会での宣言に結実した事実や、世界諸国民の要求闘争の中から、国家間の組織体である国連に非政府組織（NGO）の参加を認める動きが登場するなどの原理の転換、修正が行われてきた事実から見ても[21]、国際金融資本の横暴な活動に対する規制の政策論を提起することもまた観念論とは言えない現実的意味を持つものと考えてよいように思われるのである。この点で、小品ながらも明確な方向性をもって論じられた伊東光晴氏[22]は、いわば浅薄なアメリカ仕込みの日本の経済学者の多数がいかに数理主義的な規制緩和万能論を論壇で振りかざしているかを余すところなく批判しているのに、大いに励まされる思いがするし、伊東氏の近代経済学への貢献が大きいだけに説得性を感じさせられる。

なおここで敢えて付け加えておくべきは、直ぐ上に述べた日本の「規制緩和」、自由市場万能の風潮に関して、既に西欧諸国では一歩先んじての反省が生まれ、政権政党も保守党派から社会民主主義諸党派に移行して、社会のセイフティ・ネットの形成へと政策基調を徐々に移し始めたことであり、また旧社会主義諸国での熱狂的な市場万能主義も近年ではジグザグをたどりつつも反省の契機を生み出し始めたことであろう。それればかりか、日本に対して規制緩和、市場原理万能を一方的に押しつけてきた趣きのあるアメリカでさえも、第一期クリントン政権が民主党に依拠しつつもその前の共和党的新自由主義の基調を継承していたが、第二期はさすがに本来戻るべき「民主党寄り」と評される新自由主義からセイフティ・ネットへの関心を示し始めていることである。まさに本間氏が本書で強調してやまない日本の規制緩和政治のドンキホーテぶりがここに示されているのかも知れない。社会のセイフティ・ネットの意味に関しては金子勝氏[23]が適切な問題提起を行い、金子氏らはそれらを背景にさらに魅力的な問題提起を行っている[24]。

国内的にも同様な問題解決策が求められているだろう。要するに、一九七〇年代以降の世界経済の低迷の中で登場したハイテク技術がそれまで中小工業で展開されていた分野への大独占体の進出を可能とし、また金融活動でも大銀行、地方中小銀行、信用金庫等といった「棲み分け」が意味を失ってきた今日の状況が、ついには業種別の垣根を撤廃せよという動きを作り出し、ここでも規制緩和こそが至上命題であるかのような状況が生まれているわけであるが、果たしてその意志を正当として容認できるのかどうかが、ちょうど大型店舗問題と同様に、あちこちで生じているわけであるから、まさに経済学と経済法学との架橋による新たな「規制必要論」を積極的に打ち出すべき段階ではないかと考えている。

この点に関して、規制緩和という用語法の問題をあらためて検討すべきであろう。アメリカ側は日本に対して「規制緩和というぬるま湯的な用語法が問題であり、むしろ規制撤廃とせよ」と主張している[25]。しかし物事の本質的意味連関を考慮すれば、それは「規制改革」（Regulatory Reform）というべきだとの野方宏氏[26]には賛成である。

もっともこの主張でも、求められている課題がそうであるにせよ、現実に進行している政策手法に対しては必ずしも適切な評価とは言えない部分を含むであろう。なぜならば、ご都合主義的「規制緩和」政策は具体的に実施されている部分では規制撤廃の害悪をまき散らしているからである。その限りではアメリカ通商当局の要求している上述の認識もあながち不適切とは言えないからである。

第三に、本間氏には余りにも当然のことであるが、市場原理万能論に対置して、市場と規制の相互関連性を積極的に形成していくことが必要になっているであろう。より多く経済学の側の課題であることは言うまでもないが、本間氏のように該博な法理論を駆使する研究を力にしての問題提起が必要というわけである。筆者は、新たな意味で、マルクス主義の経済学とケインズ経済学の初発の問題に、今一度立ち返っての検討が求められる気がしている。一九三〇年代のケインズ理論が、「死んだ」と言われたのは一度や二度のことではなかったように思う。現代的なその読み返しが「新自由主義」という旧態依然たる市場万能論的規制緩和論に対決する上で、また必要になってきたし、マルクス経済学のレーニンによる過渡期経済論や新経済政策（ネップ）の読み返しが必要かも知れない。

実は筆者の著した清沢洌の世界恐慌期分析にもそのような視座が宿っていたように思う。筆者はそのような意識も手伝って、あの仕事に取り組んだ[27]。この点に関して、イギリスの経済史家エリック・ホブズボウムの著書[28]の最終章が極めて印象的である。彼は言う。人類は市場原理万能を乗り越えて、環境問題に端的に提起されている国際的な公的規制力を創出しなければ地球の危機を招く、そのような地点にあることに目を見開くべきだといい、それを無視しては人類の未来は暗黒となるとした。この点で、ヘッジファンドやデリバティブに深くコミットしてきたジョージ・ソロスが国際金融活動に対する適切な規制を必要とすることを強調しているのも興味深い[29]。

第四に、日本国家が当面する「規制緩和」の動向の中で、筆者が気になっている今一つの論点として、「規制緩和」が実は、日本では官僚機構の恣意性ある行政内容を拡充することの危険性である。筆者も本間氏も深く関わってきた文教政策、なかんずく大学政策の実施の場に具体的に捉えると、一九九一年度以降の「大学設置基準の大綱化」の動向はまさに専門的学術研究と教育の体系性に対して、恣意性の高い名称の分野設定が図られてみたり、教育水準の一定性を保持すべき基準そのものが「大綱化」の名の下に、恣意的運用に委ねられ、結果として、大学生としての十全の学識を提供しないで社会に送り出すといった状況が創出され、大学人の中でも教育責任への顧慮を、充分に行うことを希薄化するといった傾向が、近年ますます強まっていると思われる。

きっとそうした動向が私たち研究者の変質、学識の低下をも招き、ひいては次代の研究者のレベルをも規定することになるであろう。そしてこのような官僚の恣意性が、一層進むことで、社会のより強大な支配層による恣意的で主観的な行政への影響力が強められていくと感じている。恐らく同様な傾向が他の諸分野でも生じているのではないであろうか。こうした問題性の解明と分析、そしてそれを止める力を具体的にいかに構築していくかといった課題は差し迫っているのではないかと、筆者は考えている。特に一九九八年一〇月に大学審議会が答申「二一世紀の大学像と今後の改革方策」を受けて提案された九九年三月の国立学校設置法等の「改正」法を見ても、この感は拭えない。つまり法では大枠での改訂が提示されているだけでその詳細は「省令による」形で改革内容が提示されるという代物である。これでは国会の議決を経ない省令及び省令施行規則と言った法的拘束力を持った行政権限の拡張が意図されているとしても過言ではあるまい。

筆者は例えば、いかなる高等教育が提供されるかという課題そのものは、多様性を前提とするとはいえ、国民教育の課題であり、高等教育機関であることの基本を、次代の主権者に均等に提供するという責務を国家として負うべきものと考えている。その意味では教育権、人権論の問題でもあるであろう。少し話題がそれるようではあるが、この報告の決定的な問題点は各大学に「競争的環境の下で光り輝く個性を」と称して、科学技術創造立国をめざす国策への大学の奉仕を呼びかけていることである。まずここに言う「競争的環境」とはそれぞれの大学の全国的位置をよく認識して、それが大学院大学として、また市民教養向けの大学としてそれぞれに自己認識を持って、その枠内での「競争的環境」を利用して「活性化」せよ、と呼びかけていることである。これでは大学の格差的構造のいっそうの固定化に力をかすことになり(30)、かつ大学という高等教育機関を真理探究の場としての、かつ民主主義的人格を持った幅広い教養的人材を育成すべき社会的責務を放棄して、もっぱら企業戦略への奉仕者として生きることを要請するという偏狭な大学観を露呈するに過ぎないのであり、国内的にも全地球的にも問われている環境問題や、弱者と貧困問題への取り組み、セイフティ・ネット構築への貢献、ジェンダー、民族差別といった緊急の課題に何ら応えるものではない。

この点、一九九八年度ノーベル経済学賞を受賞したインド人経済学者アマルティア・セン教授の受賞講演(31)やユネスコの一九九八年の二一世紀高等教育世界宣言(32)が参照されるべきである。当時、政府も当然この宣言作成の会議に参加しているが、政府ホームページには他のユネスコ関連資料は掲載されているものの、一九九九年五月時点でなお掲載されていない。想像するに日本の大学政策との相当の乖離を自ら意識してのものではなかろうか。またこの宣言と不可分離の一九九七年ユネスコ「高等教育職員に関する勧告」も政府は無視している。これも科学研究には安定雇用形態の必要性がうたわれていることと、政府が推進している大学教員任期制との乖離が見られるからであろう。ここにわざわざ大学審議会報告を論じることになったのは、いかに「新自由主義」的思想が教育面にまでも害悪を投げかけているかを知るためである。先に見た宇沢弘文氏が口を極めて、環境問題、農業と並んで教育を競争原理になじまないものであることを強調していたのも、この報告に照らして頷けるものがあろう。

第五に、上にも教育に例証を見ながら述べてみたように、規制緩和論が基本として経済学のフレームで効率主義的解釈を優先させて、その政策基調の正当化が図られてきた現状に対して、筆者の経済学分野からの伝統的なアプローチでは解けないことであるが、法学、人権論の視角からの問題提起と検討、分析が一層求められていることを本書を読んで強く感じさせられた。まさに人権論、権利論と言った視角は、規制緩和が「新自由主義」という表現であろうがなかろうが、それを根拠にしつつ実践的には一九世紀以前への舞い戻りの論理(巨大独占、多国籍企業の存在の下での）を内包しつつ、現代資本主義の新たな搾取領域の拡大のための正当化に使われている事態に対抗する、人々の闘争の歴史的所産として形成されてきたという重みを今一度想起したいと考えるのは、本書を読んでの今もう一つの収穫であった。そしてまさに経済学的正当化が図られて実践されている規制緩和と対抗するためには、法学と経済学の相互浸透を図りつつ、共同作業を行うことの必要性を示している点に本書の意義が認められるように思った。

従来の経済学の論理では、やはり経済的効率主義に傾斜した論理が支配的であったことは否みがたい。しかし今日の地球規模で展開している諸事態と当の日本で今まさに生じている規制緩和の論議にも見られる諸事実の内に筆者はあらためて経済学の論理と経済法学の論理を結び合わせ、かつ人々の生活に目を向けた施策の方向付けが問われていると感じている。そしてそれらを考える上で、既に述べたように、近年西ヨーロッパ諸国で起きている新自由主義的手法への反省から社会民主主義政権が登場しているという事実をも踏まえるならば、今、日本で展開している「規制緩和ファシズム」の止めどもない動向への批判的再検討が求められていると考えるのはおそらく本書を読む筆者のみの感懐ではあるまい。これはきっとポリティカル・サイエンスとしての経済学と法学の再興にとって貴重な基盤となるような思いを持っている。

実はこの一文ではとうとう本間氏が市民主義的福祉国家建設の対抗戦略を掲げている論点に関しての検討は遂に果たさぬままに終わることを本間氏にお詫びしなければならない。筆者の能力の限界を超える問題であり、別の言い方が許されるならば、本間氏のように「対抗戦略」を提起しないとしても筆者のように経済学の立場からの基本的問題点の点検が果たすことができれば、一応この問題への手がかりを考えることが可能ではないかという認識を持っている。何れにせよ、とりとめもない、しかもその多くは模索に止まる話題をまき散らして、筆者の書評らしからぬ、感想を述べさせていただいた。この点も本間氏にご寛恕をこいねがう次第である。

（1）こうした観点から筆者も編著『近代日本経済史』ミネルヴァ書房、一九九二年、第十一章において論じた。

（2）古典的にはマルクス『資本論』第一巻を参照。

（3）また近年では静岡県薬剤師協会にかかわっている人から、規制緩和の対象として医薬品の販売がスーパーやコンビニエンスストアでも許可されることに対して、どのように見るべきかということを聞く機会があった。彼等の専門性の否定であるばかりか、国民の健康保全の問題として無視し得ない論点がそこには孕まれていた。さらに近年益々発展してきたトラック便輸送業務も規制緩和の一環として個人営業が可能とされ、そのために人権の自己否定とも言うべき働きづめ、超長時間労働と過積載で事故の危険にさらされている人々の実態を知る機会があった。

「規制緩和」の何れの事例も一般市民にとっては、「便益」が供されているように見えるし、事実、共働き家庭の広まりにとって、職場から帰宅して以後の荷物の受け取りが可能になったり、終夜営業のコンビニでちょっとした医薬品が購入できるのは都合がよいようにも見える。しかしそれには身を粉にして働く人の、事実上無権利状況の労働が前提となっているということ、また同時に便益を求める消費者側の労働の在り方を考慮すれば、果たしてそうした「効率主義」の追求が正しいことかどうかが問われなければならないし、とりわけて専門技能と知識を必要とする職務の否定が持つ社会の危うさを無視し得ないと筆者は考えてきた（これにかかわって山本義彦「規制緩和で日本経済はどうなる」運輸関係労使セミナー講演報告書『第二一回労使共同セミナーの記録』中央労使協議会、一九九七年五月）。なおヨーロッパでは女性保護法制はないという。それは、とくにフランスの場合、男性、女性を問わず労働法制がすでに、日本の女性保護の枠内にあたるからという。

（4）むろん地価問題だけでこの課題にアプローチすべきではない。東西経済圏のほぼ中間点に位置する静岡の立地や、戦前来女性の労働機会の相対的多さなども無視し得ない。

（5）これらに関しては当時『大型店問題を考える』（一九七八年）という小冊子にまとめたことがある。

（6）これはこの地域に限ったことではない。全国にも見られる通りである。大資本の地域進出のエゴイズムが企業城下町の盛衰を決めていることも、重化学工業の事実によって知られる。問題は一時的に消費者に利益を供与しているかに見えるこうした出店のもつ危うさへの認識がいかに大切かを示すし、近年の大店法の廃止が今後に及ぼす問題性をここからもある程度推測が可能である。

（7）買い物時の子どもの「遊び場」スペース、多様な商品を一挙に同一の場所で購入できるなど、それに環境問題を含みつつも、包装のより衛生的に見える「美麗」等、それは同時に過剰包装問題にも転化しうる。

（8）現に筆者は当時の経済企画庁調査によって、I・Y社という大型店舗が出点に際しては、目玉商品を揃えるなどして顧客サービスに努めながら、いったん地域社会の販売市場を占拠するや、価格の引き上げの挙に出ることを示していた。また大型店舗が相対的に小売生業者の商品よりも安価に提供するのは、野菜などの生鮮食料品の新鮮度とより安価な提供というよりも実は大工場で生産可能なインスタント食品、缶詰食品などに限られることを明確に示していた。これは一九七六年時点の経済企画庁や日本生活協同組合連合会調査によって明らかにされていた。また一般的にも競合地域では価格を安めにし、いったん商圏を掌握すると価格を高め設定するということもよく知られていた事実であった。一九七四年の藤沢市でのケース等については『国民生活白書』一九七六年版を参照。

（9）『朝日新聞』一九九三年八月七日付「論壇」、この日は細川連立内閣の誕生日だった。

（10）植村幸生「グローバル・スタンダードの大合唱とＩＳＯ国際規格への対応」、関西唯物論研究会『唯物論と現代』二二号、一九九八年一一月。

（11）しかも全国銀行協会長（当時の東京三菱銀行岸頭取）自ら公的資金の助成に消極的であったにもかかわらず、助成が決定していった。なお佐藤章『ドキュメント金融破綻』岩波書店、一九九九年は、公的資金の投入問題への政財界の動向を子細に追っている好著である。

（12）『朝日新聞』一九九八年一二月八日付。

（13）一九九六年の経済企画庁年末回顧『日本経済の現状と課題』（平成八年版）。

（14）あらためて想起すべきこととして、一九二七年の金融恐慌に際して基本的には銀行界の自助努力によってその整理再編が実行されていったこと、その際に銀行法の制定が極めて有効な手段として機能したことである。人口規模による銀行資本の最低金額の制定と、銀行役員の事業活動兼職禁止規定、そして大蔵省による監督権限の強化がその中核であったということである。しかも銀行法による再編は同法施行から五カ年間の時限を設けて実行されていったし、不良資産処理には基本的には経営者の自己責任制を明確にしていたことである。少なくとも現状のようなズルズル公的資金を投入するという行き当たりばったりの方策は採られていない。

（15）筆者のような歴史研究に携わってきた者にとっては、一九二〇年代以来の女子保護規定の歴史から見て、今回の改革も規制緩和の名の下に展開されるのは、全く反動的でさえあると思われる。そして男子労働力の充用の在り方もまたそれに規定されて悪化するわけである。「変形労働時間制」の提起などはその証であろう。労働時間規制の緩和がこれを表現している。

（16）筆者はかつて『近代日本経済史』ミネルヴァ書房、一九九二年の現状分析部分（第十一章）で、日米構造協議やコメの自由化問題の本質を解説したことがあるが、本間氏の見解を基本的に支持したいと思う。

（17）拙著『近代日本資本主義史研究』ミネルヴァ書房、二〇〇二年、第一章。

(18) 宇沢弘文『二〇世紀を超えて』岩波書店、一九九三年、『日本の教育を考える』岩波書店、一九九八年、『ゆたかな国をつくる』岩波書店、一九九九年など。

(19) 後藤道夫、渡辺治氏らに従って「煮詰められた」というのが適切かも知れない。さしあたり、後藤道夫『収縮する日本型〈大衆社会〉』旬報社、二〇〇一年を参照。

(20) 当然と言えば当然過ぎるが、近年、ようやくこうしたカジノ化した世界資本主義と金融活動の国際的規制の必要性が国際諸機関で問題視されてきている。

(21) 坂本義和『相対化の時代』岩波書店、一九九七年。

(22) 伊藤光晴『「経済政策」はこれでよいか――現代経済と金融危機――』岩波書店、一九九九年二月。山家悠紀夫『「構造改革」という幻想』岩波書店、二〇〇二年をも参照。

(23) 金子勝『市場と制度の政治経済学』東京大学出版会、一九九七年および金子勝編『現代資本主義とセイフティ・ネット――市場と非市場の関係性』法政大学出版局、一九九六年。

(24) 金子勝、神野直彦ら「経済再生への対抗提案――政府・経済戦略会議路線では危機を脱せない」『世界』一九九九年一月号。

(25) 鶴田俊正『規制緩和』筑摩新書、一九九七年を参照。

(26) 野方宏「小売業における規制と規制緩和――大店法を中心にして」(静岡大学『経済研究』三巻三号、一九九八年一一月)。

(27) 拙著『清沢洌の政治経済思想』御茶の水書房、一九九六年、拙編・解説『清沢洌選集』全八巻、日本図書センター、一九九八年、拙編『清沢洌評論集』岩波書店、二〇〇二年。

(28) Eric Hobsbaum, *Age of Extreme : The Short Twentieth Century 1914-1991*, 1994. エリック・ホブズボーム『二〇世紀の歴史：極端な時代』河合秀和訳、上・下、三省堂、一九九六年。

(29) George Soros, *The Crisis of Global Capitalism*, 1998. ジョージ・ソロス『グローバル資本主義の危機』大原進訳、日本経済新聞社、一九九九年。また、Joseph. E. Stiglitz, *The Roaring Nineties*, W.W.Norton & Company, 2003 をも参照されたい。なお前著である*Globalisation and Its Discontent*, 1999は、スティグリッツがＩＭＦ上席エコノミストの経験から、ＩＭＦがいかにアメリカのＭＢＡスタッフを招き入れ、その主導のもとに、アメリカ利益優先の、グローバリズムに基づく、途上国等への介入をしているかを暴露して、興味深いものがある。また市場原理主義の暴力的形態の一端については拙稿「今日のブルガリア経済とビザンティン文明」『静岡大学経済研究』六巻四号、二〇〇二年二月を参照されたい。

(30)「座談会大学院大学化をめぐって」『日本の科学者』一九九八年五月号における筆者の発言。
(31)「ノーベル経済学者セン教授の経済哲学　経済開発には成長よりも大事なものがある」『エコノミスト』一九九九年三月二三日号。
(32)ユネスコ本部のホームページに英文正本が掲載されている。

【追記】本稿は、一九九八年七月二一日の静岡大学人文学部法学科研究会での筆者の故・本間氏の著書に関する書評研究会での報告を基礎とした「現代日本社会と規制緩和の論理」(静岡大学『法政研究』第四巻一号、一九九九年)を改稿した。筆者が繁忙を極める学内行政上の地位にあるために、本格的な論を展開できず、編者に申し訳ないが、故人への追悼の思いのなにがしかでも反映していることを念じている。

第6章　社会保障の規制緩和

飯田　泰雄

はじめに

社会保障の「改革」については、一九八〇年代の臨調・行革以来引き続くものであるが、一九九〇年代半ばから「社会保障構造改革」[1]として一層の改革が進められている。そしてこの「社会保障構造改革」の主な内容は、社会保障需要の増大に対して財政負担を削減することと、社会保障の領域を市場化する「社会保障の規制緩和」である。社会保障財政の削減のみならず「社会保障の規制緩和」を正面から打ち出したところに、一九八〇年代の臨調・行革との明らかな相違[2]がある。

社会保障財政の縮減も、たとえば医療保険の患者負担の増加といった手段によって行われれば、それは受診抑制としても働き、医療保険のカバーする範囲を狭くし、私的な医療保険や売薬の市場を広くするという意味で、結果的に「社会保障の規制緩和」を進める、ということができる。しかし本稿では、より直接的な社会保障の領域を市場化する規制緩和を主としてとりあげたい。

故本間重紀氏は、「規制緩和、特に社会的規制の緩和を法学的に翻訳すると、現代において古典的市民法を復古せしめるという主張と等しくなるが、それは現代法、すなわち借地借家法、環境法などの『市民法の修正』現象や労働法、社会保障法などの社会法と呼ばれる法体系を解体し、これらによる生存権的平等権をも解体するという意味を持つこととなろう[3]」と述べ、さらに「社会保障の領域でも、規制緩和論においてしきりに強調される自己責任原則の一形態たる自助原則を錦の御旗にして、一九八〇年代以降年金制度等が後退してきたことは周知の通りである。……（中略）……いわば社会法の後退＝市民法の復古とでもいうべき現象が進行している。[4]」と指摘している。

本稿ではこの点について社会保障の具体的な内容に即して検討したい。

一　社会保障構造改革

一九九〇年代になってからの社会保障改革の方向を示す政策文書は、「二一世紀福祉ビジョン――少子・高齢化社会にむけて」（一九九四年、高齢社会福祉ビジョン懇談会）や、「社会保障体制の再構築（勧告）――安心して暮らせる二一世紀の社会を目指して」（一九九五年、社会保障制度審議会）などがあるが、「社会保障構造改革の方向（中間まとめ）」（一九九六年、社会保障関係審議会会長会議）が、「社会保障体制の再構築（勧告）」などの理念を具体化したものといえる。これによれば、社会保障構造改革の基本的方向は、「(1)国民経済との調和と社会保障への需要への対応――現役世代の将来にわたる社会保障負担の在り方や『高齢化のピーク時において国民負担率を五〇％以下にとどめる』という目安なども踏まえ、国民経済と調和しつつ、介護などの新しい需要への対応も含め国民の需要に、より適切に対応できる社会保障制度を確立していく。(2)個人の自立を支援する利用者本位の仕組みの重視――（サービスを選択できる仕組み）個人の自立を支援する仕組みを重視する見地から、社会保障サービスの分野においては、情報開示等を進めることにより個人が良質なサービスを適切な費用で選択できるようにする。――（在宅重視の仕組み）このばあい、障害や要介護の状態になってもできる限り住み慣れた家庭や地域で自立した生活が送れることを重視するとの観点から、在宅医療・介護をはじめとする多様な需要にきめ細かく対応するサービス提供体制の整備につとめ、家族とともに、あるいは一人暮らしや高齢者のみの世帯でも、できる限り在宅生活が可能となるよう、その自立を支援していく利用者本位の仕組みづくりを目指す。(3)公私の適切な役割分担と民間活力の導入の促進――国民的な合意のもとで、強制的な負担を伴う公的分野と個人の自由な選択による私的分野の役割分担を整理し明確にしつつ、規制緩和等をすすめることにより民間活力の導入を促進する」[5]ということになる。

(1)が、社会保障の財政負担の抑制であり、(3)が社会保障の規制緩和であり、(2)で強調されるサービスの選択の権利と在宅重視は、（それ自体は日本の社会保障の中で決定的に欠落していたことで、その実現は重要なことであるが）後に述べるように、これを媒介にして社会保障の規制緩和をすすめるという関係にある。

他方、規制緩和については、一九九三（平成五）年の経済改革研究会（平岩委員会）報告ののち、「規制緩和推進計画」や「規制緩和推進三カ年計画」が策定され社会保障分野についても規制緩和が進められるが、総合規制改革会議はそれを受けて、二〇〇一（平成一三）年、重点六分野を指定して規制緩和を集中的に進めることとした。そこには、社会保障の分野の「医療」と「福祉・保育等」がふくまれている。医療については、「徹底的な情報開示・公開の促進、医療分野のＩＴ化の推進、診療報酬体系の見直し、医療機関相互の競争の促進等を積極的に実施するべきである」として、①広告の自由化等の情報化、②ＩＴ化、③保険者が医療機関と直接契約をする等を含む保険者機能の強化、④包括払い・定額払い制度の拡大や混合診療の解禁を求める診療報酬体系の見直し、⑤株式会社の医療への参入を求める医療分野における経営の近代化・効率化があげられている。福祉・保育等については、「介護・保育サービスの主要な担い手としての社会福祉法人は、質の高い福祉サービスを継続的・安定的に供給することに大きく貢献しており、今後もその果たす役割は重要である。しかし、経営主体の差にかかわらず、事業者間の同一条件での競争を前提とした公的介護保険が開始された今日、公設民営方式を含む多様な民間企業の活用を図ることが必要である。これまでにも社会福祉法人に対する規制の緩和が行われてきているところであるが、さらなる取組を進め、既存の社会福祉法人を含めた多様な経営主体の間で、できる限り同一条件での競争を促していくことが必要である」として、①特別養護老人ホームの入所者にホテルコストを負担させたり、ケアハウスへの株式会社の参入を求める「施設介護における多様な経営主体の対等な競争」、②公立保育所の民間への運営委託や保育所への株式会社の参入を求める「保育サービスの拡充と質的向上」、③社会福祉法人の会計制度等についての見直しを求める「社会福祉法人に関する規制の見直し」などがあげられている。(6)

厚生労働省の進める社会保障構造改革と総務省、総合規制改革会議の進める規制緩和の間には、病院への株式会社の参入等のように、厚生労働省はやや消極的であるのに対して、総合規制改革会議が非常に積極的である等のニュアンスの違いはあるが、基本的な方向としては同じであると見てよく、一九八〇年代から進められてきた臨調・行革による社会保障の財政抑制路線に、規制緩和が加わったのが社会保障構造改革であるということもできるであろう。

二　社会保障の保険主義化

戦後日本の社会保障は、社会保険を中心とするものであった。「社会保険は、本来、社会的な圧力のもとで貧困の社会性への認識が成長するなかで、資本家・企業と国家の費用負担が担保する社会的または国家的な扶養を含むことをも本質的な特長とし、その点に主な社会改良性があった。(7)」すなわち、社会保険における「保険原理」（自助）と「社会的扶養原理」である。しかし、日本の社会保険においては、企業や国家による費用負担の割合が低く（医療、年金等主要な社会保険において五対五である）、それだけ「保険原理」が強く働いている。「保険原理」が優勢であるということは、私的保険に近いということであり、市場経済との異質性が少ないということである。さらに、「我が国の社会保険は、近年の公的年金保険における最低年金保障の導入という社会保険の国際的な修正傾向に反して、最低限保障を拒否し、国庫負担を激減させ、私的保険への接近を強めて保険主義をむしろ強化している[8]。」

社会保障構造改革のなかで介護保険はその第一歩[9]といわれているが、介護保険は従来公費により行われていた高齢者介護サービスを社会保険化したものであり、その意味で「社会保障の保険主義化」であるが、それのみならずこれまでの社会保険にない「保険原理」の徹底化が含まれている。

1　利用者負担の応益化

老人福祉法による高齢者介護サービスの利用者負担は、「その負担能力に応じて」（第二八条）徴収され（応能負担）、低所得者に対しては無料でサービスが提供された。介護保険においては、所得のいかんにかかわらず定率一割の負担とされた（第四一条四項）（応益負担）。これは、同じサービスに対して同じ負担ということであり、「社会的扶養原理」の後退と見ることができる。この利用者負担の応益化は、二〇〇一（平成一三）年、老人保健制度に波及し[10]、二〇〇二（平成一四）年の老人保健法改正ではこれが徹底化されており、さらに介護保険をモデルとして医療保険、老人保健制度の保険主義化の徹底が進められている。また、二〇〇二（平成一四）年の健康保険法改正では、被保険者本人の負担が二割から三割に引き上げられた（応益負担部分の拡大）。

2　利用限度額と混合介護

介護サービスの利用には、要介護度に応じた支給限度額が定められ（第四三条）それを超えた介護サービスには保険の適用はない。出来高払いでなく包括払いである。しかし、医療保険におけるような混合診療の禁止[11]はないので、私費による追加的なサービス購入は自由である。利用限度額は、実際に必要とされる介護サービスの量よりも低く設定されているために[12]、全額自費による保険外のサービスを購入することも必要となるが、低所得者には自費でのサービス購入は困難である。これは社会保険としての介護保険の適用される範囲を限定し（そのことによって保険財政の膨張を防ぐとともに）、私的な介護保険市場を確保するという役割を果たし[13]、社会保障の市場化といえる。このことは、医療保険の改革についても包括払い制度の拡大や、混合診療の解禁として強く主張され、特定診療費の拡大という形で二〇〇二（平成一四）年の健康保険法改正でも追求され、社会保障の市場化とともに社会保障の階層化が図られている（低所得者には医療保険で限定的な医療を、高所得者には、それにプラスして、高度医療や、快適な療養環境も自費や、私的保険によって提供するという意味での階層化[14]）。

3　保険料滞納に関する制裁

「保険原理」によれば、保険料を支払うから保険リスクが生じたときに保険の給付がなされるのであるから、逆に保険料の滞納など保険契約に反した行為があれば保険給付が行われず、またはその一部が給付されないということになる。しかし、社会保険であればこれを「社会的扶養の原理」で修正してこそ、生存権を保障する社会保障といえる。しかし、介護保険においては、保険料滞納者に対する保険給付の制限が非常に厳しい。

まず、市町村などが求める文書などを提出しない場合には、介護給付の全部または一部を停止できる（第六五条）。保険料を滞納すれば、介護サービス費の代理受給の規定が適用されず、償還払いとなり、その旨を介護保険証に記載される（第六六条）。これは介護保険の保険料の未納のみならず、医療保険の保険料の未納の場合にも適用される（第六七条）。さらに、一定期間保険料を納付しなければ、保険給付の全部または一部を差し止める。そして市町村は、保険給付費から滞納保険料を差引くことができる（第六六条）。介護保険の保険料の徴収が時効にかかってから要介護状態になった場合には、介護給付が一定期間七割に減額され、高額介護サービス費が支給されず、その旨が保険証に記載される（第六九条）。これらの給付制限規定の多くが、「できる」規定ではなく「ものとする」規定となっており、市町村の裁量の余地を奪っている。このような規定の仕方は、介護保険と同時になされた国民健康保険法の改正によって、国民健康保険においても採られており、保険料未納の場合の保険証返還請求が「できる」規定から「ものとする」規定になった（第九条三項）。保険料負担者間の公平性を図るため、と説明されているが、これはまさに、保険料と介護サービスの対価関係という、「保険原理」そのものの貫徹ということができる。

三　社会福祉サービスの商品化

社会保障制度審議会の「社会保障体制の再構築（勧告）」においても、「社会保障の給付が、供給者の意向でなく、利用者の必要や考えにそって行われるよう、制度を構築し運営していかなければならない。従来のように利用者を一つの型でとらえて対処するというやり方を変えて、利用者が健康状態、生活環境、収入、家族の状態等さまざまに異なる要素をもっていること、またその生活の姿勢も同じではないことを念頭において対応しなければならない。しかも、利用者が自分で選択してサービスが受けられるようにすることが大事であり、この観点からも現在の社会福祉制度における措置制度を見直すことが求められている」として措置制度を契約制度に置き換え、他方で、介護保障制度の確立を公的介護保険によることとした。

1　措置制度から契約制度へ

措置制度とは、福祉各法に規定された行政機関の職務権限に基づいて福祉サービスの提供が行われるシステムである。高齢者介護については、介護保険法により老人福祉法（第一一条の三以下）による措置制度から、契約制度への転換を図ったが、その他の身体障害者福祉法等についても、「措置制度では、特に、サービスの利用者は行政処分の対象者であるため、その意味でサービスの利用者と提供者の間の法的な権利義務関係が不明確である。このため、サービスの利用者と提供者との対等な関係が成り立たない。」「したがって、今後の方向としては、利用者と提供者の間の権利義務関係を明確にすることにより、利用者の個人としての尊厳を重視した構造とする必要がある。[15]」として、契約制度（支援費支給制度）の導入を打ち出した。（二〇〇〇（平成一二）年、身体障害者福祉法等福祉八法の改正により、二〇〇三（平成一五）年から実施。なお児童福祉法も一九九七（平成九）年改正によって、措置という表現を削除したが、「市町村は、……（中略）……児童の保育に欠けるところがある場合において、保護者から申し込みがあったときは、それらの児童を保育所において保育しなければならない。」（第二四条）として市町村の保育の義務を残しており、他の福祉法とやや異なる。）

この措置制度の廃止と契約制度への変更の理由付けは、はなはだ欺瞞的なものといわなければならない。措置制度のもとではサービス利用者には受給権がない（反射的利益に過ぎない）というのは、一貫して政府側の主張であって、学界では以前からその権利性の主張がなされてきた。[16]しかも、契約制度における権利とは、私契約上の権利に過ぎず、国（地方公共団体）に対する福祉サービスの受給権とはまったく異なるものである。[17]また、選択の権利等は、サービスの供給量が著しく少ないところでは働きようがない（保険あって、介護サービスなし）。介護保険の実施後に特別養護老人ホームの待機者がむしろ増大し、契約制度のもとでは、逆選択の可能性さえ指摘されている。介護保険においては、特別養護老人ホーム（指定介護老人福祉施設）の入所について、「指定介護老人福祉施設は、正当な理由なく、指定介護福祉施設サービスの提供を拒んではならない」（「指定介護老人福祉施設の人員、設備及び運営に関する基準」（厚生省令）第六条二項）と規定されているが、このような福祉にとっては最も重要な事項が、法律ではなく省令のレベルではじめて出てくることも不自然であるが、この「正当な理由」のなかに利用料が支払えないことが含まれるかどうかが問題である。

契約制度の社会保障・社会福祉上の問題点はさておき、[18]そのような無理な理由付けをしてまで措置制度から契約制度に転換することは、社会保険や福祉制度を財政的な支えとしながら、高齢者や身体障害者等の福祉サービスの利用者と福祉サービス提供事業者の関係を福祉サービスの売買関係とすることにより、一つの市場をつくりだすことが目的であった（規制緩和）。しかし、これは大きな公的費用の投入の上に成立したいわば疑似市場であって、たとえ福祉サービスの提供をかかる市場による方法をとることを認めたとしても、それが利用者の健康で文化的な生存を保障することができるような規制を必要とするはずであるが、それは必ずしも十分とはいえない。

2　現物給付から現金給付へ

介護サービスの場合は、介護保険の導入により社会保険化したので、老人福祉法の措置制度から、契約制度へ移行することになった。しかし、介護保険において保険給付の対象となるのは、「介護サービス費」であって「介護サービス」そのものではない（第四〇条以下）。医療保険における「療養の給付」とは異なる（たとえば健康保険法第四三条）[19]。医療保険が原則として、「療養」という現物を給付するとしているのに対して、介護保険は「介護サービス」の費用（の九割）という金銭を給付するとしているのである。「介護サービス」という現物ではなく「介護サービス費」の支給とすることにより、保険者が「介護サービス」を支給する責任を直接（または、委託の形で間接的に）負うことはない。このようにして、「介護サービス」が「多様な事業者または施設から、総合的かつ効率的に提供されるように配慮」（介護保健法第二条三項）すればよいということになる。

3　営利企業の福祉サービスへの参入

措置制度を契約制度にあらため、現物支給を現金支給に代えたのも、「利用者が自分で選択してサービスが受けられるようにする」ためであり、そのためには、サービスの提供者の間に競争がなければならない。競争が重要なのは、利用者の選択の権利を保障するためばかりではなく、競争によって医療や介護などの「効率」性を高めるためである、と説明される。そして、最も効率性が高いのが株式会社であるから、医療や福祉のサービスの市場に株式会社の参入を認めなければならない、と主張される。総合規制改革会議は、「利用者の自由な選択を一層実現するためには、徹底した情報開示や第三者による評価、事後チェックなどの環境整備が不可欠であり、かつ、公共性、公益性又は利用者の安全確保のためには、合理的で最低限の行為規制のみで足りるのであって、運営主体を制限するなどの事前規制は不要とすべきである」[20]として株式会社の医療、福祉分野への参入をもとめる。これに対し厚生労働省は、病院、特別養護老人ホームなどへの営利法人とりわけ株式会社の参入については、なお慎重な姿勢を示し、「医療機関の経営情報開示の在り方、医療法人における組織、運営など医業経営の近代化・効率化方策を検討するため、検討会を設置する」[21]とするに止まっている。ここにはかなり大きな政策の開きがあるが、営利企業とりわけ株式会社の社会保障分野への参入こそが、社会保障の規制緩和（社会保障分野の市場化）の究極の目的であるのであるから、この実現にむけての施策がなお強力に進められるであろう。

四　社会保障の規制緩和の問題点

この社会保障の規制緩和の論理を要約すると、「国民はおおむね豊かであり、自立した市民である。確かに一部には貧しい人もいるかもしれないがその人たちのためにはセイフティネット（安全網）としての生活保護がある。だから公的な社会保障は基礎的・基盤的のものに限ってよい。それ以上のところは自己責任で、自費で医療や介護などのサービスを買えばよい。そしてそのようなサービスを提供するのは、国や自治体などの公的機関や公的機関の委託を受けたものではなく、民間の株式会社などの営利企業の方が効率的である。そのような営利企業からの買う福祉、買う医療の方がお役所のお仕着せの福祉や、医療よりも市民の選択の権利をはじめとする社会保障の権利の確立にも資する」といったものであろう。しかし、社会保障の規制緩和の実態は、社会保障の階層化であり、スティグマを伴う「救貧法」への後戻りであって、自己責任を錦の御旗にした社会保障の解体であるといわなければならない。

それにもかかわらず、「社会保障の規制緩和」がかなりの支持を受けている様に見えるのは、社会保障財政の膨張抑止の観点からだけではなく、高負担に反対する比較的所得の高い階層の国民の支持とともに、パターナリズムやスティグマ、画一的サービスや福祉受給者の自律性の否定等の従来の制度に対する批判から、「社会保障の規制緩和＝市場化」が支持されていると考えられる。社会保障における権利保障や自立支援と、「社会保障の規制緩和＝市場化」の関係をいかに捉えるかという問題である。社会保障の規制緩和論における受給者の権利論の欺瞞性については先に指摘したが、介護保険や障害者福祉におけるようにすでに進行している市場化に対しては、公共サービスの特性から権利保障のための規制を強化し、他方、サービス供給主体の多様化のなかに非営利の経営主体を育成することによって、官僚的福祉サービス供給のシステムを相対化し、営利企業の参入による影響を中和する等、現実的な対抗策が講じられる必要がある。

（1） 厚生省（現在は厚生労働省）は、一九九六（平成八）年五月事務次官を本部長とする「社会保障構造改革本部」を設置し、社会保障関係八審議会（社会保障制度審議会・医療審議会・中央社会福祉審議会・老人保健福祉審議会・中央児童福祉審議会・医療保険審議会・中央社会保険医療協議会・年金審議会）の会長を構成員とする「社会保障関係審議会会長会議」が「社会保障構造改革の方向（中間まとめ）」を取りまとめ、その方向を示した。

（2） 一九八〇年代の臨調・行革と一九九〇年代半ばからの規制緩和の相違の背景と意義については、渡辺治『日本とはどういう国かどこに向かって行くのか』教育史料出版会、一九九八年、一七七頁以下、最近のものとして後藤道夫『反「構造改革」』青木書店、二〇〇二年、六七頁以下を参照。

（3） 本間重紀『暴走する資本主義――規制緩和の行方と対抗戦略』花伝社、一九九八年、五頁。

（4） 同前、一七頁。

（5） 『社会保障入門　平成一〇年度版』中央法規、一九九八年、一七五頁。厚生省編『厚生白書　平成九年版』ぎょうせい、一九九七（平成九）年、一六五頁も同趣旨。

（6） 総合規制改革会議「規制改革の推進に関する第一次答申」二〇〇一（平成一三）年。

（7） 相澤與一『社会保険の保険主義化と「公的介護保険」』あけび書房、一九九六年、四九頁。

（8） 同前、五二頁。

（9） 厚生省編『厚生白書　平成九年版』ぎょうせい、一九九七（平成九）年、一六八頁。

（10） 二〇〇一（平成一三）年改正以前の老人保健制度における利用者負担は応能負担ではなく定額制であった。

（11） 保険診療と自由診療を組み合わせる混合診療は一部の例外を除き禁止されている。

（12） さまざまな指摘があるが、たとえば伊藤周平『介護保険を問いなおす』ちくま新書、二〇〇一年、一三九頁以下。

（13） 一九九四年七月の時点で、厚生省の担当者が民間保険業界に対して、「公的介護保険のカバー範囲は、医療保険以上に限定的なものになり、民間の介護保険と補完しあえる」と説明していたとされる。伊藤周平『介護保険　その実像と問題点』青木書店、一九九七年、八七頁、注（1）。

（14）厚生労働省「医療制度改革試案」二〇〇一（平成一三）年、「今後の経済財政運営及び経済社会の構造改革に関する基本方針」（閣議決定、二〇〇一［平成一三］年）等。

（15）中央社会福祉審議会社会福祉基礎構造改革分科会「社会福祉基礎構造改革について（中間まとめ）」一九九八（平成一〇）年。

（16）小川政亮「公的扶助と社会福祉の法における問題点」、『現代法と労働』〈岩波講座　現代法〉一〇巻、一九六五年、三七〇頁以下。

（17）契約制度になれば、利用者がサービスを購入するから「権利性」があるという考え方から、このような権利主体（じつは単に、私的な商品交換の主体に過ぎないのだが）は、個人としての尊厳をもち、これは憲法第一三条に基礎を置くと主張され、従来の福祉サービスの供給制度である措置制度は、憲法第二五条に基づきここには個人の尊厳の入りこむ余地はなかったとの主張が見受けられる。第二五条の意義や、第一三条と第二五条の関係、その歴史的背景についての誤解にもとづくものとはいえ、一部の福祉関係者の間では、「憲法二五条よさようなら、一三条よこんにちは」なる標語が広がっているのは、この欺瞞的理由付けが、素直に受け入れられていることを示すものであろう。東京市町村自治調査会編著『介護保険と市町村の役割』中央法規、一九九八年、三五、三六頁。

（18）措置制度から契約制度への転換の社会保障・社会福祉に関してもつ意味については、とりあえず、浅井春夫『児童福祉改革と実践の課題』日本評論社、一九九八年、同『社会福祉構造改革でどうなる日本の福祉』日本評論社、一九九九年、伊藤周平『介護保険と社会福祉』ミネルヴァ書房、二〇〇〇年、等を参照。

（19）介護保険では、指定介護サービス事業者が「サービス費」を代理受給することができ（第四一条六項、七項）、事実上は、現物支給が行われたと同じように、介護サービスを受けることができる。これは、事実上の現物給付であって医療保険の場合と何ら変わらない。しかも、医療保険についても、被保険者の扶養家族については、「家族療養費」が支給される（例えば、健康保険法第五九条の二、一項）とされている。被保険者の扶養家族が医療機関で診療を受けたときは、医療機関はこの家族療養費を代理受給でき（健康保険法第五九条五項・六項）、（患者の一部負担を支払えば）現物給付たる療養の給付がなされたのと同じである。だから、介護保険になって現金給付となったというのは間違いである、とする指摘がある（『ポリティーク』二号、二〇〇一年一〇月、一一九頁以下。二木立氏の発言）。しかし、もともと健康保険は被保険者本人だけを保険給付の対象として出発したのであって、被扶養者は対象でなかった。一九四〇（昭和一五）年改正により世帯員に対する「補給金」の支給が規定され（第一条二項）、さらに一九四二（昭和一七）年改正で「法定給付」となった。本来、一〇割現物支給で始まった健康保険の被保険者本人への支給を、その扶養家族に拡大する際に沿革上の理由から、やむを得ず保健医療機関以外の診療を受けた場合など（健康保険法第四四条の二）と同じく療養費の支給とし、その欠陥を補うために代理受給という制度が導入されたと考えられる。その意味では、医療保険では、「療養の給付」（現物支給）が原則であるのに対して、介護保険では、あくまで「介護サービス費」（現金支給）が原則なのであって、そうすることにはそれだけの理由がなければならない。

(20) 総合規制改革会議「中間取りまとめ――経済活性化のために重点的に推進すべき規制改革――」二〇〇二（平成一四）年。

(21) 厚生労働省「医療制度改革試案――少子高齢社会に対応した医療制度の構築」二〇〇一（平成一三）年。

【追記】本稿は、二〇〇三年三月の時点で執筆し、その後の推移は原則として折り込まれていない。本稿の主題については、経済学の立場から全面的な検討を行った横山寿一『社会保障の営利化・民営化』（新日本出版社、二〇〇三年六月）が出版されているが、執筆に際して参照することはできなかった。

第7章　農地制度の規制緩和

――「農地市場の開放」論の企図と狙い――

原田　純孝

一　問題の所在と考察の視点

他の法分野でみられるのと同じく農地制度をめぐっても、この数年来、「分権化」や「規制緩和」「構造改革」を求める動きが急速に強まっている。問題とされる基軸的な論点は、大づかみな表現で言えば、①株式会社の農業への自由な参入・自由な農地取得がなぜ許されないのか、②都市住民等が――都市近郊あるいは農山村地域等で――小規模な農地を取得して農業を行うことがなぜ規制されるのか、③市町村等が農村地域の総合的な活性化を図るために農地の転用規制を柔軟に運用し、各地域のニーズに応じたより自由な土地利用調整を行うことがなぜ認められないのか、といった点である。

そして、そうした規制緩和の要求に際しては、㋑ＷＴＯやＦＴＡ（自由貿易地域）の農業交渉が示す如く国際農産物市場の圧力が増大の一途をたどるなかで、農村の現場では効率的な農業経営を行える担い手がますます不足し、㋺食料自給率の低下傾向にも歯止めがかからないこと、他方その傍らで、㋩大都市近郊や中山間地域を中心に遊休・耕作放棄地が増大し、㈡現行の農地転用規制度も農地保全のために十分効果的な役割を果たしていないことなどが、その主張の論拠として援用される。それを個々的に取り上げれば、各々の論点や論拠には、一見それなりの正当性があるようにも見えるので、マスコミや学界などでもこうした議論に安易に与する論調がしばしば見受けられる。

しかし、そこに内在する問題は、けっしてそう簡単なものではない。それらの論点や論拠を総体的に把握し、その相互関係をも含めて多少とも掘り下げて考察すれば、そのような規制緩和や分権論の主張は、結局は、戦後日本の農地制度の根本的な原則と仕組み、さらには全体としての土地法制度の構造的な基本問題にぶつかることをみてとれるからである。それは逆に言えば、仮にそうした主張がそのままの形で実現された場合には、その制度改正は、従来の農地制度と土地法制度の根本的な原則・仕組みと基本的構造を変えるものとなる、ということである。そしてその制度改正は、中長期的には、農業と農村社会はもとより日本社会全体の将来に対しても、深くかつ基底的な影響を及ぼしていく可能性をもつ。戦前の地主制を解体した農地改革が戦後の農業と農村そして日本社会にもたらした大きな変化を想い起こせば、そのことは容易に推測できるかと思われる。

その意味では、この問題は、戦後五〇年の農地制度と土地法制度の沿革を踏まえてはじめてよく考察しうる大きな課題をなすのであるが、本稿では、そのことを意識しつつも、この数年来の「改正」諸立法と現在進行中の「改革」論議に即して、主要には冒頭に示した①と③の点を中心に、その内容と問題点を検討する。ただ、おそらく本書の読者にとっては便宜でもあろうと思われるので、「改革」要求の対象とされている現行制度の内容と特徴に関する最小限の基本的なことがらを、次節でごく要約的に述べておくことにしよう。

二　現行農地制度と土地法制度の内容と特徴

1　現行農地制度の根本原則とその仕組み(1)

第二次大戦後の農地制度は、地主制を否定した農地改革を起点とし、その基礎の上に構築された。その制度の根幹を定めたのが、一九五二年制定の農地法である。同法は、とくに一九七〇年以降、数次にわたる重要な改正を経験し、その意義や役割は、ときとともに変わってきたが、今日まで一貫して維持されてきた役割・機能もある。重要なのは、次の三点である。

第一に、同法は、三条の権利移動統制を通じて、〈農地の所有権や利用権を取得し保有する者は、その地域に居住し、自ら耕作に従事する農業者である〉という社会的実態を作り出してきた。これは、〈農業の生産労働に直接に従事する者の権利こそが保障されるべきである〉という、農地改革に内在した基礎的理念を受け継いだものである。今日の農村では、「土地持ち非農家」＝元農家の数が増大してきているとはいえ、このような農地保有のシステムと社会的実態が日本の農村、さらには戦後の日本社会全体のあり方（例えば民主化や安定化など）にとって、非常に大きな意味をもったことは間違いない。

この権利移動統制を当初に基礎づけたのは自作農主義であったが、その考え方自体は、一九七〇年以降の農地制度の改正過程で次第に弱められ、漸次的に取り払われてきた。農地流動化（権利移動の促進）による経営の規模拡大を目指す構造政策が農政の重要課題となればなるほど、その経営を「自作農」という枠組の中に閉じ込めておくことは、実際上不可能となるからである。そして例えば、借地（本稿では農地のそれ）を通じる規模拡大が政策と制度上で誘導され、自然人以外で唯一、農業経営の法的主体たる地位(農業目的で農地にかかる権利を取得し保有できる法律上の資格)を認められる農業生産法人の要件も漸次的に緩和されてきた。しかし、上述の社会的実態を支える法規制の根幹、すなわち農地法三条の権利移動統制の基本は、「農地耕作者主義」(借地農業者［自然人］はもとより、主要な構成員［役員］が自ら耕作労働に従事する農業生産法人も、広義の「耕作者」である)ともいうべき原則として、現在まで維持されている。代価を払いさえすれば、誰でも自由に農地を取得できるという仕組みにはなっていないのである。

第二に、権利移動統制に加えた転用統制と賃借権保護規制を柱とする農地法の規制は、法制度的観点からみれば、農地を他の土地一般とは明確に区別して、農地の所有権および利用権をいわば農業の生産手段として把握したものである。現在までの農地制度はすべて、このことを前提として存立している。農地問題については国の行政が、都市の土地問題などに対するのとは大きく異なった形で、より直接的な関与・介入をなしえてきているのは、その法的基盤があるからである。また、構造政策の推進のために農地法と並ぶ形で制定された農用地利用増進法(一九八〇年)や、それを拡充強化した農業経営基盤強化促進法(一九九三年。以下、「経営基盤強化法」と略称)は、いわば「一般法」たる農地法の一般的法規制があることを前提として、その上に成立している「特別法」とみるべきものである。

第三に、農地制度の外にある土地法制度との関係では、四条・五条の転用統制(四条は自己転用、五条は転用目的での権利移動にかかわる)が重要な役割を果たした。この転用統制は、出発点では、自作農体制下の食料増産の物的基盤を確保すると同時に、権利移動統制の実効性を担保するための措置として位置づけられたが、高度経済成長下で都市的土地利用が急速に拡大し始めた時期以降、むしろ、一方で優良農地を保全し、他方で無秩序な開発行為を抑止するための最も効果的な制度となったからである。

2　土地法制度の基本的構造と問題点

（1）　右の最後の点を十分に理解するためには、一九六八年の新都市計画法制定までの日本には、欧米諸国と異なり、都市サイドからのきちんとしたゾーニング（ないし土地利用計画）や開発規制の制度が存在していなかった、という事実を想起する必要がある。

すなわち、西欧諸国の場合には、国による時期的なずれもあるものの、高度成長が本格的な進行を始める一九五〇年代後半から六〇年代初頭までの時期に、都市計画法その他の関係土地法制が急速に整備された。その法制度が、市街地の拡大や都市化の進行を秩序づけ、地価上昇を抑制し、優良農地や自然、景観を保全するうえで非常に重要な役割を果たしていく。ヨーロッパの美しい田園風景も、その営為を通じて保全・整備されてきたのである。そしてほぼ六〇年代後半～七〇年代半ば頃までの間に、現代社会では不可避となる土地利用の競合を可及的に整序するための現代的な都市土地法制が、ヨーロッパの先進各国で一応の確立をみる。

その過程を通じていずれの国でも、その法制度の基底的な部分に、国土全体を通じる「建築不自由の原則」が実定的な意義をもつ法原則として確立された。「建築不自由の原則」とは、簡単に言えば、〈個人の所有地であっても、土地についての建築や開発の権利は、国家法によってあらかじめ一般的に制限されており、所定の手続に従った適正な計画の策定とそれに基づく所要の許可がなければ、建築や開発行為は原則として許されない〉という考え方である（それゆえ「計画なければ開発なしの原則」とも呼ばれる）。イギリスでも、ドイツでも、フランスでも、この原則が国土の全体に適用されているのである。[2]

ところが、日本の場合には、そのような意義をもつ都市サイドからの制度的な対応が、一歩も二歩も遅れたうえ、極めて不十分な形でしか出てこなかった。[3] 実際、戦後も一九六八年まで都市計画制度の改革はなく、一九一九年制定の旧都市計画法が若干の修正を加えられただけで存続した。同法は、都市的な土地利用の進展が予想される比較的狭い区域を都市計画区域に指定し、その区域内における特定の重要な都市施設の建設・整備のための規制措置と、極めてルーズな土地・建物の用途地域制とを定める手続を規定しただけの法律であり、高度成長下の都市と都市的土地利用の拡大を秩序づけるうえではほとんど無力であった。他方、高度成長期に次々と制定された開発・土地立法は、工業化と都市化、つまりは経済成長のために必要な用地をいかに簡便かつ確実に取得し開発するかを、その基本的な狙いとした。その結果、日本では、そうした法状況の下で、膨大な土地・農地の宅地・市街地化が、不断の地価上昇——つまりは「土地の商品化」——と濫開発による環境や自然、景観の破壊などの負の影響を伴いつつ、急激に進行したのである。

このような状況のなかで、農地法の転用統制は、期せずして、西欧諸国でいう「建築不自由の原則」を農地について部分的に代替する役割を果たすことになった。すなわち、その許可制度は、客観的には、西欧諸国における一般的な開発権の制限の原則——つまりは、転用・開発行為と建築行為の許可制の原則——を、少なくとも農地について部分的に引き受け、適用するという意義をもってきたのではないか、とみられるのである。その制度の適用と運用の基準となったのが、一九五九年制定の農地転用許可基準（農林省事務次官通達）であった。[4]

（2）　もちろん日本でも、その後、新都市計画法（一九六八年）や農振法（一九六九年）によるゾーニング的な土地利用規制の仕組みが重ねて導入されてきた。しかし、だからといって農地法の転用統制の意義がなくなるわけではなかった。ここで詳論はできないが、その理由を簡単に示せば、次のようである。[5]まず、現行都市計画法の市街化調整区域の制度は、当面の市街化を抑制するためのものでしかなく（将来の開発はむしろ当然視されている）、優良農地の保全を目的とするものではなかった。だからこそ、農振法による農用地区域の指定制度が、市街化調整区域をも包摂する形で必要とされたわけである。ただし、その区域指定は、今後原則として転用が許可されない区域を市町村があらかじめゾーンとして区画設定し、区域内の農地については農地法の転用統制をより厳格に適用する、という制度である。したがって、農用地区域の場合にも、農地保全の最後の拠り所、ないしは転用規制の直接の法的根拠は、あくまで農地法の転用統制にあったのである。

実際、だからこそ農地法の転用統制は、不動産デベロッパーをはじめとする土地開発推進者からは常に批判の的とされてきた。のみならずその延長上では、農地法の全体が正面から批判の対象とされることも稀ではなかった。その最たる例証は、日本列島改造論（一九七二年）における田中角栄元首相の農地法全廃論である。その跡を襲って土建国家の政治路線を引き継いだ金丸信元自民党副総裁も、一九八〇年代末に同様の主張を行っている。こうした主張が出てくる理由を要約して示せば、次のようになろう。

すなわち、農地法とそれに基礎を置く農地制度は、もともと農地＝土地を農業の生産手段として把握している。その上で、実際にそれを農業上で利用し耕作する者の権利を保障するために、土地所有権に対する特別の法規制（権利移動統制がその中心にある）を加えているのである。それに対して、その後に展開してきた都市サイド・開発サイドの土地法制は、むしろ土地を商品として把握し、その土地所有権の商品所有権としての運動法則と価値増加をより促進・保障するような方向で仕組まれ、発展してきた。そこに対抗関係が生じるのは当然である。農地法はそのなかで、いわば辛うじてその存続を確保し、優良農地の保全と農業生産の維持に寄与してきたという構図さえ、みてとれるのである。

しかし、他方で、このいわば二本立ての土地法制度の対抗とせめぎあいの故に、農村部において農地と非農地（宅地・市街地や里山・林地など）の土地利用のあり方を総合的にコントロールするための法制度が戦後の日本では形成されなかったといういま一つの事実も、ここで確認しておかなければならない。これは、単に旧農林省と旧建設省との縦割り行政の結果であったというだけのものではなく、日本の土地法制度の根幹にある矛盾・限界から生じた不幸な帰結とみるべきものである。そして、日本社会が急速な都市化と都市拡大の時代を経て、より安定・成熟した都市型社会の時代に向かうことを期待されている今日において、まさにこの制度上の不備・欠陥が、あらためて重要な問題、つまりは今後の立法課題として認識されてきている。冒頭で触れた近年の規制緩和や分権論の主張も、一定の範囲内ではこの問題を意識しており、以下の考察に際しては、この論点への目配りも必須のものとなる。

三　株式会社の参入自由化と権利移動統制の緩和論

さて、本稿の本来の課題に立ち返り、まず、権利移動統制の緩和問題からみていこう。そこには、都市住民等による小規模農地の取得の可否をめぐる問題も含まれるが、最大の論点をなすのは、株式会社の農業への参入とそれに伴う農地取得の是非のいかんである。これは、直接的には、今後の農業経営の主要かつ基本的な担い手を、家族農業経営とその発展形態たる組織経営体（農業生産法人のほか、集落営農組織などもある）に置いていくのか、それとも、農外の民間資本に広く依拠した株式会社たる法人企業体に委ねていくのかの選択にかかわる問題であるが、その延長上では、単に農業の世界だけのことがらでは終わらない重大な問題も伴っている。

1　従来の議論と制度改正の経緯

この問題が農政の表舞台に登場したのは、九〇年代の初頭であった。ガット・ウルグアイ・ラウンドの農業交渉の妥結も視野に入れた「新農政」＝「新しい食料・農業・農村政策の方向」の策定過程で、経済団体の代表者から、株式会社の農業参入・農地取得を許容すべきだとする意見が提起されたのが、その皮切りであった。しかし、新農政の時点での制度改正＝一九九三年の農地法改正と経営基盤強化促進法の制定は、株式会社参入許容論を排除しつつ、農業生産法人の事業要件と構成員要件を緩和するものにとどまった。

本稿の課題との関係で指摘しておくべき農地法の主要な改正点は、①農業生産法人が行える農業関連事業として、生産した農畜産物を原・材料とする製造・加工等を追加したこと、②生産法人の構成員＝出資者となりうる者につき、「法人からその法人の事業に係る物資の供給若しくは役務の提供を受ける者又はその法人の事業の円滑化に寄与する者であって、政令で定めるもの」を追加したこと（「……」引用内の前者と後者の双方をあわせて「関連事業者等」と略称される）である。ただし、③それらの構成員の持つ議決権については、例えば有限会社の場合で言えば、その合計が法人の議決権総数の四分の一以下であり、かつ、それらの構成員各人の議決権が議決権総数の一〇分の一以下でなければならないという制限が付された。また、②の「関連事業者等」のうちの㋑前者は、政令では、物資の供給や役務の提供を「継続して受ける個人」とされ、当該生産法人と産直契約を行っている消費者個人などが念頭におかれた。他方、㋺後者は、生産法人との間で、その法人の事業に係る特許権等の実施を認める契約、新商品・新技術の開発・提供等にかかる契約を締結する者などが想定され、農業外の法人企業でもよい[6]。

しかし、一九九五年頃から株式会社の参入許容論が再浮上する。経団連が、農業生産法人の構成要件の一層の拡大（食品会社等の参加の拡大）とあわせて、「農地法の拠って立つ『耕作者主義』の見直しに着手すべき」との意見を公表し（一〇月）、同年末の行政改革推進委員会「規制緩和の推進に関する意見」は、株式会社の農業経営へのかかわり方、農業生産法人の事業要件のあり方等について幅広い検討を行うべきことを提言した。それと歩調を合わせるかのように、農水省の一部からも、「自由な経営展開や経営基盤の強化を可能にするという観点から、また、新規参入を容易にするという観点から、農地としての取引の規制緩和は積極的に検討されるべきであろう」という見解も公表されている。この見解は、ちょうどその頃、農業基本法の見直しと新基本法の制定の方針が明確化したことを受けて、〈この際、農業基本法が前提としてきた――農地法や食管法を含む――戦後農政の基本的な制度を、あわせて根本から見直すべきだ〉という立論であった。そして、続いて農水省が組織した「農業基本問題に関する研究会報告」(一九九六年九月)では、「株式会社を含めて新たに農業を行おうとする意欲ある者の農地の権利取得を認めることについてどのように考えるのか、十分な議論が必要である」という一文が盛り込まれた。要するに、一九九三年にいったんは否定された株式会社の農業参入許容論が、一方では規制緩和政策の強まりと、他方では新しい農業基本法の制定論議の流れのなかで、その対象を株式会社一般にまで広げた形で、あらためて主張されることになったのである。[7]

こうして問題は、新基本法の制定に向けて内閣総理大臣の下に設置された「食料・農業・農村基本問題調査会」の場に引き継がれ(一九九七年四月審議開始)、主要論点の一つとなったが、委員間の意見の対立は激しく、中間報告では賛否両論が併記されるにとどまった。しかし、最終答申(一九九八年九月)は、さらに進んで、次のように述べた。すなわち、まず一般的な問題認識としては、「土地利用型農業の経営形態としての株式会社は、①経営と所有の分離により機動的・効率的な事業運営と資金調達を容易にする法人形態である、②就農希望者を雇用者として受け入れやすいため、就業の場の提供、農村の活性化につながる、といった利点が考えられるが、一方で、①農地の有効利用が確保されず、投機的な取得につながるおそれがある、②周辺の家族農業経営と調和した経営が行われず、集団的な活動により成り立っている水管理・土地利用を混乱させるおそれがある、等の懸念が指摘されており、株式会社一般に土地利用型農業への参入を認めることには合意は得難い」とした。しかし、そのうえでこれに続いて、「投機的な農地の取得や地域社会とのつながりを乱す懸念が少ないと考えられる形態、すなわち、地縁的な関係をベースにし、耕作者が主体である農業生産法人の一形態としてであって、かつ、これらの懸念を払拭するに足る実効性のある措置を講じることができるのであれば、株式会社が土地利用型農業の経営形態の一つとなる途を開くこととすることが考えられる」としたのである。

この調査会の答申は、政府の農業にかかる政策方針の表明としては、相当に高いレベルでの意思決定である。その後、この答申をベースに農水省が今後の農政の基本的方向をとりまとめた「農政改革大綱」(一九九八年一二月)

は、答申の言う「地縁的な関係をベースにした農業生産法人」を「地域に根ざした農業者の共同体である農業生産法人」と表現し、そのような法人に限定して株式会社形態をとることを認めるものとした。ただし、前記答申を踏まえて一九九九年七月に制定された「食料・農業・農村基本法」＝新基本法では、その点に関しては、「経営管理の合理化その他の経営の発展及びその円滑な継承に資する条件を整備し、家族農業経営の活性化を図るとともに、農業経営の法人化を推進するために必要な施策を講ずるものとする」（二二条）という抽象的な規定が置かれただけである。

　その傍らで、農政大綱が示した方向に即して具体的な制度の見直しを検討する役目を担ったのが「農業法人制度検討会」である。検討会は、「現行の農地法制に即し、これと矛盾しないものとして、新たな仕組みを農地法制度の中に位置づける」という視点から、農業生産法人の形態要件のレベルでの株式会社の追加、法人の事業要件・構成員要件・役員要件に関する現行規制の緩和、および、株式会社形態の導入に当たっての懸念払拭措置につき詳細な検討を加えた（一九九九年一月〜七月）。その結果を取り纏めた報告書は、上記の諸点での規制の見直し・緩和が「農地耕作者主義」の原則の範囲内に収まりうるかどうかを慎重に吟味し、財界や行政改革委員会等からの農業・農地への株式会社の参入許容要求と、農業・農村の現場が求める「農地耕作者主義」の維持の要請との間のぎりぎりの妥協点を探ったものと評価することができる。検討会報告書に即して立案され、二〇〇一年一一月に成立した農地法改正の内容も、従前の制度と比べると相当に大幅な規制緩和を行いながらも、耕作者主義の基本原則をなんとか保持するものとなっている（二〇〇二年三月施行）。

　同法で行われた主要な改正内容は、①株式会社であって定款に株式の譲渡には取締役会の承認を要する旨の定めをおくものを、農業生産法人の一形態に追加するとともに、②農業生産法人一般について一連の要件緩和を行ったことである。②は、具体的には、㋑生産法人の行う主たる事業が農業とその関連の事業（加工・販売等を含む）であればよい（その売上高が法人の全売上高の過半を占めること）としたこと、㋺業務執行役員の過半が農業への常時従事者（主として農業に従事する者）であることとした従前の役員要件を緩和し、農業（関連事業を含む）に常時従事する構成員が役員の過半を占め、かつ、それらの役員の過半数が農業に必要な農作業に六〇日以上（この日数は省令による）従事すればよいとしたこと（役員の農作業への従事の程度の大幅緩和）、㈧農業生産法人の要件への適合性を確保するため、農業委員会への定期報告、農業委員会による是正勧告、立入調査等の措置を設けたことである。また、㈡政令改正により、一九九三年改正時の前掲②の「関連事業者等」の要件に関して、㈠の「個人」という限定を外し（法人でもよい）、新たに㈫と並んで、㈧農業生産法人に対してその事業に係る物資または役務の提供を継続的に行う者（個人または法人）が追加された。つまり、農業生産法人と「継続的取引関係がある個人または法人」が生産法人の構成員となれるわけである。ただし、それらの構成員の出資の限度を定めた一九九三年改正の前掲③の点は、従来通りで維持された。それは、非農業の個人または法人企業による農業生産法人の事実上の支配を防止する意図に出たものとみて差し支えなかろう(8)。

そのほか、この農地法改正では、権利移動統制における下限面積要件につき、知事がその判断により、本来の基準（都府県では原則五〇アール）を下回る下限面積を定めうるという規制緩和措置も定められた。また、もう一つ注意を要するのは、国会修正でその付則中に、いわゆる検討条項が設けられたことである。「政府は、この法律の施行後五年を目途として、この法律の改正後の規定の実施状況等を勘案し、国内の農業生産の増大を図る観点から、農業経営の法人化の一層の推進等の農業経営の多様な担い手の確保のための方策及び農地の転用制限の在り方等の優良な農地の確保のための方策について検討を加え、その結果に基づいて必要な措置を講ずるものとする」という規定であるが、この規定は、その後の新たな改正論議への布石の一つとなった。

2 「農地制度の見直し」論の新たな展開

すなわち、早くも二〇〇二年四月には、「農地制度の全般的な見直し」の動きが再び急浮上した。直接のきっかけとなったのは、同年四月一一日発表の農水省「『食』と『農』の再生プラン」がそれを検討事項として掲げたことである。これを受けて六月下旬には、農村振興局に「農村地域の新たな土地利用の枠組み構築に係る有識者懇談会」（以下、農村振興局懇談会と略称）が、また、経営局に「経営の法人化で拓く構造改革に係る有識者懇談会」（経営局懇談会と略称）が相次いで設置され、各懇談会での論点整理の取りまとめが、それぞれ同年八月と一一月に発表された。取り上げられた論点は多岐にわたるが、前者では、〈農村地域の活性化に向けて総合的で自由度の高い土地利用調整を可能とするために、「市町村の自主的な土地利用調整条例」に基づいて農地法・農振法の権利移動統制や転用規制を適用除外する制度的仕組みの導入の可否いかん〉ということが中心的な論点となった。他方、後者では、二〇〇一年一一月の農地法改正をさらに押し進め、株式会社の農業へのより広範な参入を可能にするような制度改正を行うことの当否が、いわば正面から論じられた。また、農地取得の下限面積制限を大幅に一律緩和し、都市住民等の農業と農村へのアクセスの促進を図るという制度改正の当否も、双方の懇談会で論じられている。

要するに、この段階では、農地所有権の法規制にかかわる農地制度の主要な局面がほぼすべて俎上に載せられてきたのである。それ故、重要な論点については、当然にも意見の一致は得られず、各懇談会の論点整理は、いわば両論併記的な書き方となっている部分が多い[9]。それを受けた具体的な改正案の立案作業は農水省内部で進められ、その結果が、二〇〇三年六月の経営基盤強化法の一部改正（二〇〇三年九月施行）と、同年同月の農振法施行規則および農地法施行規則の一部改正（省令改正。同年八月施行）として実現される。その内容はのちにみるが、いずれの改正も、各懇談会で一部委員が主張した大幅な規制緩和・自由化論と比べれば、かなり抑制されたものである。

ところで、農水省で行われた以上のような検討作業の背後には、内閣府におけるまた別の動きが存在していた。

一つは、総合規制改革会議の動きである。同会議は、二〇〇二年一二月の「規制改革の推進に関する第一次答申」で、「農業の構造改革を早急に具体化するためには、……農業経営の株式会社化を一層推進するための措置を講ずるべきである」と述べたうえ、二〇〇三年に入ってからは、株式会社の自由な参入を制限している「四つの官製市場」の一つが農業分野であるとして（他の三分野は、医療、福祉、教育である）、農地法の法規制に対する批判をとみに強化していた。この批判が上記の農地制度見直しの検討作業に対して強い影響を及ぼしていたことは間違いない。さらに、同会議は、二〇〇三年七月二三日の「中間とりまとめ」では、その改革意見中で、農業生産法人の諸要件の撤廃――したがって、株式会社の自由な参入の許容――を主張するとともに、そうした規制改革を段階的に実現していくための一つの手法として「規制改革特区」の構想を提案した。株式会社の農業参入と農地取得の自由化はもとより、上で指摘した下限面積制限の緩和とか、市町村の判断による土地利用調整の柔軟化＝つまりは農地法・農振法の転用規制の緩和・自由化などの諸措置も、すべてその特区のなかで実現可能なようにするというのがその狙いである。

いま一つは、経済財政諮問会議が主導した「構造改革特区」の制度化の構想である。この構想は、二〇〇一年の秋頃から登場しており、上記農水省の『食』と『農』の再生プラン」でも、すでにその構想への対応ないし取組みの方向が提示されていた。具体的には、同構想が実現された場合における自治体等からの提案として、「農地法の規制緩和による地域に根ざした株式会社等の地場企業の農業参入を可能にする特区（農業活性化型事例）」と、「グリーン・ツーリズムの促進や都市からの移住者等への農園付き住宅の提供に関する特区（都市農山漁村交流型事例）」とが紹介されていたのがそれである。それらは、「特区」という枠づけを外してみれば、上述した二つの懇談会の主要な検討課題とほぼそのまま重なっている。ここからも、この段階での農地制度の規制緩和要求の主要な狙いが奈辺にあったかをみてとることができよう。

これらの「特区」構想は、他の諸分野での規制緩和要求ともあわせて経済財政諮問会議の下で一本化され、二〇

○二年一二月に「構造改革特別区域法」が制定された（以下、特区法と略称。施行は二〇〇三年四月）。同法には、農業・農村・農地制度の分野でも、一定の要件と枠づけを付しつつ、前記のような要求に対応した特区の仕組みが組み込まれている。

3　規制緩和の到達点とさらなる規制緩和要求

では、以上のような経緯を踏まえて、株式会社の農業への参入規制は、どのように「規制改革」されたのか。二〇〇三年夏の段階でのその内容の要点を示せば、次のようである。

（1）　二〇〇三年六月の農業経営基盤強化促進法の改正

二〇〇二年一一月の前記経営局懇談会「農地制度に関する論点整理」を受けて農水省が取りまとめた制度改正案は、農地法それ自体ではなく、経営基盤強化法の一部改正法案として二〇〇三年二月に国会に上程され、同年六月に成立した。同法における主要な改正点は、①集落営農組織の、担い手としての位置づけの明確化と法人化への方向づけ、②遊休農地の解消と認定農業者への利用集積を促進するための措置、③農業生産法人による多様な経営展開を一層促進するための措置の三点であるが、最後の③の中で、株式会社形態のものも含めた農業生産法人について、同法の制度の枠内での一定の規制緩和が行われた。その手法は具体的には、経営基盤強化法が定める認定農業者制度を活用し、農業生産法人が認定農業者たる資格を得ることを条件として、その法人の構成員要件につき、認定期間中に限って一定の特例措置——関連事業者等の出資制限のそれ——を認めるというものである。

認定農業者制度は、一九九三年の同法の制定時に創出されたものである。市町村の定める農業経営基盤強化促進基本構想を前提として、その構想に即した経営発展を追求する農業者（個人でも、法人でもよい）が経営改善計画を策定し、市町村長の認定を受けることにより、「認定農業者」(いわば、地域農業の将来の担い手たることを期待される農業者)の資格を取得し、農用地利用権の集積その他で支援施策上の特典を付与される。認定期間は五年間で、その間当該農業者は、提出した経営改善計画の実現に取り組むべき責務を負う[10]。上記③の改正は、新しい経営展開を企図する農業生産法人がその目的の実現に向けた経営改善計画を作成し、その認定を受けた場合に限って、目的の達成のために必要な資本出資の態様と限度につき、構成員要件の緩和措置を認めることとしたのである。具体的には、大きくは二つの類型につき、四つほどの場合が想定されている。

一方の類型は、農業生産法人Aが他の農業生産法人Bに出資して後者＝Bの構成員となる場合について、出資制限(一九九三年の農地法改正における③の制限。前出一四七頁)の例外を認めるものである。実際には、(イ)既存の生産法人の分社化のケース——例えば、複合経営を行うA法人が、特定部門を独立採算化してコスト削減等の経営合理化を図るため、別のB生産法人を設立する場合——、(ロ)のれん分けのケース——例えば、A生産法人の下で農業の経験を積んだ者(法人の構成員ではなく、従業員・被用者でもよい)が、A法人からの出資を受けつつ独立して、自らB生産法人を設立する場合——、(ハ)複数の生産法人が共同で別の生産法人を設立するケース——例えば、畜産経営を行う二つの生産法人が、飼料作物の生産を共同して行うため、C生産法人を共同で設立する場合——、などが例示される。

こうした形での農業生産法人制度の活用は、かねてより農業生産法人の経営者組織等が求めていたものであったが、関連事業者等が持ちうる議決権割合の制限(合計で法人の議決権総数の四分の一以下、各事業者単位で議決権総数の一〇分の一以下)が、そのような形での法人設立の大きなネックとなっていた。そこで、新しい生産法人の経営が軌道に乗るまでの間を新たな経営展開のための移行期間と把握し、その経営展開の方針を経営改善計画の中で枠づけつつ、その計画の実施期間＝五年間中は右の出資制限を適用除外することとしたのである(基盤強化法一二条三項、一三条の三)。ただし、これは、移行期間についての特例であるので、その期間の経過時には、本則に復するのが原則である。

いま一方の類型は、農業生産法人Aが、例えば加工分野に進出して経営の多角化を図るような場合に関して、取引関係にある農業外の関連事業者等から受ける出資につき、通常の出資制限の例外を認めるものである。農水省の説明では、A法人が酪農経営で、乳製品の加工販売事業に進出するに際して、ノウハウの提供を受けるD加工会社や製品の市販に提携協力するEスーパーなどから出資を受けるといったケースが例示される。この場合には、農業外の企業が農業生産法人の経営支配権を取得することを避けるため、関連事業者等からの出資は、A生産法人の資本金の二分の一未満とするという制限が省令で課されているが、農業外からの資本の導入――逆に言えば、農外資本の農業参入――という点では、相当に重要な意味をもちうる規制緩和である。もちろん、この措置も、経営改善計画の枠内で、期間を限って認められる特例であることは、第一の類型と同じであるが、改善計画の更新や再度の提出は当然に可能であることにも、留意しておきたい。

要するに、この改正は、農地法における農業生産法人の要件の本則はそのまま維持しつつ、経営基盤強化法の認定農業者制度の枠内でのみ、期間を限って規制緩和の特例措置を認めたのである。そうすることにより、経営改善計画の認定と実施状況のフォローとを通じて、市町村や農業委員会が当該農業生産法人の経営展開の実態やその適正さをコントロールすることが可能となる。しかも、この改正は同時に、①市町村が改善計画を認定する際の要件に、その計画が「農用地の効率的かつ総合的な利用を図るために適切なものであること」という実質的な要件を追加し(一二条四項二号。なお、計画が市町村の基本構想に照らして適切なものであって、省令で定める基準に適合することという一号と三号の要件は、従来通りである)、さらに、②認定された計画がそれらの要件に該当しないと認められるに至ったとき、または、当該認定農業者＝農業生産法人もしくはその関連事業者等が認定計画に従って経営改善のためにとるべき措置を講じていないと認めるときは、市町村は認定を取り消すことができるという規定を新設している(一二条の二第二項)。

これらを総じてみれば、二〇〇三年六月の制度改正は、上述したような規制緩和要求の強まりに対し、現行制度の枠内での対応としてできることは何かを法技術的にも十分に吟味・検討したうえで考案された苦心の策、と評価されてよいものであろう。しかし、それはまた同時に、農業生産法人制度の基本的骨格を維持したうえでの規制緩和という手法がほぼ限界に近づきつつあることを示すものでもある。

（2）構造改革特区における株式会社の農業参入の許容

他方、特区法（この項では「法」とも略称）では、一定の枠付けと要件を課した上で、農業生産法人以外の法人（株式会社やＮＰＯ法人を含む。「特定法人」と略称）による農地の農業的利用を認める特区の設定が認められた（法一六条。「特定法人特区」と略称。なお、もう一つの「市民農園特区」は、四‐3で後述する）。特区の設定手続は、他の分野の特区の場合と同様で、地方公共団体（府県・市町村）が「構造改革特別区域計画」を作成し、内閣総理大臣に申請して認定を受けることにより、特区が設定される。[11]

(1) まず、特区の対象となる区域は、「現に耕作されておらず、かつ、引き続き耕作されないと見込まれる農地その他効率的な利用を図る必要がある農地が相当程度存在する区域」である（法一六条一項）。この対象区域の限定は、この制度の位置づけを示す上で、重要な意味をもつ。すなわち、特定法人特区は、担い手不足と農地の遊休化が深刻で、農業内部での対応ではそれらの問題が解決できないような地域について、地域農業と地域経済の活性化を図るために、農業生産法人以外の法人＝特定法人による農業経営を特例的に許容する制度なのである。[12] ただし、特定法人が農業的に利用できる農地が、すべて遊休地や耕作放棄地に限られるというわけではない。

(2) 特定法人が利用できる農地は、地方公共団体または農地保有合理化法人（農地公社、農業公社と呼ばれていることもある）から賃貸借または使用貸借で貸付けを受ける農地に限られる。その貸付けを行うために、地方公共団体または農地保有合理化法人は、農地の所有権または使用収益権を、農地法三条一項の許可を得ることなく取得することができる（法一六条一項）。その故にこの事業は、特区法上、「地方公共団体又は農地保有合理化法人による農地または採草放牧地の貸付事業」と呼ばれるのである。このように、特定農業法人が農地について取得できる権利の種類（使用収益権）と権利取得の態様（市町村等からの借受け）に限定が付されていることも、この制度の重要な特徴である。

(3)　他方、特定法人となりうる法人の種類には、何らの制限もない。ただし、農業生産法人以外の法人が特区内で農地の使用収益権を取得するためには、㋑その法人の業務執行役員のうち一人以上の者が法人の行う農業に常時従事し、かつ、㋺法人が地方公共団体等と「協定」を締結し、それに従って農業を行うことを要する（法一六条二項）。それらの要件を満たさない場合には、農地法三条一項の権利取得の許可は付与されない。

右の前者＝㋑は、農業生産法人の役員要件との対比でも、また、農業活動の特性（ある地域の中で現場的になされる生産活動）との関係でみても、いわば最低限の要請とみるべきものであろう。後者＝㋺も、やはり農業活動の特性を考慮して、法人の行う農業活動が地域の農業とも調和し、農地の適正かつ効率的な利用の確保にかなうものであることを担保するための措置である。協定に定めるべき基本的な事項は省令で規定され（法人の事業の内容や実施方法、地域農業における役割分担、協定に違反した場合の措置など）、協定違反がある場合には、地方公共団体等が農地法二〇条の規程にかかわらず、賃貸借を解除することも可能である（法一六条四項）。

幾つかの重要な枠付けや要件が課されているとはいえ、こうして特区内では、株式会社やＮＰＯ法人等が農業に参入する道が開かれた。ただし、これまでのところ、この特区制度の枠内で農業参入を行った特定法人の数は、二〇〇四年三月の時点では、今後の許可予定のものを含めても、まだ六二件（うち、株式会社が三四件、ＮＰＯ法人が一三件）にとどまっている。それらの法人の実態も、食品会社等が本格的に農業に参入しようとしている例もある一方、地元の土建会社等が余力を生かして地域農業に寄与しようとしている例、特定法人とはなったもののみるべき活動には着手していない例など、様々であり、今後の帰趨を占うのはなお尚早というのが現在の状況である。

（3） 規制緩和要求のさらなる昂進

そのことは、二〇〇二年三月施行の農地法改正に基づく農業生産法人たる株式会社の設立状況についても、また同様である。その設立数は、徐々に増えているとはいえ、二〇〇四年一月現在でもなお七〇件に過ぎず、経営内容や経営実態、農業活動への着手の有無などの面でも大きなバラツキがみられる。二〇〇三年六月の基盤強化法改正の効果のほども、もとより全く定かではない。

ところが、このように一連の制度改正の結果もまったく不分明な状況下で、財界や経済財政諮問会議、総合規制改革会議そして政界や経済学者の一部からは、さらなる規制緩和要求が声高に叫ばれ始めている。株式会社の参入許容にかかるその主張のポイントは、ほぼ次の二点に集約されるようである。すなわち、第一は、特区で導入した使用収益権（賃貸借または使用貸借）による株式会社等の農業参入の許容制度を全国一律の一般的な制度として展開せよという点、第二は、特区での特定法人の農業参入の方法につき、使用収益権の取得だけでなく、農地の所有権の取得も許可されるようにせよという点、である。もっとも、こうした論者の要求内容の拡張・推転のさせ方からみると、仮に第二の主張が実現された場合には、遅滞なく第三に、〈特区で農地所有権の取得が認められるのであれば、それを全国で一律に可能になるようにせよ〉という主張が出てくるのは必定であろう。

つまるところ、これらの規制緩和論が求めているのは、株式会社（およびその他の法人一般）の農地所有権の取得の自由なのであろうか。〈日本農業の建て直しのためには、株式会社による大規模で効率的な農業経営が必要だ〉ということが主張の眼目であれば、経営資本の比重の高い借地型の経営であることで特段の問題はないはずだが[13]、そうした反論に対しては、〈株式会社が賃貸借で農業をやるか、農地を買って農業をやるかは、やる側の自由な選択に属すべきことがらであるから、賃貸借でしかやれないとするのは、理由のない規制である〉という趣旨の再反論が帰ってくる。一九九〇年代の初頭に、〈株式会社形態の法人が農業を行うことを認めてはどうか〉という財界サイドの主張に端を発した規制緩和論が、次第に「農地耕作者主義」の見直し・撤廃論へ、あるいは農地法三条の権利移動統制の不要・撤廃論へと推転してきたことも[14]、農地所有権の取得の自由化という問題を視野に入れれば、ある意味では当然の帰結として理解できる。〈医療、福祉、教育と並ぶ官製市場が農業だ〉と言われると、一見、あたかも同じレベルや同じ性格の「参入規制」問題であるかに見えるけれども、実は、農業と他の三分野とでは、問題の性格に決定的な違い＝大きな異質性があるのである。それはすなわち、農業における参入自由化論は、必然的に「農地という土地商品の取得の自由化」、言い換えれば「農地市場の資本一般への開放」という問題を伴っている、ということである。この点は、次節の考察を経たのちに、また立ち返って検討することにしよう。

四　農村空間の総合的な利用制御と農地制度の規制緩和論

1　問題の基本的性格と条例の果たしうる役割

次に、やはり二〇〇二年夏に前記農村振興局の懇談会で検討されたいま一方の問題の経緯をみておこう[15]。懇談会で議論された主要論点は、農村部の農地と非農地、総じて言えば農村空間の一体的コントロールのために「市町村土地利用条例」（仮称）を活用できないかという点であった。ただ、ここで注意を要するのは、実はその構想（以下、「条例構想」と略称）が前記「再生プラン」の発表以前から存在していたことである。すなわち、二〇〇二年一月の「農山村振興研究会報告」（農村振興局長の私的研究会。設置は二〇〇一年七月）は、すでに、〈都市農山村の交流促進等を含む今後の農山村活性化に向けた土地利用を実現するには、農地法・農振法等の個別法による「規制的手法」では限界があるので、「市町村の自主的な土地利用調整条例に基づく契約的手法」により「自由度の高い」土地利用調整を可能とする制度的仕組みを導入する必要がある〉、という趣旨を提言していた。懇談会に託された任務は、まさにその提言に即して農村振興局が整理した「制度見直し案」につき、その実現可能性や問題点、検討課題等を具体的に議論することにあったのである。

先にも触れたように、「市町村の土地利用調整条例による柔軟かつ総合的な土地利用調整の仕組みの導入」というこのテーマは、出発点にある問題意識が〈農地以外の土地をも含めた農村空間の土地利用の総合的制御の制度的手法の必要性〉という点にある限りでは、当然に提起されてよい土地法制度上の基本的な課題にかかわる。日本の現行の土地法制度には、その形成・発展の歴史的経緯にも規定されて、農地と農地以外の土地（宅地、林地・森林、湖沼など）とをその利用の空間的・実態的な連続性に配慮しながら一体的に規制しコントロールする仕組みが欠けているため、その制度上の連携不足をいかに改善し克服していくかという課題が、間違いなく指摘されうるのである。ただし、農地制度上の転用規制と都市サイドの法制度による土地利用規制＝開発許可制とが、しばしば対抗的な関係に立ちつつ微妙なバランスをもって存続・機能してきたことを想起すればわかるように、その改善・克服の方向と道筋をいかに適切に見出していくかには極めて困難な問題が残されていることにも十分に留意しなければならない。

では、上記「研究会報告」や「制度見直し案」は、その問題をどのように提示したか。まず、条例構想の狙いとしては、「農山村固有の魅力の維持・向上」と、『農』への多様な参入のために条件整備」の二つが挙げられた。後者はのちに譲り、前者からみると、それは、〈農地に加えた里山等の保全、農村固有の街並みへの配慮、それらを通じる良質な農村景観の維持・保全に向けて地域全体の土地利用を計画的にコントロールするには、個別規制法に依拠するだけでは不十分なので、すでに芽生えている市町村の土地利用調整条例制定の動きを積極的に支援する仕組みを用意してはどうか〉、という提案であった。そうした仕組みを適切に機能させるためには、住民参加を通じる地域住民・地区コミュニティの合意形成と、それを背後に置いた農地所有者等（里山等の所有者も含む）の

「契約的手法」＝集団的な合意としての「協定」を重視する必要があるという認識も含めて、その意図は基本的に正当なものと評価されてよかろう。制度論的な観点からみれば、その構想が、現行の土地利用規制制度に欠けている部分と要素を農山村地域について補充・補完しようとする意義をもつことも間違いない。例えば、実際の先進事例として示された神戸市の「人と自然との共生ゾーンの指定等に関する条例」（一九九六年制定。以下、「神戸市の条例」と略称）の場合に即して、そのことを多少敷衍してみると、次のようになる。

この条例では、まず市長が条例の定める所定の審議手続を経て「共生ゾーン区域」を画定し（神戸市ではその全域が市街化調整区域である）、次いで、その内部で土地利用が厳しく規制される「環境保全区域」と「農業保全区域」とを広く指定する。これに対して、各地区（一ないし複数の集落単位）の土地所有者が、その土地利用規制の緩和や開発・転用が許容される地区内の地域を地区単位の住民の合意（「里づくり協議会」を媒介とする地域住民の過半数の賛成）に基づいて定める手段が、各地区の「里づくり計画」である。その「計画」中ではじめて、「集落居住区域」と「特定用途区域」（特定の開発行為の対象となる区域）が指定されうる。それ故、この二つの区域指定のプロセスでは、地区内の住民間で、市の行政担当者も参加しつつ、時間をかけた緊密な協議が行われる。そして、「里づくり計画」が策定され認可されると、市行政の関係部署は、当該計画の存続期間中、各個別規制法の土地利用規制をその計画内容に即して運用していくことになるのである。

つまり、ここでは、各個別規制法による土地利用規制の存在（市街化調整区域の開発許可制を含む）を前提として、その諸規制を地域住民の合意に基づいて全体的・総合的な観点から市行政が運用していくための枠組的な仕組みとして、条例とそれに基づく「里づくり計画」が用意されているのである。その限りで個別土地所有者の意思や意向は、過半数の住民合意に基づく「里づくり計画」の中に事実上取り込まれ、その延長上では、厳密な意味では個別規制法の対象外に置かれた土地（里山等）や開発行為（区画形質の変更を伴わない行為）さらには規制事項（色彩や景観の変更等）などにも事実上の規制力が及んでいくという制度的な効果さえ生み出されている。いわば、

「計画なければ開発なし」という原則が条例と地域住民の合意形成とを媒介として、事実上の強制力をもちうる形で自主的に創出されているのである。条例中では、「里づくり計画」の拘束力をより強化するため、地域住民等の四分の三以上の同意を得て「里づくり協定」を締結する手続も定められているが、計画だけでもその遵守には当面問題は出ていないことなども理由の一つとなって、協定が実際に締結されたケースはまだないという。[16]

2　提示された条例構想の問題点と議論の経緯

ところが、農村振興局が提示した「制度見直し案」の条例構想（「当初案」と略称）は、神戸市の条例と比べると、まさに似て非なるものであった。他にも様々な疑問点があったが、とくに問題視されたのは、〈土地利用調整条例に基づく契約的手法が用意された場合には、農地法・農振法の権利移動統制や転用規制にかかる諸規定を適用除外とする〉という考え方である。具体的には、条例に基づき、その趣旨に賛同する農地所有者等の間で「農地等の保全にかかる協定」が締結され、市町村がこれを「農地等の保全に資すると認めて」認可した場合には、「協定内の農地について、農地法の権利移動、転用規制（三〜五条）、農振法の開発行為制限（一五条の一五）等を適用除外」するという案であった。

そこにいう「協定」が、「同意した者のみが参加する、全員合意の民事の協定」としてしか措定されていないことと合わせると、それは、条例と協定という用語を冠した、まさに穴抜き的な規制緩和の手法の導入論にほかならない。「地域住民や地区コミュニティの合意に基づいて」という表現も飾り文句でしかなく、結局は、一定の農地所有者等の任意の意思に「高い自由度」を与えることのみが優先されているのである。視点を県レベルに広げてみればわかるように、それはまた、各市町村の判断（漠然とした内容の自主条例の制定）と農地所有者の意向（相当数の農地所有者の間での任意の協定締結と市町村による認可）次第で、転用等の柔軟化・自由化を意図したいわば

「小規模な規制改革特区」が全国どこででも任意に設定されうる仕組みであるとも言える。他方、出発点では強調された、「農山村固有の魅力の維持・向上」に向けた地域全体の土地利用の計画的なコントロールの確保という目的は、具体的な法的効果にかかわる局面では、完全に脱落しているのである。

さらに、条例構想のいま一方の狙いをなす『農』への多様な参入のための条件整備」についても、同様の考え方と手法が提案された。すなわち、上記「制度見直し案」の説明では、ここで言う多様な参入の主体は「農」へのかかわりを求める都市住民等であり、彼らがより主体的かつ実質的に都市と農村の共生・対流の進展に参画できるようにするため、その農地取得(所有権を含む)につき農地法三条の権利移動統制の例外措置を認めることが、「条件整備」の内容をなすのであるが、その具体的な方法としては、右と同じく「農地等の保全に関する協定」の締結を前提として、「協定内の農地」には農地法三条を適用しないという単純明快な案が提示されたのである。しかし、権利移動統制の適用除外は、例えば以下のような点で、極めて重大な種々の問題を惹起するおそれが強い。

まず実態的な面でみると、㋑その農地は、売買・賃貸・転貸等がすべて自由な土地となり、㋺「農」へのかかわりを求める都市住民だけでなく、株式会社も、都市部の資産家も、区別なく、かつその目的を問われることもなく、その農地を取得できる。㋩しかも、その権利移転は、事前・事後の何らの規制もない状態の下で、外からみたのではわからないままに進行する。㋥仮に協定中で、そうした点に関する自己規制的な約定とか新権利者名の届出義務などを定めたとしても、その約定違反の故に売買等の法律行為が法律上で無効とされることは、まずありえない。他方、法制度上ないし法律的な結果の面でも、例えば、㋭農地法三条（および四～五条）の適用除外となった現況農地はどういう性格の「土地」として扱われるのか、㋬その「土地」への農地法の他の諸規定（例えば小作地所有制限や農地賃貸借の諸規制）の適用はどうなるのか、㋣経営基盤強化法の規定・事業等との関係はどうなるのかといった、実にさまざまな問題が発生してくる。戦後の多方面にわたる農地制度と農地行政は、まさにこの権利移動統制の存在を前提として組み立てられていることを想起すれば、それは当然の結果なのである。

これは、ある意味では「農地にかかる権利規制の無法地帯」とさえ言える「小規模な規制改革特区」を、市町村の内部で任意に作り出すものである。都市住民の「農」へのかかわりの促進が真の狙いなのであれば、もっと別の方向での検討可能な方策が考えられる(例えば一九八九年制定の特定農地貸付法と市民農園法の改正)だけに、この案には、懇談会の内外から強い反対論が提起された。その結果、二〇〇二年八月の「論点整理のとりまとめ」中では、『協定』だけでは不耕作目的での農地の権利取得を十分に排除できないため、権利移動統制による事前チェックを残した上で要件緩和(例えば下限面積や通作距離等)する」という考え方も並列的な選択肢として書き込まれた。しかし、その要件緩和の枠組みを上記のような「協定」に置く限り、それもまた「任意の特区」であることに変わりがない。同様に、先にみた〈転用等に関する自由で柔軟な土地利用調整の実現〉という考え方も、反対意見の存在とそれに基づく別案を並記しつつも、「市町村条例及び地区の合意に基本的に農地等の保全の全てを委ねる」案として、最後まで維持された。一部の委員が直接、間接にその案を支持したことも一つの理由であるが、その背後には、前述した「構造改革特区」構想の強い影響があったことは想像に難くない。

3　実現された制度改正と構造改革特区での対応

その後、農村振興局では、懇談会の議論を踏まえつつも、当初案の発想を重視した法案作りが試みられたが、種々の理由から立法化は断念された。筆者からみれば、もともとその発想自体に無理——というよりむしろ、看過しがたい安易さと根本的な問題点——があったのである。その結果、この局面の制度改正は、結局、以下のような形で実現された。

(1)　一つは、二〇〇二年六月の農振法施行規則と農地法施行規則の改正である。これは、集落周辺の農用地区域内の農地で、市町村が条例に基づいて定める農業振興計画により今後一〇年ほどの間に公益性のある用途に転用される見込みのある農地としたものを、あらかじめ農用地区域から除外できることとし（農用地区域編入基準の一部修正）、その転用基準も緩和したものであるが、微小な省令改正に過ぎない。

（2）いま一つは、特区法での対応である。その一は、「市民農園特区」の制度の創設で（法二三条）、①特区内では、㋑現存の農地所有者、または㋺現在は農地を所有していないが市民農園の開設・運営を希望する者（以下、「農地非所有者」と言う。民間企業その他の法人を含む）に、特定農地貸付法と市民農園法の定める市民農園開設主体となることを認めた（この市民農園は、都市住民等への小規模農地の短期貸付を内容とするもので、従来の開設主体は、地方公共団体と農業協同組合に限られていた）。ただし、②当該農地の農地としての適切な利用（市民農園の終了・廃止後のそれをも含む）や地域との調和を確保するため、それらの開設主体には、地方公共団体または農地保有合理化法人（次の③の場合）との間で省令で定める事項を内容とする協定を締結する義務を課し、③とくに㋺の農地非所有者による開設は、地方公共団体または農地保有合理化法人から必要な農地を借り受ける場合に限定した。また、④特区の設定を申請できる区域についても、特定法人特区の場合と同様の限定を付し（前出三―3―（2）（1）参照）、農業内部的対応では農地の遊休化等の問題を解決しがたい地域についての特例措置であることを明らかにしている。なお、⑤この市民農園も特定農地貸付法の対象であることには変わりがないから、農園のユーザーへの貸付規程の審査・承認等については、農業委員会のコントロールを受けることになる。

その二は、やはり耕作放棄地等の低利用の農地が相当程度存在する地域において、都市出身者も含む新たな就農希望者等の受け入れを促進し、農地の保全と有効利用を通じた地域の活性化を図るために、農地の権利取得にかかる下限面積を、地域の実情に応じて一〇アールまで緩和する特区＝下限面積特区を認めたことである。既存の担い手による規模拡大その他、地域の全体としての総合的な農地利用に支障が生じないことが要件とされ、特区の申請に先立って農業委員会の意見を聞くこととされる。なお、具体的な下限面積の決定は、知事の権限である。

五　結びにかえて

以上のように、この数年来の農地制度の規制緩和への動きは、加速度的で、かつ、とどまるところを知らない。財界やその意を体した総合規制改革会議の委員、学者等が、二〇〇三年六月の制度改正の直後から、株式会社の農業参入と農地取得のさらなる自由化――つまりは、農地所有権の取得・保有を含む農地市場の株式会社一般への開放――を声高に要求し始めたことは先に触れた（前出三－3－（3））が、二〇〇三年の秋以降、農水省ならびに食料・農業・農村政策審議会でも再度の検討作業に着手することが明確化した。すなわち、新たな「食料・農業・農村基本計画」の策定作業（二〇〇〇年三月閣議決定の現行計画を、二〇〇五年の改定を目途に見直す作業。新基本法一五条参照）の開始に当たり、優先的に検討すべき「主要三課題」の一つに「担い手・農地制度の改革」を位置づけ、同審議会の企画部会で二〇〇四年七月までに集中的な検討作業を行うことが決定されたのである。二〇〇四年一月末の企画部会に提出された文書には、その課題の「検討方向・検討要素」として、「①地域の実態を踏まえた担い手の明確化、多様な担い手の確保・育成のための支援施策の体系的整備、②構造改革特区の全国展開等そのあり方の見直し、参入規制（農地取得要件、農業生産法人要件）の見直しによる担い手の確保、③多様なニーズに対応した農地・土地利用規制の見直しによる優良農地の確保・維持」の三点が記載されている。その②と③が、本稿の三と四で考察した二つの問題に対応するものであること（②の「担い手」は株式会社を含み、③の文言は転用規制の見直しを含意している）は言うまでもない。

いったいなぜ、かくも執拗な規制緩和要求が倦むことなく出てくるのか。その本当の狙い、あるいは獲得目標はいったい何なのか。また、仮にそうした規制緩和の推進の帰結として、これまでとは異なった内容と論理をもつ

〝新しい農地制度〟が形成されるとした場合に、その制度はどのような内容のものとなり、二一世紀の日本の農業と農村、さらには全体としての国土利用とそれにかかわる土地法制度のあり方にとって、いかなる意味をもつものとなるのか。これらは全体として、まさに歴史的な意味をも持ちうる大問題を構成しており、その立ち入った考察は、別稿に譲るほか仕方がない。とはいえ、事態の展開の仕方次第では極めて深刻な帰結をもたらしうる問題であるので、舌足らずとなるのを承知の上で、留意すべき主要な論点を箇条書的な形で略述し、本稿の結びにかえることとする。[17]

第一に、この問題を的確に理解するには、多層かつ多元的なレベル・視点からの総合的な分析・評価が不可欠である。例えば、株式会社の農地取得の規制緩和と都市住民の農地取得の規制緩和とは、社会・経済・法制度的な観点からみてどう違い、どう関連しあうのか、また、それらのことと〈市町村の条例や地区内地権者等の合意・協定による農地の保全・転用・土地利用調整の柔軟な仕組み〉（上記「検討要素」の③は、当然にこの問題を含む）とはどう結びつくのか。こうした問題は、右のような複眼的な視角なしにはよく分析することができない。実際、〈都市住民による小規模な農地取得を禁止するのは、憲法違反だ〉といった類の単純な議論は、論外のものである。

第二に、とくに株式会社の農業参入の可否をめぐっては、㋑株式会社に農地所有権の取得を認めると、転用・投機目的で利用されるおそれがある、㋺昨今では、産業廃棄物等の投棄場等に使用されるおそれも強い（実際にも少なからぬ例がある）、㋩大々的に農地を取得し一時期は農業をやったとしても、その後耕作放棄したらどうするのか、㋥農業では株式会社の経営を存続させるに足る利潤はあがらないから、そうなる可能性が大きいなどの、いわば容易に予想可能な、直接的な弊害を説く反対論が多方面で提起されている。これらの問題点は、その通りであり、かつ、わかりやすいが、なお個々的ないしは事実的な問題指摘であることを免れない。それ故、参入許容論者からは、例えば㋑については、転用規制を抜本的に強化し、場合によっては〝永久農地〟の線引をすればよいといった、単純明快でごく形式的な反論が——実現できるかどうかは、まったく別問題にした上で（さらに後述第四点の㋑参照）――返ってくる。また、㋺は現在でも生じている問題で、別の適切な規制措置を用意すべき事柄である、㋩耕作放棄は今でもある問題であって、将来に向けては〝事後的な農地利用の確保のための方策〟を別途に考えればよい（後述第四点の㋩参照）、㋥は、まず自由にやらせてみなければわからない話であるなどの、これまた一面的な反論が戻ってくる。

第三に、法制度的観点からみた場合の最も基本的な問題は、農地所有権に対する法規制の根拠が崩壊・消失するということであろう。すなわち、仮に農業生産法人の要件もしくはその制度そのものを撤廃・廃止し、株式会社一般の自由な農地取得（所有権を含む）を認めるとすれば、それは――その取得目的を農業目的に限定するとした場合であっても――農地法三条の権利移動統制の基本となっている要件の中核部分を廃止することを意味する。農業生産法人に課せられてきた諸要件――とりわけ「農地耕作者主義」の基本原則を体現してきた農作業への常時従事要件――が除去され、株式会社を通じれば誰でも農地を取得できる――しかも、株式の自由流通が原則である以上、その「誰でも」は不断に交替しうる――というのであれば、農地の権利移動を統制する意味はなくなってしまうからである。その場合には、非農業者たる自然人についてのみ権利移動統制を維持することも、ほとんど不可能か、無意味になる。かくして権利移動統制が崩れたときに、どのような事態が生じるかは、先に四―２の後段でみた通りである。さらに、そのような「農地にかかる権利規制の無法状態」が全国的に生じた下では、転用統制もまた、現在のような形では維持し難くなることも明らかである。

つまるところ、株式会社の農業参入と農地取得の自由化は、〈全国の農地が、現行農地法にあるような農地としての特別の法規制を受けることなく、自由な市場で取引される農地という土地商品となり、資本一般の前に投げ出される〉という結果をもたらすのである。規制緩和論者の究極的な狙いの一つは、まさにこの点、すなわち、自由な農地・土地市場の創出とその資本一般への開放にあるとみてよいのではなかろうか。

もちろん、規制緩和論者も、現時点での議論としては、そうした事態が生じることを避けるためには〈新たな別の対処措置を用意できる〉、と主張する。一言で言えば、「事前規制は自由化するが、新たな事後規制を加えればよい」という議論である。しかし、その内容にはすこぶる問題が多く、しばしば信憑性を欠いている。これが第四の論点である。

例えば、まず、㋑転用統制の強化論がある。しかし、その一案とされる「永久農地の線引」論は机上の空論に過ぎない。しかも、転用統制の現実の歴史は、まさに都市・財界サイドからの圧力による一貫した緩和への流れであったし、それが今でも続いている。さらに、権利移動統制を廃止し農地取引を自由化した上で転用統制のみを維持することは、事実上はもちろん、法制度上でもその規制の法的根拠をどこに見出すかなどの点で、一層困難になるであろう。そこで、次に出てくるのが、㋺欧米のような土地利用計画と土地利用規制の仕組みを導入すればよいという議論である。その実現が望ましいことは言うまでもないが、西欧諸国におけるその制度の形成の沿革とその膨大かつ精緻な内容を知っている者の目（例えば前出注（2）の原田他編著参照）からみれば、近い将来の日本でのその実現を期待するのは、とうてい無理である。

他方、㋩別の態様での事後規制として、株式会社等の農地の取得・保有者がその農地の適切な農業的利用を継続して行うことを確保できるような規制手法を新たに導入すればよいという主張も、最近登場している。用水路の維持管理その他での地域農業との調和の維持などの点も、その規制の対象となる。その規制手法の具体的な中身はなお不分明であるが、そうした性格の事後的・継続的な規制手法が導入されること自体は、遊休・耕作放棄地の発生の防止などとの関係でも望ましいことである。また、例えばＥＵの農政では、環境保全に寄与する農法を行う経営であることが、ＥＵからの援助施策を受けるための大前提とされている。しかし、こうした規制は、けっして農地の所有権取得を認めることの見返りとして新設されるような性格のものではなく、社会全体の持続可能な発展が強く要請される今日において、農業と農地のもつ多面的機能をよりよく維持・発揮させていくために、既存の規制に加えて導入されるべきものである。つまり、本稿の課題に即して言えば、その規制は、農地法三条の権利移動統制の維持存続を前提として、その法規制の外延と根拠を今日的要請に即してさらに積み上げ、充実・強化していくものでなければならない。農地を農業の生産手段として把握し、他の土地一般とは異なる特別の法的＝公共的規制を課している法原則の上に、社会全体にとっての公共・公益的な環境資源（公共財、環境財）としての農地の法的把握を追加的に確立することが、そうした規制の導入が果たすべき本当の役割なのである。(18) しかし、規制緩和論者には、そのような問題把握の視点が根本的に欠落している。

最後に、第五に、株式会社一般の農業参入と農地市場の開放が論者の主張通りのような功を奏した場合に、農業と農村はどうなるかを想像してみておく必要がある。その資金力と組織力の強大さを考えると、まず、農村における農地・土地の保有と利用の状況に生じる変化は、予測しがたいほど大きなものとなる可能性がある。また、農業と農業経営のあり方の面でみれば、現存の農家＝家族農業経営またはその組織体（農業生産法人等）と並んで、しかもそれらを排除するプロセスを伴いながら、まったく異質な株式会社による農業経営が、おそらくは最も条件のよい地域を中心にして、進出し展開する。その株式会社による効率的経営の生産性を前提として価格政策、担い手育成策その他の農業施策が講じられれば、中小の家族農業経営は衰退・消滅の道をたどるほかない。その場合、より条件の劣る地域の農業活動は、おそらくは切り捨てられていく。これは、経済効率の名による農業と農村の縮小・再均衡化の方向である。

規制緩和論者のもう一つの基本的な狙いは、あるいはこの点にあるのかもしれない。農産物輸入をめぐる国境措置の問題も、農政の財政負担の問題も、産業界にとっては大きく軽減されうるからである。しかし、その結果は、第二、第三点ともあいまって、これまでの農業と農村社会のあり方を大きく変容させるであろう。「法人資本主義」とも称された日本の産業社会の論理が最終的に農業と農村をも席捲していくのである。中山間地域等の国土・環境の維持管理のあり方なども含め、そのことがこれからの日本社会のあり方と人々の生活に何をもたらすであろうか。農地制度の規制緩和の問題は、社会全体にとっての大問題なのである。

（1）戦後の農地制度に関する筆者の全体的な理解については、原田純孝『農地制度を考える――その沿革・現状と展望――』全国農業会議所、一九九七年、参照。関係する諸法律の内容は、関谷俊作『日本の農地制度・新版』農政調査会、二〇〇二年、に詳しい。

（2）詳細は、原田純孝他編著『現代の都市法――ドイツ・フランス・イギリス・アメリカ――』東京大学出版会、一九九三年、参照。

（3）都市計画法を含めた都市サイドの土地法制の沿革と現状、並びに日本に固有のその諸特徴については、原田純孝「『日本型』都市法の形成」、同「戦後復興から高度成長期の都市法制――『日本型』都市法の成立」（原田編『日本の都市法・Ⅰ』）、同「都市計画制度の改正と日本都市法のゆくえ」（同編『日本の都市法・Ⅱ』。いずれも東京大学出版会、二〇〇一年）を参照されたい。

（4）西欧諸国では、一般的な「建築不自由の原則」があるが故に、個別の建築行為の許容の処分も、覊束的行政行為としての「建築確認」ではなく、行政裁量的な「建築許可」の処分制度として構成されていることにも注意しておく必要がある。

（5）その要点については、前出注（1）所掲の拙著二〇二頁以下を参照されたい。

（6）この段階の議論の詳細は、原田純孝「新しい農業・農村・農地政策の方向と農地制度の課題（1）～（6）」『法律時報』六六巻四号～一〇号（一九九四年。原田・第一論文）。なお、本文の③の点は、農協法上の農事組合法人では、それらの構成員の数が、「農民」とみなされる他の非農業者たる組合員の数とあわせて総組合員数の三分の一を超えないこと、となる。

（7）その議論の背景をなす農業・農村の状況の問題も含め、詳細は、原田純孝「農地法の今日的意義と課題」『農業と経済』一九九六年四月号（原田・第二論文）、同「農業・農地からみた規制緩和と地方分権論」『法律時報』六九巻四号一九九七年（第三論文）、同「農地法の役割と株式会社の農地取得問題」農政ジャーナリストの会編『日本農業の動き』一二二号一九九七年（第四論文）、同「農地保有と経営規制の日仏比較――株式会社の農地保有許容論議をめぐって」『農業と経済』一九九七年八月号（第五論文）を参照せよ。

（8）詳細は、前出注（1）関谷・前掲書三一～三二頁、七〇頁以下参照。

（9）次にみる総合規制改革会議等の動きも含め、二〇〇二年八月までの議論の経過と内容については、関谷俊作「農地制度見直し論に思う」『農政調査時報』五〇四号＝二〇〇二年秋号、原田純孝「『農地制度見直し』論の現況と問題点」同前誌同号（原田・第六論文）参照。

（10）制定の経緯や目的なども含め、原田・第一論文（3）、関谷・前掲書二六二頁以下参照。

(11) なお、その認定の際には主務大臣等の同意が必要であるが、その同意は、羈束裁量を意味しており、各省庁の拒否権はないものとされている（特区法四条九項参照）。
(12) 農林水産省「構造改革特別区域法における『農業生産法人以外の法人に係る農地法の特例』について」参照。
(13) ここで詳論はできないが、土地利用型農業（稲作がその中心）に即して言えば、現在日本に存在する大規模な法人経営は、基本的に借地に依存した経営である。一九七〇年以降の構造政策も、先にも触れたごとく、主要には賃貸借・農用地利用権による農地流動化と規模拡大を追求してきた。また、今日の経済金融事情のもとでは、とりわけ資本力の強い株式会社による農業経営にとっては、土地担保金融の必要性はさほど大きなものではないとみられる。なお、筆者が比較研究の対象としているフランスにおける一〇〇～二〇〇ヘクタール規模の大規模経営も、基本的に借地農業経営であり、フランス全体の小作地率も六五％に達している。
(14) 前記の経営局懇談会の場でも、委員の一部からは、「耕作者主義」や権利移動統制に対して、こうした単純明快な撤廃論が主張された。その後、二〇〇三年度に入ってから、頻繁に主張されるようになった〈入口（農地所有権の取得）は完全に自由化しても、出口（農地取得後の利用の実態や転用など）の方を規制しておけば、弊害はない〉という類の議論も、結局は、〈まずは株式会社等による農地取得の自由化を〉という主張をしている点では、大同小異の議論である。
(15) 二〇〇二年秋までの議論の推移とその問題点については、原田・前掲第六論文のほか、原田「農村地域の新たな土地利用の枠組みの構築に向けて——言うは易く行うは難しの課題であることを見据えて」『月刊ＪＡ』二〇〇二年一一月号（第七論文）参照。
(16) 神戸市での筆者自身の聞き取りのほか、村山元展「条例による土地利用コントロールと集落——神戸市西区の事例」（農政調査委員会『平成一三年度　農村集落構造分析調査委託事業報告書』平成一四年三月）を参照した。
(17) 以下の幾つかの論点については、原田・前掲第一論文（４）、同・第二～第四論文に、より詳細な説明がある。
(18) これは、かねてから筆者が第一論文（６）、第二論文等で強調してきた点である。

第8章　産業再生機構の設立と産業再生法の改正

山本　晃正

一　背景と経緯

一九九〇年代は、八〇年代から続く規制緩和の進行と並んで、バブル崩壊による巨大銀行や証券会社の破綻に端的に象徴されるような金融恐慌的状況を呈していた時代であり、金融破綻処理法などの金融関係法が用意され、産業・企業の再編支援立法が制定され、さらには組織法的にこれらを総括する一連の会社組織法の改正などが行われた時代であった。(1)

しかし、これ以後も日本の金融・産業をめぐる状況は好転の兆しを見せず、一九九二年から二〇〇一年までの一〇年間で、バブル時の貸出債権の約八割にも当るといわれる八二兆円もの不良債権を処理しながら、二〇〇一年度には四二兆円もの不良債権を残し(2)、残高としてはかえって増加するなど、不良債権処理は依然として喫緊の政治的経済的課題であり続けている。他方、消費を中心とした需要の停滞も極めて深刻で、事業縮小やコスト削減等の必要に直面した、金融を含むほとんど全産業で大幅な企業リストラや産業再編が進行し、戦後最悪の失業率を更新しながらも、企業の設備投資意欲は依然として低迷を続けていた。

このような事態を打開するために「車の両輪」[3]として構想され、立法化されたのが、二〇〇三年四月二日に成立した株式会社産業再生機構法（以下、「産業再生機構法」という）と、産業活力再生特別措置法（以下、「産業再生法」という）の改正であった。産業再生法の延長・改正について公的に言及されたのは後述のようにもう少し早いが、両法の制定と改正がこのように一体的な性格のものとして提起されたのは、二〇〇二年一〇月三〇日に公表された経済財政諮問会議の「改革加速のための総合対応策」（以下、「総合対応策」という）においてである。

この総合対応策は、「不良債権処理の加速による、金融仲介機能の速やかな回復」と「資源の新たな成長分野への円滑な移行を可能にし、金融及び産業の早期再生を図るための取組を強化すること」を狙ったものであり、同日公表の金融庁「金融再生プログラム」[4]を「不良債権処理の加速策」として掲げる一方で、「産業・企業再生への早期対応」を掲げた。これは、「不良債権処理を加速する過程において、経営資源を散逸させないよう、産業再編により過剰供給構造を是正するとともに、有効な経営資源を過剰な債務から早急に切り離すため、事業の早期再生を図る」ことを意味するものである。そしてここで、「整理回収機構（ＲＣＣ）への不良債権売却の促進等」や「創業・新規開業の支援等」と並んで、「産業再編・事業の早期再生」を打ち出した。これは、①産業再生・雇用対策戦略本部（仮称）の設置、②産業再生機構（仮称）の創設、③産業再生法の抜本改正の三つを内容とするものであった。

この方針は、総合対応策に沿って二〇〇二年一一月一二日に内閣に設置された「産業再生・雇用対策戦略本部」が、同年一二月一九日に決定した「企業・産業再生に関する基本指針」において、さらに具体化された。それは第一に、過剰債務問題について、自助努力と市場メカニズムを通じた事業再生、すなわち、民間金融機関や再生ファンド等の民間セクターによる事業再生自体の市場化＝再生市場の育成が本来の姿であり、政策的支援がこれを阻害しないようにという基本認識を示した上で、具体的方策として、①産業再生機構の創設、②産業再生法の活用、③

早期事業再生ガイドラインの策定を掲げた。また第二に、過剰供給構造問題について、「撤退・縮小に伴う負担を軽減し、不採算部門からの撤退、縮小を円滑化」し、また、「同業他社と共同で事業統合や合併をすることにより、設備廃棄等の効率的な事業縮小・撤退を図る取組を促していく」との立場に立ち、主として産業再生法の活用を掲げたのである。

要するに、金融再生プログラムが実行に移されることで不良債権処理が加速されれば、当然にその結果として、産業・企業の再編・リストラの必要性が不可避的に高まる。しかし再編・リストラは「痛みを伴う」ので、おいそれとは進まないし、経営資源散逸のおそれもある。そこで「金融及び産業の早期再生を図るための取組」が特別に要請されてくるというのである。そのための主要な法律的手当てとして、産業再生機構法の制定と産業再生法の改正が「車の両輪」として一体的に提起されたのであった。

二　産業再生機構法の制定

1　産業再生機構法の概要

二〇〇三年四月一〇日に全面的に施行された産業再生機構法に基づき、株式会社産業再生機構（以下、「機構」という）は同年五月八日から業務を開始した。

機構は、「最近における経済の停滞、物価、地価及び株価の下落等の経済情勢の変化に我が国の産業及び金融システムが十分対応できたものとなっていない状況」を背景に、「我が国の産業の再生」と「金融機関等の不良債権の処理の促進による信用秩序の維持」とを図るための株式会社であり、「過大な債務を負っている事業者に対して金融機関等が有する債権の買取り等を通じてその事業の再生を支援することを目的」（同法一条）としている。

株式会社ではあるが公的性格は極めて強く、預金保険機構によって二分の一以上の株式が保有され（同四条）、新株発行、設立、役員の選任及び解任の決議、産業再生委員の選定及び解職の決議、予算がそれぞれ主務大臣の認可事項となり（同四条二項、八条、一二条、一六条四項、三五条）、業務についても主務大臣が支援基準を定め（同二一条一項）、機構による再生支援決定や債権買取決定の際には主務大臣の意見陳述の機会がある（同二二条六項、二五条四項）など、組織及び業務運営全般について政府が広範に関与する。その主要な業務は、前記のように「過大な債務を負っている事業者」（以下、「過大債務事業者」という）による事業再生を支援することである。それは次のように行われる。

まず、過大債務事業者は、「事業再生計画」を添付して、メインバンクと連名で機構に対して再生支援を申し込む（同二二条一項、二項）。機構は主務大臣の定める「支援基準」(5)に従って支援の可否を決定し（同二二条三項）、支援決定を行った場合には、メインバンクと非メインバンクに対して、「債権の買取りの申込み」又は「事業再生計画に従って債権の管理又は処分をすることの同意」を求める（同二三条一項）。

これらの申込み又は同意が得られれば、機構は先の「支援基準」に従い債権買取り等の可否を決定し（同二五条一項）、買取決定を行った後に、「支援決定に係る事業再生計画を勘案した適正な時価を上回」（同二六条）らない価格で買取ることになる。さらに必要に応じて当該過大債務事業者に対する資金貸付や債務保証にも応じる。

こうして機構が買取った債権は、買取決定から三年以内に譲渡などの処分を行うよう努めなければならない（同二九条三項）。しかし処分が進まず、結果として機構が債務超過に陥り、その解散時に自己資本などの機構自身の財産を取り崩しても間に合わない場合には、政府は、「予算で定める金額の範囲内において、機構に対し、当該債務を完済するために要する費用の全部又は一部に相当する金額を補助することができる」（同四六条）とされる。すなわち過大債務事業者の事業再生を援助するために当該事業者から切り離された債務は、最終的には公的資金を用いて処理されうることになっているのである。

なお、メインバンクや非メインバンクからの申込み又は同意は二〇〇五年三月三一日までに受けなければならず(同二三条三項)、かつ三年以内に譲渡などの処分を行うのであるから、機構は二〇〇八年三月末くらいまでの約五年間存続することが予定されている。

また機構の組織はこれまでにはない独特の形をとっており、再生支援決定、債権買取、譲渡その他の処分などの重要な決定は、産業再生委員会が行う(同一五条)。産業再生委員会は取締役会の中に置かれるインナーボードであり、取締役の中から三〜七人選任(現実には七人)され、委員長が互選される(同一六条)。社長が委員長を兼ねることもあり得るが、業務開始当初は別に選任された。

2　産業再生機構の役割

機構が担う役割はおおむね次のような点にある。[6]

第一に、機構は私的整理に関与して銀行などの間を調整するのであるから、公権力を背景とした金融機関相互間の利害調整機能[7]を持つ。すなわち、事業着手が遅れ、銀行自身も体力を消耗している中で、「メインバンク主導の私的整理については銀行間で負担割合に関する合意がなかなか得られない」[8]という事情があり、「このような場合に機構がメインバンクと非メインバンクの金融機関との間を中立的な立場から調整して債権を買取り、集約化」[9]することが期待されている。この側面は、「メイン寄せ防止」[10]論において最も端的に現れるが、現実に機構設立の必要性を説く議論においてはことさら強調されることが多い[11]。

確かに、当事会社とメインバンクが共同で作成した事業再生計画が機構による再生支援決定という形で認められれば、たとえ異論のある非メインバンクがいたとしても、事業再生計画の実施への強いベクトルが働くであろうし、万一、機構による債権買取が不調に終わって法的整理に持ち込まれたとしても、機構の認めた事業再生計画の存在は裁判所にも強い影響を与えるであろうから、事業再生自体が促進されることは間違いなかろう。しかしこの力は、単に機構が利害調整機能を持つというだけでなく、次に述べる資金供給機能も併せ持つからこそ生ずるものであることを見落としてはならない。

第二に、機構による債権買取は、機構が金融機関に対する資金供給機能を持つことを意味し、最終的には公的資金注入能力によって裏打ちされている。機構の買取価格は、「事業再生計画を勘案した適正な時価」を上回らない価格であるが、再生市場が未発達な現状では、「適正な時価」がいくらになるのかの判断は非常に困難である。そもそも債権者たる銀行などの間でメイン寄せが起こるのは、私的整理の中で示される債権の額に各銀行が不満を持つからであり、少しでも損失を減らそうとするからである。このことは機構が第三者として関与したとしても、それほど事情が変わるとは思われない。

にもかかわらず非メインバンクなどが機構の示す買取価格に同意するとすれば、単なる私的整理の中では予定されそうもない相対的に「高い」価格が提示されるからであろう。しかも機構は、「金融機関等の不良債権の処理の促進による信用秩序の維持」を目的としてわざわざ設立されたのであるから、不良債権処理の促進のためには、多少高めではあっても、各銀行などが受け入れやすい価格を提示して話をまとめようとするインセンティブが働きやすい。そうでなければ、機構が存在する意味はなかろう。

しかも買取った債権がたとえ焦げ付き[12]、機構の財産取り崩しでも間に合わなければ、同法四六条により政府補助が用意されている。この公的負担の枠は、十分買取れるようにという意図から最大一〇兆円として設定された。もちろん運用次第では機構が損失を出さないこともあり得るが、現実にはその見込みは甚だわずかなものであろう[13]。

こうして機構は、銀行の保有する過剰債務事業者の不良債権を、最終的には公的資金＝国民負担の担保の下に処理していくための機関なのであり、形を変えた銀行に対する公的資金の注入の仕組みともいえる。機構の最大の存在理由はまさにこの点にある。

第三に、後に述べる産業再生法による手当てとも相俟って、再生市場の形成を促進する役割も期待されている。(14)

三　産業再生法とその改正

1　旧産業再生法とその運用

一九九九年一〇月一日に施行された旧産業再生法は、「我が国に存する経営資源の効率的な活用を通じて生産性の向上を実現するため、……我が国産業の活力の再生を速やかに実現することを目的」（同法一条）とする。具体的には、事業者に「事業再構築計画」を作成させて主務大臣がこれを認定すると、当該事業者が税制上、金融上、商法上の各種の優遇的・特例的な支援措置を受けられるようになっていた。

「事業再構築計画」は、「事業構造変更」と「事業革新」の二つを含む。「事業構造変更」は、①合併、営業・資産の譲受、実質的に支配可能となる他会社（関係事業者）の株式の取得、資本の相当程度の増加、会社設立を通じた「中核的事業の開始・拡大・能率の向上」と、②施設・設備の相当程度の撤去・廃棄、営業・資産の譲渡、子会社・孫会社の株式の譲渡、会社の設立・清算を通じた「事業の縮小・廃止」をいう（同二条二項一号）。

「事業革新」は、①新商品・新役務の開発・生産・提供による、生産・販売に係る商品の構成又は提供に係る役務の構成の相当程度の変化、②新生産方式の導入又は設備の能率の向上による、商品生産の著しい効率化、③商品・役務の新販売方式又は新提供方式の導入による、商品販売・役務提供の著しい効率化又は国内における新需要の相当程度の開拓、④新原材料等の使用又は新購入方式の導入による、商品生産に係る費用の相当程度の低減のいずれかを意味する（同二条二項二号）。

要するに、不採算部門からは撤退し（「事業の縮小・廃止」）、利潤を見込むことのできる事業分野には資本を集中集積し（「中核的事業の開始・拡大・能率の向上」）、新たな事業分野の開拓や従来業務のレベルアップを図る（「事業革新」）という、事業者の「選択と集中」＝企業再編とリストラのあらゆる局面に対して手厚い国家支援を与えるものである。(15)

ところで、この事業再構築計画は、認定申請期限であった二〇〇三年三月三一日までの三年五ヶ月の間に、期限ぎりぎりで認定された四件を含め、全部で二〇四件が認定された（認定変更件数を含まず）。主務省庁別で見ると、経済産業省——一三〇件（農林水産省との共同認定一件を含む）、金融庁——二九件、農林水産省——二三件（厚生労働省との共同認定三件、経済産業省との共同認定一件を含む）、国土交通省——一五件、総務省——七件、厚生労働省——四件（農林水産省との共同認定三件を含む）である。

表Ａは、適用の対象となったリストラ手法毎の件数である(16)（同じ計画の中で、例えば増資して合併するなど、複数の手法を利用している場合には重複してカウント）。

本法を利用した企業の約半数が増資（債務の株式化を含む）を行い、約四分の一が子会社を設立し、一五％弱が営業を譲り受け、又は持株会社を設立したということである。施設・設備の廃棄に利用した企業も一〇％ほどに上る。増資のための本法利用が突出しているものの、かなり万遍なく制度が利用されていることが分かる。(17)

これを支援措置の利用という観点で見たのが表Ｂである(18)（同様に重複カウント）。

約九割の企業が登録免許税の軽減を中心とした税制上の優遇措置を受け（大半は登録免許税の軽減である）、約四分の一が金融支援措置を受け、一割強が商法上の特例措置を受けたことになる。このうちの登録免許税の軽減金額は、推計値ではあるが六六〇億円を超える。(19) 軽減額の上位六件は全て金融機関で、みずほグループが二五六億円、三井住友銀行が八一億円、東京三菱銀行が六三億円、UFJグループが五五億円、りそなグループが四〇億円、中央三井信託及びさくら信託が一四億円[20]と、全体の約八割を占めていた。

他方、本法を利用した企業の業種は相当広範にわたる。その中でも、ホンダを除く国内主要自動車九件(三菱とスズキは各二回利用)、自動車部品七件、自動車販売六件、自動車販売金融三件などの自動車関連、大手の多くを含む鉄鋼関係一六件[21]、五大銀行グループ全てを含む銀行二二件(三井住友は三回、みずほと三菱東京は各二回利用)、保険四件、証券一件などの金融業、石油化学・化学関連一五件、製糖七件、製紙五件、産業・建設機械八件、小売業二件(ダイエー、西友)などが目に付く。

表A　事業再構築の手法

(　) 内は全件数に占める比率

手法	件数　(比率)
合併	27件 (13.2%)
資本の増加	98件 (48.0%)
持株会社設立	29件 (14.2%)
子会社設立	46件 (22.5%)
営業譲受	29件 (14.2%)
共同事業会社設立	15件 (7.4%)
営業・資産譲渡	23件 (11.3%)
施設・設備の廃棄	20件 (9.8%)

表B　利用された支援措置

(　) 内は全件数に占める比率

支援措置	件数　(比率)
登録免許税又は不動産取得税の軽減、設備廃棄に伴う欠損金の特例等の優遇税制	183件 (89.7%)
日本政策投資銀行による低利融資	46件 (22.5%)
産業基盤整備基金の保証	5件 (2.5%)
検査役調査の特例	26件 (12.7%)
ストックオプション	3件 (1.5%)
無議決権株式発行の特例	1件 (0.5%)

表C　事業再構築計画に基づく従業員数の変動

	従業員数
計画開始時	1,165,797名
計画終了時	1,080,451名
減少数	85,346名
新規採用	62,140名
グループ内外での出向・転籍	43,311名

従業員数の変化は、計画上の予定ではあるが、表C[22]が明らかにしている。解雇を予定した企業は一社もないが、八万五〇〇〇名を超える（開始時に対する比率七・三二％）減少は相当な数である。この減少は新規採用を含んでいるので、実際には減少数にこれを加えた一四万七〇〇〇名余が開始時の会社を離れることになる。もちろん出向・転籍は失職ではないので、仮にこれを全部控除したとしても、開始時の職場を離れる一四万七〇〇〇名余から四万三〇〇〇名余を控除した一〇万四〇〇〇名余が少なくとも現実に定年退職あるいは希望退職などで失職する人数ということになろう。これは開始時の従業員数の八・九四％に当る。本法に基づく計画を契機として、相当数の離職者が生み出されていることは確実である。[23]

自動車、鉄鋼、化学といった日本の基幹産業企業や金融機関などの二〇〇社ほどが、本法の制度を利用して、相当数の離職者を生み出しながら、企業再編・リストラを進めたのであり、本法はいわば十分に使い回されてきたといって良かろう。

2　産業再生法の改正

この産業再生法の改正は、二〇〇二年六月二一日に発表された政府の『経済財政運営と構造改革に関する基本方針二〇〇二』においてすでに言及されていたが、理論的な現状分析と具体的な改正の必要性を含めて提起したのは、二〇〇二年七月末に公表された産業構造審議会新成長政策部会（第三期）「中間とりまとめ」である。

この「中間とりまとめ」は、同部会（第二期）が前年一二月の報告書で提起した「イノベーションと需要の好循環」の形成に加えて、「大胆な事業再構築と新規産業創出の有機的連携による、ダイナミックな産業構造転換の実現」（同二頁）を提起する。

それは、「当該市場における競争状態によっては、『より競争を促進することこそ社会的厚生を高める』という議論が常に正しいとは言えない」ので、「過剰設備を解消して『規模の経済性』を高め、平均費用を減少させることができれば、余った生産資源（資本と労働）をほかの生産活動に回すことが可能となり、結果として社会全体の厚生も増大する」との理論的立場に立つ。[24] その上で、現状では、「『横並び体質』による製品や事業プロセスの絞り込みの遅れや、外部のステークホルダーからの『ガバナンスの欠如』により、不採算部門からの撤退などの痛みを伴う事業再構築が十分に進まない状況がなお存在する」[25]ので、「単なる事業再構築支援から、産業全体の生産性向上、競争力向上に寄与する産業再編に対して特に積極的支援策を講ずること」（同六七頁）が必要であるとした。このように「中間とりまとめ」は、主要には産業再生法を、個別企業の壁を越えた産業再編支援にまで拡大することを狙ったのであった。[26]

ただしこの時点では、産業再生機構設立問題は論議されておらず、三ヶ月後の「総合対応策」ではじめて両者が一体的に提起されたことは既述の通りである。

もっとも、二〇〇一年四月六日の経済対策閣僚会議「緊急経済対策」において、「金融機関の不良債権問題と企業の過剰債務問題の一体的解決」が打ち出され、「債権放棄を含む事業再構築計画の認定基準を明確化」するとの方針の下に、同法の施行規則の一部が改正され、債権放棄を受けた企業であっても産業再生法の支援対象になりうる旨が明確にされたので、これ以後、ダイエーなど八件の債権放棄を伴う計画が支援対象となった。[27] すなわち、私的整理の取組みの側面支援＝不良債権処理の促進のために産業再生法を活用するという手法は、この時点から始まっていたといえる。

3　産業再生法の改正内容とその狙い

産業再生法の主な改正内容とその狙いは次のように整理できよう。

第一に、リストラを進める個別の企業が本法をさらに利用し易くするための改正である。すなわち、事業再構築計画の中の事業構造変更の手段として、新たに「株式交換、株式移転、会社の分割」（同法二条二項）が加えられて支援対象となるリストラ手法が拡大されると共に、[28]税制上、金融上、商法・民法上の全ての支援措置も延長・拡充された。具体的には、今までの支援措置に加えて、税制措置としては後述の事業革新設備導入の投資に対する特別償却が新規に導入され、繰越欠損金の対象も設備廃棄等の帳簿価額に加えて設備等の撤去費用や原材料等の在庫廃棄損、割増退職金の割増部分その他に拡大された。また、商法・民法上の特例措置も、財産価格調査の免除の特例、簡易組織再編成の特例、特定株式等の交付に関する特例、合併等対価の柔軟化の特例、会社分割に際してする社債権者に対する催告に関する特例、資本の減少等に関する特例（同一〇条～一二条の一一）などが新設された。もちろんこれらの支援措置のほとんどは、以下で触れる共同事業再編計画、経営資源再活用計画、事業革新設備導入計画の場合にも適用される。

第二に、「中間とりまとめ」で強調された産業全体の再編に資するための改正であり、共同事業再編計画（同二条三項、五条など）の創設がこれに当る。この計画は、「供給能力が需要に照らし著しく過剰であり、かつ、その状態が長期にわたり継続することが見込まれる状態」（=「過剰供給構造」）にあると判定された事業分野で、施設の撤去、設備の廃棄などにより供給能力を減少させ、かつ、株式交換、株式移転、合併、会社の分割、営業の全部又は一部の譲渡・譲受、会社の設立・清算などの組織の再編成を複数の事業者が行う計画である。要するに、過剰供給状態にある業界ぐるみで、事業の集約・縮小・廃止を共同して行い易くするための仕組みといえる。

第三に、研究開発成果の市場化促進を狙った改正であり、「実証一号機」と呼ばれる設備にターゲットを絞って税制上の支援措置を講ずる。事業革新設備導入計画（同八条など）の創設がこれに当る。「事業革新設備」とは、研究開発との有機的連携要件、設備の革新要件、設備の第一号としての開発要素要件、設備の規模要件（一〇億円以上など）、商品・役務の革新性要件などの一定の要件を満たすもの（同二条五項及び「我が国産業の活力の再生に関する基本的な指針[29]の五）であり、研究開発成果の市場化の際のリスク＝いわゆる「死の谷」を乗り越えるための設備投資に特別償却を認める。[30]この設備導入は単独で認定申請できるが、他の諸計画の中に含めて申請すると特別償却率はより高くなる。[31]

第四に、再生市場の育成を通じて不良債権処理を進めるという観点からの改正点がある。債権放棄を受けた企業でも本法を利用できるので、同法自体が不良債権処理の促進に資するといえるが、ここでは再生市場育成という視点で整理しておく。

その一つは、経営資源再活用計画（同二条四項、六条など）の創設である。この計画は、合併、営業の譲受などによって他の事業者から事業を承継し、その経営資源の活用により生産性の向上を目指すことを内容とする。要するに、業容拡大を図る同業他社や企業再生ファンドが、経営不振企業が抱える優良な事業をその経営資源とともに承継して行う再生（同業他社が行う場合には、産業再編にもつながる）を支援する。事業再構築計画が自力再生型再生の支援でもあるとすれば、こちらは他力再生型再生の支援ということになる。[32]

二つ目として、中小企業等投資事業有限責任組合の投資対象に、中小企業のみならず、経営不振企業や産業再生法の認定企業を加えたことが挙げられる（同一六条の二）。民間企業再生ファンドがこれを利用して活発化することで、不良債権業種の再編、再生が進むことを期待しているのである。[33]

第五に、中小企業を念頭に置いた改正点がある。すなわち、①中小企業を対象とした「経営資源活用新事業計画」（同二条九項、二二条など）の創設、②中小企業に対する支援措置に関する経済産業大臣による「中小企業再生支援指針」の策定（同二九条）、③商工会、都道府県商工会連合会、商工会議所その他の「中小企業支援機関」としての経済産業大臣による認定（同二九条の二）、及び中小企業再生支援業務の遂行に関する重要な事項を審議・決定・助言するための「中小企業再生支援協議会」の設置（同二九条の三）などである。

まとめに代えて

そもそも企業と産業の再編・リストラという問題と金融機関の有する不良債権の処理という問題は相対的に別の事柄である。だからこそ、九〇年代には前者は事業革新法や旧産業再生法などによって担われ、後者は金融再生法に基づく破綻処理や、金融機能安定化法や金融機能早期健全化法による公的資金の注入などによって処理されてきた。二つの問題はいわば別々に追求されていたのである。それは金融機関が迫られていたのがバブル型不良債権の処理であったことからもそうであったといえる。

しかし二〇〇〇年以降に金融機関が直面していたのは、いくら処理しても新規に発生してくる不況型不良債権の処理である。これは日本企業全体の生産・販売活動の停滞に起因しているだけに、経済成長が復活するか、あるいは需要に合わせて生産を縮小し、コスト削減、リストラ・再編を進める以外に処理は進まない。経済が深刻な低迷状態から脱することができない以上、企業と産業の再編・リストラの一層の推進が選択されざるを得ない。そのための制度設計は二つの方向で進められた。

その一つは、公的資金を注入した不良債権処理という方向である。しかし過剰債務企業に公的資金を直接に注入するわけにはいかない。そこで過剰債務企業の再編・リストラという意味での私的整理を側面から支援すると共に再生市場形成のけん引役になるという「公共的」役割を担わせて機構を設立し、ここに銀行の保有する過剰債務企業の不良債権を買取らせ、最終的には国民負担の下に処理し得る仕組みを構築したのである。(34)

二つには、期限切れとなる産業再生法を延長し、企業と産業の再編・リストラに対する国家的支援を二〇〇八年三月三一日まで五年間継続するという方向である。しかも支援措置が延長され、新たな措置も追加されたこと、個別企業ばかりか業界ぐるみの再編・リストラにまで支援対象を広げたこと、実証一号機への税制支援を盛り込んだことなど、支援はさらに拡充され手厚くされた。(35)

この二つの方向は、企業と産業の再編・リストラを、単なる企業再生ではない事業再生として捉え直して、再生自体を事業化する方向＝再生市場化の促進を伴っている。機構がそのけん引役を期待されているという意味でも、また、産業再生法の改正が、再生市場の形成を前提とする経営資源再活用計画を用意し、かつ、再生ファンドが利用することを予定して中小企業等投資事業有限責任組合の業務範囲を広げたという意味でも、布石は打たれている。また二〇〇三年二月には「早期事業再生ガイドライン」も公表された。

しかし再生市場充実の過程は、日本的で濃密な企業間関係を打ち壊していくものであり、「日本経済に深く根ざした意識・慣行・しがらみをときほぐしていく作業」(36)に他ならない以上、機構の利用が多少進んだとしても、再生市場の確立が順調に進行すると見るのは早計に過ぎる。機構のつまみ食い的利用に終わるおそれも高いのである。

（1）拙稿「一九九〇年代の独占支配と市場・法——産業・金融再編と法の問題を中心に——」『法の科学』三一号、二〇〇一年九月一日、一四頁以下参照。

（2）二〇〇三年三月期決算では、五大金融グループと住友信託銀行、三井トラストグループの不良債権残高は約二〇八兆円であった。アサヒコム（http://www.asahi.com/）二〇〇三年五月二六日付記事。

（3）両法は、「不良債権処理と産業、企業の再生はこれは経済活性化のための車の両輪」であり、「機構と産業再生法はこれは産業、企業の再生のためのやはり車の両輪だ」という認識の下に構想された。第一五六回国会参議院経済産業委員会議録（以下、「参院議録」という）第四号平成一五年三月二五日（火曜日）での平沼赳夫経済産業大臣の答弁。

（4）二〇〇四年度までに、主要行の不良債権比率を半減させ、新しい金融システムを構築するために、「主要行の資産査定の厳格化、自己資本の充実、ガバナンスの強化」を目指すもの。

（5）支援基準の三項は、産業再生法の基準との整合性に配慮することにしており、その結果として、産業再生法と同じ「生産性向上基準」と「財務健全化基準」が採用された。

（6）参院議録第四号平成一五年三月二五日（火曜日）での福島啓史郎君の発言は、機構には公権力を背景とした権利調整機能と資金供給機能があるとする。

（7）再生支援決定から買取決定までの間に金融機関が抜け駆け的な回収をしないよう、機構は一時停止の要請ができる（同法二四条一項）が、これも利害調整機能の一つといえよう。

（8）『早期事業再生研究会報告書――早期着手と迅速再生を旨とする新たな事業再生メカニズムの確立に向けて――』（二〇〇三年二月）、三頁。なお同報告書四～五頁は、事業再生メカニズムの変遷という観点から、七〇年代は「メインバンク主導の私的整理のメカニズム」が機能した時代、八〇年代は「経済成長と資産インフレが問題の顕在化を回避」した時代、九〇年代以降は「破綻コストの顕在化と事業再生メカニズムの不在」の時代であると特徴づける。

（9）内閣府「産業再生機構（仮称）に関するＱ＆Ａ」『ＮＢＬ』七五五号、二〇〇三年二月一五日、一〇頁以下。以下、「Ｑ＆Ａ」という。

（10）「メイン寄せ」とは、私的整理しようとする場合に、メインバンクがたとえ相当に合理的な再建計画を作ってきても、非メインバンクは、債務放棄などの負担はそもそもこれまで面倒を見てきたメインバンクがとれば良いとの立場を取り、債権の期限の到来と共に満額回収しようとする行動に出がちであるというもので、私的整理が進まない最大の原因とされている。機構が第三者的な中立の立場でこれに関与することで、こうした弊害が緩和されるというのである。ただし、メイン寄せという事態はすでに終了しているという議論もある。第一五六回国会衆議院経済産業委員会財務金融委員会連合審査会議録第一号平成一五年三月一八日（火曜日）での五十嵐委員の発言。また、もし私的整理が不調で法的整理に移されれば、各銀行の損失はより大きくなるので、メインバンクと非メインバンクとの話し合いがつかないということは考えにくく、そうであるとすれば、メインバンクが機構に持ち出すのは結局のところ、どうすることもできない不良債権なのであり、機構がこれを買取って塩漬けにする危険性が高いという批判もあった。参院議録第一号平成一五年三月二七日（木曜日）での峰崎直樹君の発言。

（11）同法の委員会審議の中で谷垣禎一産業再生機構担当大臣は、機構が「どんと背中を押すような」役割を果たすべきことを再三にわたり強調し（例えば、第一五六回国会衆議院経済産業委員会議録（以下、「衆院議録」という）第六号平成一五年三月一二日（水曜日）での答弁）、機構設立時に産業再生委員長に就任した高木新二郎参考人（弁護士）も、「この産業再生機構は、背中を押すどころか、け飛ばすものだと思っております」（同第七号平成一五年三月一八日（火曜日）での答弁）と述べていた。

（12）「Ｑ＆Ａ」一五頁によれば、機構が買取るのは「要管理先」の債権中心であるが、「破綻懸念先」であっても「当該企業が再生するか否かが重要」なので、買取対象から除外されない。そうであるとすれば、焦げ付きのおそれは益々高まることになる。

(13) 機構が債権の買取価格を高めに設定するのではないか、結果として不良債権の塩漬け機関化するのではないかという点は、国会審議でも最も争点となったところである。谷垣大臣も「運用を誤れば、大銀行救済機関であったり、債権を塩漬けにして国民負担をうんとふやすようなことにもなりかねない面が確かにある」、「要するに、運用のよろしきを得ることがいかに難しいかということであろうかと思いますし、同時に、その運用のよろしきを得るためには、これは一種のリスクをとるという覚悟がなければ運用のよろしきも達成できない、まことに、ある意味では難しい仕組みである」として、その危険性を認めてもいる。衆院議録第八号平成一五年三月一九日（水曜日）での答弁。

(14) この側面を谷垣大臣は、「公的なファンドみたいなもの」をつくって「再生マーケットを育てていくということも視野に置かなければならないのではないかという意識」もあると表現する。同前での答弁。

(15) 本法の詳細については、拙稿「リストラ支援法としての九〇年代産業立法」『早稲田法学』七六巻三号、二〇〇一年三月、一五五頁以下、及び注（1）拙稿参照。

(16) この数字は、産業構造審議会新成長政策部会（第三期）「中間とりまとめ」（二〇〇二年七月）六〇頁に示された二〇〇二年六月末までの一四三件中の件数に、二〇〇二年七月~二〇〇三年三月三一日までの六一件中の件数（経済産業省のＨＰで公表された各計画の概要による）を加えたものである。ただし「施設の設備・廃棄」についてだけは、二〇四件全ての計画概要による。

(17) 同前六〇頁は、「産業活力再生特別措置法は一定の成果を挙げている」との評価を引き出す。

(18) 経済産業省のＨＰで公表された二〇〇三年三月三一日付の認定一覧表から作成。

(19) 参院議録第八号平成一五年四月一日（火曜日）での林良造政府参考人（経済産業省経済産業政策局長）の答弁。これは一九〇件ベースでの推計値であり、その後一四件の計画が認定を受け、そのほとんどで登録免許税の軽減を予定しているので、全件数としてはこの推計値を上回るであろう。

(20) 衆院議録第六号平成一五年三月一四日（金曜日）での、塩川（鉄）委員の質問に対する林政府参考人の答弁と、続く同委員の発言。また、同じ林政府参考人の答弁によれば、経済産業省案件中の上位五社は、「さくら信用保証、ダイエーグループ、ＪＦＥ、三菱、オリコ、おのおの七億円、六億円、六億円、五億円」である。

(21) 最大手の新日本製鐵は直接の利用者ではないが、その直系商社たる日鐵商事が新日鐵からの増資を受けるに際して本法を利用するなどしている。

(22) この数字は、二〇〇三年二月末までの一八三件の計画上の数字を答えた前掲注(19)の林政府参考人の答弁の数字に、これ以後の二一件の計画概要の数字を加えたものである。

(23) 同前の林政府参考人の答弁によれば、計画の終了した経済産業省の案件一四件では、計画終了時の従業員は計画申請時に比べて約九%(二九六〇名)減少した。その同じ席上で西山登紀子君は、上記一四社中の八社の実際の削減数が予定数の約二・七倍になっていることから、計画よりも大きな従業員削減が起こっている事実を指摘する。

(24) 「中間とりまとめ」六一頁。これは、「ある寡占市場において、各企業の生産・供給する財が互いに戦略的代替財であれば、自由参入・退出均衡下の企業数よりも少ない企業数に制限することで経済厚生を高めることができる」という、経済学上の「過剰参入定理」に立脚したものであり、「市場による『淘汰』が、過剰供給構造の解消の観点からは必ずしも最終的な解決策とならない場合があることにも留意する必要がある。会社更生法や民事再生法が適用され、仮に本格的な事業再編、産業再編を伴わずに再生する場合には、当該産業の過剰供給構造は何ら解消されない」(同六六頁)との理解にもつながる。その当否についてはここでは保留する。

(25) 同前六七頁。なお、同六一頁では、鉄鋼や石油化学などの寡占市場と半導体などの巨額のR&D投資と設備投資が要求される産業で、「過当競争」状態が見られると分析する。

(26) これ以外にも、研究開発・設備投資の促進のための税制措置その他にも言及している。

(27) 若月一泰「産業活力再生法の改正の概要――商法特例の拡充による企業再編の円滑化――」『商事法務』一六六一号、二〇〇三年四月二五日、四頁。

(28) ただし前述の旧法上の「事業革新」④については、新法の「事業革新」の定義から外された。

(29) 同法二条の二に基づいて経済産業大臣が事業分野別指針を定めるもので、各計画の認定の基準や目標設定などを定める。以下、「基本指針」という。また事業分野ごとに主務大臣が事業分野別指針を定めることもでき(同二条の三)、これまでに建設業分野だけに定められた。

(30) 基本指針では、この支援措置が国内需要を喚起する目的を持つ点に着目して、「国内空洞化への対応」という性格づけもしている。

(31) 事業革新設備の特別償却率は、事業革新設備導入計画では二四%だが、事業再構築計画及び経営資源再活用計画では三〇%、共同事業再編計画では四〇%である。また、この特別償却による減税見込み額は、経済産業省関係分の単年度で一〇〇億円程度であり、これを含む計画制度全体の減税見込み額は二二五億円と試算されている。衆院議録第六号平成一五年三月一四日(金曜日)の林政府参考人の答弁。

(32) 旧法では、これに似た計画として、事業再構築計画では利用できない経営資源を、事業再構築計画を前提として利用する「活用事業計画」が存在したが、利用実績は一件もなく、経営資源再活用計画の導入に伴い廃止された。新しい経営資源再活用計画は、事業再構築計画などと並行して申請することもできるし、単独で申請することもできる。

(33) 衆院議録第六号平成一五年三月一四日(金曜日)の高市副大臣の答弁では、これら二点に、不良債権業種が過剰供給構造にある場合の共同事業再編計画の利用を加えた三つを、不良債権業種の再編、再生における産業再生法の活用方法であるとする。

(34) 機構のHPによれば、二〇〇四年四月八日時点(業務開始から一一ヶ月間)では、ダイア建設、三井鉱山、カネボウ等の上場企業を含む一二の案件が支援決定を受けた。企業が再生案件を機構に持ち込むことを躊躇する傾向もあるようで、件数としては多いとはいえない。また経済産業省・中小企業庁「中小企業再生支援協議会の全体状況について」(平成一六年三月四日)によれば、産業再生法に基づいて全国四七都道府県に設置された機構の地方版といわれる「中小企業再生支援協議会」の取り扱い案件は三〇九四企業、再生計画策定対象案件二六三企業、うち再生計画策定完了案件六八企業であるという。またこれとは別に、自己資本不足に陥った「りそなグループ」に対して、二〇〇三年六月一〇日に預金保険法一〇二条に基づいて一兆九六〇〇億円の公的資金の注入が決定されたこと(『アサヒコム』二〇〇三年六月一〇日付記事)は、事態の打開がこうした枠組みだけでは足りないとの認識を拡げた。そのために期限切れとなっている金融機能早期健全化法を大幅に手直しした新法として、「金融機能の強化のための特別措置に関する法律案」が内閣により第一五九回国会に提出された。

(35) 経済産業省等のHPによれば、改正法に基づく計画認定は、二〇〇四年四月八日時点で事業再構築計画五四件、共同事業再編計画五件、経営資源再活用計画一四件、事業革新設備導入計画一件であり、そのうちの事業再構築計画一二件と経営資源再活用計画一件は債権放棄を伴う計画である。使い回された感の強い旧法下と比べても、延長された法制度の一年間の利用ペースとしてはかなり「好調な滑り出し」と見るべきであろう。事業再構築計画の認定企業には公的資金の注入を受けたりそなや、増資を行うみずほグループ等の銀行が含まれ、債権放棄を伴う事業再構築計画一二件中七件は同時に産業再生機構の支援決定も受けている。また共同事業再編計画は、半導体、アルミニウム、厚中板溶断、住宅建材、ステンレスの各事業でのものであり、業界ぐるみの再編・リストラ支援措置としても機能を発揮しつつある点は特徴的である。事業再構築計画、共同事業再編計画、経営資源再活用計画全七三件において、利用された手法をみると、増資が四八件(六五・八%)と最も多く、会社の分割――一七件(二三・三%)、営業・資産の譲受――一四件(一九・二%)、合併――一三件(一七・八%)などがこれに続く。共同事業再編計画だけでみると、五件中四件で会社の分割という手法がとられている。また、支援措置の利用は、登録免許税の軽減――七二件(九八・六%)、検査役の調査の特例――二一件(二八・八%)、日本政策投資銀行による低利融資――一五件(二〇・五%)、資産評価損の損金算入――六件(八・二%)、不動産取得税の軽減――六件（八・二％）などである。旧法と同様に、改正法も税の軽減措置を中心に存分に使い回されつつあるといって良かろう。

（36）前掲注（8）報告書二頁。

第9章　コンビニ・フランチャイズ訴訟の新たな展開と課題

近藤　充代

はじめに

長引く不況の下、低迷する他産業を尻目に、フランチャイズチェーンビジネス(以下、フランチャイズチェーンをFCという)はこの間、成長の一途を辿ってきた。二〇〇二年三月末現在で、チェーン数は前年より一三チェーン増の一〇六一チェーン、店舗数は六・四%増の二一万八八一二店舗、売上高は四・四%増の一七兆六一四一億円と、いずれも増加している。[1] このうち、小売業のFCは、チェーン数、店舗数において全体の三割強(三二五チェーン、七万七〇〇五店舗)、売上高においては六割強（一一兆四一三一億円）を占めるFC業界最大の業種である。そして、本稿の対象とするコンビニエンスストアは、小売業FCの、チェーン数で一三・二%（四三チェーン）、店舗数で五三・〇%（四万八四四店舗）、売上高では六二・六%（七兆一四二〇億円）を占める最大のFCである。

しかし他方で、コンビニの店舗は飽和状態に至り、チェーン間、店舗間の競争がますます激化している。二〇〇一年の閉店数は過去最悪、一店舗当たりの平均日販も下降傾向である。こうしたなか、上位チェーンによる寡占化が進むとともに、各チェーンにおいて本部が不採算店舗の閉店を迫るなどの事態が進行している。しかも、周知のように、[2]本部（フランチャイザー、以下ザー）に有利、加盟店（フランチャイジー、以下ジー）に不利な契約構造の下では、競争激化のしわ寄せもまた加盟店へと押し付けられることとなる。それゆえ、本部に有利できわめて訴訟予防的な契約内容とそれらに関する裁判所の無関心ゆえに、過去の判例が必ずしも加盟店に有利なものではないにもかかわらず、やむなく加盟店から本部に対し訴訟を提起する例も増加している。

私は以前、コンビニ・FC契約をめぐる二〇〇〇年以前の判例の動向を次のように分析した。[3]すなわち、契約締結過程については、ザー・ジー間の非対等性を前提としてザーの情報提供義務違反を認める判決も出はじめているが、契約内容の不当性に関するジー側の主張については、裁判所はあくまでも契約書を文言どおりに解釈するのみで、契約構造全体のなかで個々の条項がザー・ジー間で如何なる機能を果たすかについて検討を加えつつ、その妥当性を吟味するという視点が欠如している、と。以下、本稿では、この分析を踏まえて、二〇〇一年以降の判例の新たな動向について明らかにしたい。

一　二〇〇一年以降の判例の概観

（a）サークルK加賀黒瀬店事件（二〇〇一〔平成一三〕年五月一八日名古屋地裁、判時一七七四号一〇八頁）

元ジーが、FC契約締結にあたり、ザーが売上予測等に関し虚偽の事実を告げ、さらに経営の実態を元ジーらに告げないように既存加盟店主に口止めをした等と主張して、ザーに対し、①詐欺、②錯誤、③不法行為、④ザーの契約締結上の過失、あるいは⑤独禁法違反の不法行為等に基づいて、FC契約締結によって生じた損害の賠償を請求したのに対し（甲事件）、ザーが、元ジーは本件店舗の経営を二四時間以上放棄しており、本件FC契約における解除事由に該当すると主張して、元ジーおよびその連帯保証人に対し、本件店舗の閉店に伴う精算金等の支払を求めた（乙事件）事案。裁判所は、①、②、⑤については否定。③については、ザーの「本件店舗の売上予測に際してかなり楽観的ないし強気の見通しを立てていたことは否定できず、」しかも、そのような売上予測数値すら、元ジーに開示しなかった点は「社会通念上違法であ」るとして不法行為責任を認め、④についても、単に石川県内の既存店舗の平均日商を説明したにとどまり、「本件店舗に関するザー内部の日商売上予測値を開示しなかったことは情報提供義務違反になる」として、元ジーの損害額の一部を認容した（但し、過失相殺は四割）。また、乙事件については、ジーには「本件契約が定める無催告解除事由が存する」として、ザーからの契約解除を認め、ザー側が請求した精算金、解約違約金等の一部を認容した。

（b）サークルK宇治田原店事件（二〇〇一［平成一三］年六月二八日名古屋地裁、判例集未登載（以下、特に記載のない場合は判例集未登載）、平成一〇年（ワ）第七四四号保証金等返還請求事件（甲事件）、平成一〇年（ワ）第八一七号精算金請求事件（乙事件））

元ジーが、ザーに対し、①本件契約の錯誤無効による不当利得の返還、②本件契約締結時の詐欺、指導援助義務等の債務不履行を理由とする損害賠償、③ジー店舗の閉店に際してのザーの違法行為を理由とする不法行為に基づく損害賠償等を請求したのに対し（甲事件）、ザーが、元ジーおよびその保証人等に対し、本件契約の約定解除事由を理由とした解除に基づき、契約期間中の未清算金等を請求した（乙事件）事案。裁判所は、①、②については否定。③については、元ジーによる『コンビニ情報』（本部に批判的な内容やコンビニFC契約をめぐる訴訟に関する新聞・雑誌記事等を張り出した店内の掲示板）の掲示は解除事由を構成せず、ザーによる契約解除は無効であり、これを前提としたザーの行為は不法行為を構成するとして、元ジーの損害賠償請求を認めた。乙事件については、元ジーの責めに帰すべからざる事由による契約終了を前提とした清算金請求のみを認容した。[4]

（c）ローソン千葉事件（二〇〇一［平成一三］年七月五日千葉地裁、平成七年（ワ）第四二五号損害賠償請求

事件（甲事件）、平成八年（ワ）第一八七五号精算金等請求事件（乙事件））

元ジーであるA、B、C会社が、ザーに対して、①公序良俗違反による本件契約の無効、②契約内容の不公正な取引方法一般指定八項、一四項該当を理由とする独禁法違反、③勧誘時の欺罔行為を理由とする契約の取消し及び錯誤無効、④詐欺、説明義務違反を根拠とするザーの不法行為及び債務不履行を理由とする損害賠償を請求したのに対し（甲事件）、ザーがB、C会社およびその保証人に対して、債務不履行を理由とする本件契約解除に基づき違約金等を請求した（乙事件）事案。裁判所は、①、②、③については否定。④については、元ジーらに示された売上予測、経費予測等は「実績に基づいて算出された予測というよりもむしろ目標値として提示されたもので」あり、ザーは周囲の環境の変化等に伴う収入減少のおそれを容易に予測できたのに元ジーらに説明しなかったとして、説明義務違反を根拠とする不法行為ないし債務不履行の成立を認めた。他方、乙事件については、ザーのC会社とその保証人に対する請求の一部のみを認容。

（d）デイリーヤマザキ和泉内田店事件（二〇〇二［平成一四］年三月二八日大阪地裁、平成一二年（ワ）第四九〇三号損害賠償請求事件（第一事件）、平成一三年（ワ）第九五二七号請負代金等請求事件（第二事件））

ジーが、ザーに対し、①ザーの虚偽の売上予測等により被った損害につき、詐欺による不法行為または債務不履行に基づく損害賠償、②本件契約の錯誤または公序良俗違反による無効を根拠としたザー主張の債権の不存在確認、③ジーの経理担当者の精神的苦痛につき不法行為による損害賠償請求権に基づく慰謝料、を請求したのに対し（第一事件）、ザーがジーおよびその連帯保証人に対し、本件契約等に基づく債権の支払を請求した（第二事件）事案。裁判所は、②、③については否定。①については、「ザーが十分な根拠、資料に基づいて売上予測を最終決定していることを認めるに足りる証拠のない本件においては、」ザーが「ジーに示した売上予測は裁量の範囲を逸脱し、正確性を欠いている」として、ザーは情報提供義務違反により損害賠償責任を負うとした（但し、ジーの過失相殺は三分の一）。また、ザーの請求については、違約金等は認めなかったが支払代行金等の請求を認容した。

（e）サークルK加賀黒瀬店事件（二〇〇二［平成一四］年四月一八日名古屋高裁、平成一三年（ネ）第五一六号損害賠償請求控訴事件、同第八九九号承継参加申立事件）

（a）事件の控訴審判決。裁判所は、詐欺取消および錯誤無効等は否定したが、情報提供義務違反の不法行為が肯定でき、これによるジーの損害の一部が認められるとされた。他方、ザーの主張する清算金請求権の一部も認められた。

（f）デイリーヤマザキ泉野店事件（二〇〇二［平成一四］年五月七日金沢地裁、平成一二年（ワ）第二四二号損害賠償等請求事件（甲事件）、平成一二年（ワ）第六六六号商品代金等請求事件（乙事件））

元ジーが、ザーの①情報提供義務違反、②詐欺による不法行為による損害として、店舗営業期間中に生じた経理上の損失額等を請求したのに対し（甲事件）、ザーが、ジーの自己都合による本件契約の中途解約に伴う立替金および清算金等を請求した（乙事件）事案。裁判所は、「開店後の実際の売上高は被告が示した売上予測のせいぜい六〇％に過ぎず、……誤差として通常予想される範囲を超えているという他なく、翻ってザーによる立地調査が十分でなく、売上予測が合理性に欠けているものであったことを推認させる。」よって、ザーが「提供した情報は、客観性、的確性を欠き、ジーに本件フランチャイズ契約締結に関する判断を誤らせる恐れの大きいものであった」として情報提供義務違反を認めたが、「情報提供義務違反と相当因果関係がある期間は」「契約更新までの五年間」であるところ、この期間にジーの損害の発生は認められないとされた。他方、ザーの請求はほぼ請求額どおり認容。

（g）サークルK宇治田原店事件（二〇〇二［平成一四］年五月二三日名古屋高裁、平成一三年（ネ）第九一四号保証金等返還、精算金請求控訴事件、承継参加申立事件）

（b）事件の控訴審。裁判所は、錯誤無効、詐欺取消、保護義務違反等の債務不履行については否定。ジー店舗の閉店時の違法行為を理由とする不法行為に基づく損害賠償請求については、ザーからの契約解除は有効とした上で、ザーの自力救済的行為につき不法行為が成立するとした。他方、ザーの元ジーらに対する契約期間中の未清算金等の請求はほぼ全額認容。

（h）ファミリーマート宝塚口谷東店事件（二〇〇二［平成一四］年一〇月四日大阪地裁、平成一三年（ワ）第四四八七号損害賠償請求事件）

元ジーが、ザーに対し、①本件契約の要素錯誤による無効、②虚偽の売上予測を提供した詐欺による不法行為、③不正確な情報提供により契約締結に至らしめた不法行為、に基づく損害賠償を請求した事案。裁判所は、①、②については否定。③については、売上予測と売上実績とを対比すると「売上予測（売上予測?）の六割にも満たないものであって、その提示した数値が予測とはいえ、不正確で客観性を欠くものであること自体は否定できない」（カッコ内は筆者）として、「ザーの不正確な情報提供とジーの本件店舗の開業および廃業との間に相当因果関係を認めることができるから、ザーは情報提供義務違反によりジーが……被った損害を賠償すべき責任を負うのが相当」であるとした。元ジーの請求額はほぼ全額損害として認めたものの、過失相殺は五割。

（i）サークルK市坂店事件（二〇〇二［平成一四］年一〇月二二日京都地裁、平成一二年（ワ）第二五〇七号不当利得返還請求事件（甲事件）、平成一三年（ワ）第三〇二四号精算金請求事件（乙事件））

元ジーが、FC契約のうちロイヤルティ算定方法の公序良俗違反による無効などを理由にロイヤルティの一部相当額につき不当利得の返還等を請求するとともに、ザーによる同契約解除が不法行為に当たるとして損害賠償を請求したのに対し（甲事件）、ザーが、本件契約解除はジーの債務不履行を理由とするものであるとして解約違約金などの精算金を請求した（乙事件）事案。裁判所は、廃棄等にロイヤルティをかけることについては正当性と合理性があるとして公序良俗違反の主張を否定。他方、ジーの行為は本件契約の解約事由に当たり解除は有効であるとしてザーの精算金請求を認容した。

（j）　東近畿スパー草津帰帆島前店事件（二〇〇二〔平成一四〕年一一月七日大津地裁、平成一二年（ワ）第五七三号損害賠償請求事件、平成一二年（ワ）第九三号損害賠償反訴請求事件）

元ジーが、ザーに対し、①虚偽の売上予測等を理由として本件契約等の錯誤無効あるいは詐欺による取消に基づく不当利得の返還、②ザーの情報提供義務違反による不法行為に基づく損害賠償等を求めたのに対し、ザーは反訴として、ジーに対し、精算金、解約違約金等の支払を請求した事案。裁判所は、①については、本件店舗の立地条件につき、ザーの不十分な調査に基づく誤った説明によりジーが誤信した点で錯誤を認めつつも、事実の判明後もジーが契約解除することなく経営を続けていることなどを根拠に要素の錯誤までは認められないとした。②については、ザーが「売上額に少なからぬ影響を与えると考えられる事実関係」について「調査を怠った結果、……事実と異なる説明をし、これに基づく売上げを予測した」こともあって、本件店舗の「実際の売上額は、売上予測額と大きく異なることになった」としてザーの情報提供義務違反を認定し、ジーの初期投資額等を当該不法行為による損害額と認めた。他方、ザーの請求は信義則に反し許されないとした。

（k）　東近畿スパー愛東妹店事件（（j）事件と同じ）

元ジーが、ザー担当者の虚偽の説明および真実の秘匿による勧誘について、①本件契約の錯誤無効を理由とする不当利得の返還、②不法行為に基づく損害賠償を求めたのに対し、ザーが反訴として、ジーに対し、精算金、解約違約金等の支払を請求した事案。裁判所は、ジーの主張をいずれも退け、ザーの請求をほぼ全額認容した。

（l）　サークルK増泉店事件（二〇〇三〔平成一五〕年四月二八日金沢地裁、平成一一年（ワ）第六四一号損害賠償等請求事件（甲事件）、平成一二年（ワ）第一八三号精算金請求事件（乙事件））

元ジーが、ザーが提供した不適正な売上予測等にかかわって、①本件契約の無効を理由とする不当利得の返還、②ザーの情報提供義務違反による損害賠償を請求したのに対し（甲事件）、ザーは、ジーに対し、精算金、解約違約金等を請求した（乙事件）事案。裁判所は、①についてはザーに不当利得が存在しないとして否定。②については、本件店舗の「現実の売上実績は、……一年目で本件売上予測の六七パーセント、二年目で六二パーセント、三年目で五一パーセントという惨憺たる有様であったのであるから、売上実績が本件売上予測値よりもはるかに低水準で推移したことについて特段の原因が認められない限り、本件売上予測値自体が適正ではなかったと推定するべきである。」そして、「適正でない予測値を提供したことについてザーに過失がなかったことが立証されない限り、ザーに上記義務（＝適正な予測を示す信義則上の義務）に違反する過失があったと推認するべきである」（カッコ内は筆者）とした。他方、ザーの請求については、「情報提供義務違反行為の主体であるザーがジーに対し」、精算金や解約違約金を請求するのは「権利の濫用であるか信義に反し、許されない」として請求を退けた[5]。

二　コンビニ契約の締結過程

前節で概観した判決において、契約締結段階に関して争点となった主な論点について検討してみよう。

1　ザーの情報提供義務違反

コンビニ契約をはじめとするＦＣ契約は法形式上は対等な事業者間の契約として締結されるが、実際には、当事者たるチェーン本部（ザー）とジー希望者との間には、店舗経営や契約内容に関する知識・情報等の圧倒的な格差が存在する。この両当事者間の非対等な関係に関して、今日では判決においても一般に前提として認識されるようになっている。

また、このザーとジーとの間の格差にもとづき、ＦＣ契約締結過程においては、ザーがジー希望者に対し、契約締結の判断のために必要な、客観的で正確・適正な情報を提供すべき信義則上の義務があると解されている。これもまた、今日、多くの裁判例および学説の認めるところとなった(6)。

むしろ今日、裁判において問題となるのは、当該事項が、勧誘時にジーに対する開示が義務づけられる事項か否か、さらに、必ずしも開示が義務づけられない事項でも開示する以上はザーは正確な情報の提供義務を負うと考えられるが、では、どの程度の説明をもって当該義務を果たしたとみなしうるかという点である。この点につき、法令および判例においては具体的な基準は必ずしも明確ではない(7)。

まず情報提供開示が義務づけられる事項についてであるが、例えば、ＦＣの開示規制を参考にすると、中小小売商業振興法(以下、小振法という)第一一条および同施行規則第一〇条が、特定連鎖化事業を行う者の加盟希望者に対する書面交付義務および説明義務を課し、二二項目の記載事項を規定している。また、公正取引委員会のガイドライン「フランチャイズ・システムに関する独占禁止法上の考え方について(以下、公取委「考え方」という)」(平成一四・四・二四改訂)においても、「2　本部の加盟者募集について」の(2)アで、「加盟希望者の適正な判断に資するよう」「開示が的確に実施されることが望ましい」事項が掲げられている。

確かに、従来の判例の傾向からすれば、小振法の開示義務に対する違反が、ただちに当該契約の私法上の無効に結びつくことはないと考えられる。しかし、小振法の開示義務は行政庁の勧告の対象とされる最小限の開示義務を定めているものと解され、また、公取委の「考え方」におけるそれは、開示されることが望ましい事項としてではあるが、情報提供開示義務の内容を構成すべき重要事項を定めていると考えられる。それゆえ、小振法および「考え方」において開示項目として掲げられている項目は、ジー希望者が加盟するか否かを適正に判断する上で重要な情報であり、ザーが積極的に開示することが義務付けられるべき事項ということができよう(8)。

また、説明の程度については、おそらく個々の事例ごとに具体的に判断すべきことになろうが、私見によれば、少なくとも、①ジー希望者の判断にとっての当該情報の重要度、および②ジー希望者にとっての当該情報の難易度によって、ザーに課される説明義務のレベルは異なってくると考えられる。
以下、裁判においてしばしば争点となる売上予測等およびロイヤルティの算定方法について具体的に検討してみよう。

（1） 売上予測、収益予測

勧誘時にザー側から提供される情報でもっとも問題となるのが、売上予測、収益予測である。この点については、公取委の「考え方」において、「これらの額を提示する場合には、類似した環境にある既存店舗の実績等根拠ある事実、合理的な算定方法等に基づくことが必要であり、また、本部は、加盟店希望者に、これらの根拠となる事実、算定方法等を示す必要がある。」とされている。将来の予測の不確実性からこれを積極的開示義務に含まれると解することに否定的な見解もあるが、「出店後の売上予測等出店後の収益に関する情報は、ジーになろうとする者が契約を締結するか否かを決断するにあたって重要な資料となる。」（サークルK加賀黒瀬店事件（a））実際上、ザー側がこれを提示しないで勧誘することは考えにくいし、ジー希望者が売上予測、収益予測について何の展望も持たずに契約することもありえないと言えよう。この点に関し、（a）事件の控訴審判決（e）で裁判所は、一般論として、信義則上、ザーは、ジー希望者に対して、「予定店舗についての的確な情報を収集するとともに、収集して保有するに至った情報を、特に秘匿すべき事情のない限り」、ジー希望者に「開示し、フランチャイズ契約を締結するか否かの判断の資料として提供すべき義務、すなわち情報提供義務がある」とした上で、本件についても、「一審被告は、不正確な売上予測情報の収集しかしなかった上に、収集した情報を一審原告に提供しなかったものであって、一審被告において特にこれを秘匿すべき事情は認められないから、上記情報提供義務違反は明らかである」としており、売上予測等に関する情報提供を積極的な義務と位置付けている。(9)

確かに、売上予測等を積極的開示義務の対象とすることはザーにとって酷な面もあるかもしれないが、他方で、積極的開示義務ではないが開示に際しては正確性、合理性が要求されるとすることによって、ザーが情報提供義務違反を免れるため、そもそもこれらの情報をジー希望者に開示しなくなる可能性もある(実際に一部のコンビニ本部では売上予測を開示しない方針に変更したという)。そうであるとするならば、ジー希望者のより十全な意思決定を確保するためにも、むしろこれらを積極的開示義務の対象と位置づけ、その正確性、合理性を求めていく必要があろう。[10] しかもそれらの情報は、そのジー希望者にとっての重要性に鑑み、少なくとも、①基礎となる市場調査等は専門性に基づく十分な調査であること、および②そのような調査に基づく科学的、合理的な売上予測、収益予測であること、が必要であるといえよう。[11]

例えば、東近畿スパー草津帰帆島前店事件判決(j)では、裁判所は、ある店舗の開店前の時点で、「合理的な根拠をもって売上予測をすることは極めて困難なことである」と認めつつも、それが出店を決定する「最も重要なポイントになる」と考えられることから、ザーが「売上げ予測を示すにあたっては、その基礎となる事実関係について、十分な調査をし、その調査結果に基づいた売上げの予測額を示すべきであ」るとしている。また、サークルK増泉店事件判決(l)では、とりわけいわゆる粗利分配方式といわれるロイヤルティ徴収システムを採用している場合、「ジーの純利益は、売上予測のわずかな誤差によって大きく変動することとなるから、」「売上予測は、一層厳密さを求められるというべきであ」り、ザーは、ジー希望者に対し売上予測等を示す場合には、「売上に影響を与える諸々のデータを詳細に収集し、これを合理的、科学的に解析した適正な予測を示す信義則上の義務があ」るとしている。

それでは、判決において具体的にどの程度の正確さが必要とされているのであろうか。まず、サークルK加賀黒瀬店事件(a)では、本件売上予測に際し、被告は「かなり楽観的ないし強気の見通しを立てていたことは否定できず」「杜撰であったとの誹りを免れない」とされ、ローソン千葉事件(c)では、ザーが提示した「売上、棚卸しロス、見切・処分についての数値は実績に基づいて算出された予測というよりもむしろ目標値として提示されたものである」とした上で、被告は、周囲の環境の変化に伴い、原告の「収入が減少する危険が高かったことについて説明する義務があった」のに、これを怠ったとして説明義務違反が認定された。[12] ここでいう「かなり楽観的ないし強気の見通し」や「目標値」が十分な調査に基づく科学的・客観的な予測にはほど遠いことは明白であろう。

次に、以下の判決をみると、ザーの行った市場調査の内容や方法、売上予測の算出方法について、裁判所が踏み込んで検討した上で、不十分な調査やそれに基づく客観性、的確性を欠く売上予測を提示したこと自体を情報提供義務違反と認定するに至っている。

例えば、デイリーヤマザキ和泉内田店事件（d）では、競合店の範囲の限定、市場調査に基づく売上予測値算出段階での操作など「ザーが十分な根拠、資料に基づいて売上予測を最終決定していることを認めるに足りる証拠」がなく、「ジーに示した売上予測は裁量の範囲を逸脱し、正確性を欠いているといわねばならない。」として、ザーの信義則上の義務違反を認めた。[13]

また、東近畿スパー草津帰帆島前店事件（j）でも、ザーの担当者が、五〇メートル幅での自動車の乗り入れ、道路端の縁石、段差など、「売上額に少なからぬ影響を与えると考えられる事実関係」の「調査を怠った結果、……事実と異なる説明をし、これに基づく売上げを予測した」ことが注意義務に違反したとした。

さらに、以下のケースでは、裁判所は、立地調査等の内容に踏み込んだ検討をすると同時に、売上実績が売上予測の一定割合以下にすぎないということは誤差の範囲を超えており、そのことは翻って、ザーの調査が不十分であり、売上予測に合理性が欠けていたことを推認させるとの判断を示している。

例えば、デイリーヤマザキ泉野店事件（f）では、ザーがジーに示した調査・計画書に関して、立地調査、売上予測とも「正確性、客観性に疑問がある」または「客観性、合理性を欠いていると言わざるを得ない」とし、売上予測と実際との乖離に関しては、「開店後の実際の売上高は被告が示した売上予測のせいぜい六〇％に過ぎず、損益分岐点と見込まれた売上高に達するのに要した期間も予測よりはるかに長いことに鑑みれば、被告が示した売上予測と実際との差は、誤差として通常予想される範囲を超えているという他なく、翻って被告による立地調査が十分でなく、売上予測が合理性に欠けているものであったことを推認させる」として、被告の情報提供義務違反を認めた。

これに続くファミリーマート宝塚口谷東店事件判決（h）でも、「売上予測と原告の店舗開店後の売上実績とを対比するとその割合が閉店までの間のいずれの年度も売上予測（売上実績？）が売上実績（売上予測？）の六割にも満たないものであって、その提示した数値が予測とはいえ、不正確で客観性を欠くものであること自体は否定できない」（カッコ内は筆者）として情報提供義務違反により原告が被った損害を賠償すべきであると判示した。

さらに、サークルK増泉店事件判決（l）では、「現実の売上実績は、……一年目で本件売上予測の六七パーセント、二年目で六二パーセント、三年目で五一パーセントという惨憺たる有様であったのであるから、売上実績が本件売上予測値よりもはるかに低水準で推移したことについて特段の原因が認められない限り、本件売上予測値自体が適正ではなかったと推定するべきである。」そして、「適正でない予測値を提供したことについて被告に過失がなかったことが立証されない限り、被告に上記義務に違反する過失があったと推認するべきである。」としている。

このように、売上実績が予測の六割に満たないことから、予測じたいの不正確さを推定し、さらに適正でないことにつき、ザーに過失がなかったことを立証しない限り、過失があったと推認するというのは、ザーの市場調査等の不適正性についてのジーの立証負担を軽減するもので、そうした観点からも評価しうる判決といえよう。

（2）　ロイヤルティの算定方法についての説明

ロイヤルティの算定方法は、ジー希望者にとっては最大の関心事の一つであるが、裁判において争点となった事例は必ずしも多くない。ここでは、サークルK市坂店事件（i）を中心に検討したい。[14]

ロイヤルティの算定方法が積極的情報開示義務の対象となるかについて、まず、小振法第一一条および同施行規則第一〇条第一二号が「加盟者から定期的に金銭を徴収するときは、当該金銭に関する事項」を掲げ、その内容の一つとして「徴収する金銭の額又は算定に用いる売上、費用等の根拠を明らかにした算定方法」（同施行規則第一一条七、イ）を記載しなければならないとしている。つまり、ロイヤルティの算定方法は小振法上、契約締結に際し、ザーがジーにあらかじめ交付すべき書面に記載され、かつ説明することが義務づけられている事項である。また、前述の公取委「考え方」においても、「二　本部の加盟者募集について」の(2)アで、「加盟希望者の適正な判断に資するよう」「開示が的確に実施されることが望ましい」事項として、「④加盟後、本部の商標、商号等の使用、経営指導等の対価として加盟者が本部に定期的に支払う金銭（以下「ロイヤルティ」という。）の額、算定方法、徴収の時期、徴収の方法」が掲げられている。

しかも、当該情報は、売上予測等とは異なり、情報収集のために特にザーの負担を要せず、また、ザーによる予測などの不確定な要素を含まない内容であって、ザーがジー希望者に開示、説明することはきわめて容易である。それゆえ、ロイヤルティの算定方法については、当然にザーの積極的情報提供開示義務の対象になるものと考えてよいであろう。

次に、情報提供義務の程度であるが、まず情報の重要性についてみると、ロイヤルティの算定方法は、当然のことながら、これによってロイヤルティの多寡を決定するための事項である。周知のようにジーの実収入が、売上高から、売上原価、ロイヤルティ、営業経費等を差し引いたものであることからすれば、ロイヤルティの多寡は直接、ジーの実収入を左右するものである。つまり、ロイヤルティの算定方法は、売上予測や収益予測と同様、契約締結に際し、ジー希望者が開店後、当該店舗を経営することで生活が成り立つかどうか（＝事業リスク）を判断する上できわめて重要な情報なのである。

次に当該情報の難易度について検討すると、大手コンビニチェーンで採用されている計算方法は、通常の会計原則からは想定し得ない、コンビニＦＣに特異な計算方法である。とりわけ「売上総利益」に廃棄等が含まれることから、ジーの側からすれば、通常の会計原則にもとづく場合よりも〔廃棄等原価×ロイヤルティ率〕の分だけロイヤルティを余分に支払うことになる、いわゆるリスク情報である。

しかも、これらの計算方法は特異な用語と複雑な計算式を用いるものであり、コンビニ経営にはじめてかかわろうとするジー希望者にとって、ザーによる懇切丁寧な説明なしにこれが何を意味するかを理解することは極めて困難である。のみならず、一定の事業経営の経験があり知識のある者にとっても、通常の会計原則に関する知識があるが故にかえって、被告の特異な計算方法について誤解を招くおそれがあるといえよう。したがって、ジー希望者が全くの素人であろうと、事業経営の経験者であろうと、このようなロイヤルティの算定方法は、きわめて複雑で理解しにくい事項であるといえよう。

それゆえ、ロイヤルティの算定方法に関しては、当該情報の重要性および理解困難性から、ザーには通常よりも重い説明義務が課されているというべきである。少なくとも、ザーはジー希望者に対し、通常よりも詳細かつ丁寧な説明を行うことによって、その独特の計算方法につきジー希望者が正確に理解できるように努めるべきである。

この点に関して、サークルＫ市坂店事件（ⅰ）では、ジー側は、ザーの採用する計算式では廃棄等にロイヤルティがかけられているにもかかわらず、「廃棄等にはロイヤルティはかからない」とする説明文書を提示し、ザーの勧誘員もその旨説明していた点を問題としたが、裁判所は、ザーが虚偽の説明をしたことについては何ら判断を下さず、ザーの採用する計算方法には一定の合理性があると述べるに止まった。しかし、前述のように、ロイヤルティ算定方法にはより重い説明義務があると解すべきであり、裁判所は、説明文書の記載および勧誘員の説明内容について十分吟味し、ザーの説明義務違反を認定すべきであったと考える。

2　勧誘行為による錯誤無効、詐欺取消

次に、原告側がザーの勧誘行為により錯誤に陥ったとして契約の無効を主張したり、詐欺的な勧誘により結ばされた契約であるとして取消を主張した事例に関する裁判所の判断について検討しておこう。

例えば、東近畿スパー草津帰帆島前店事件（j）では、裁判所は、ジーによる加盟店基本契約、賃貸借契約の錯誤無効を理由とする不当利得返還請求に対し、本件店舗の駐車場については、ザーの担当者らが「十分な調査をしなかった結果、誤った認識のもとに、原告に対し、道路から五〇メートル幅で自動車の全面乗り入れができると説明し、原告においてその旨を誤信した点において、原告には、加盟店基本契約、賃貸借契約の締結にあたり錯誤があったと認めるのが相当である」としつつも、しかし、①そのことがわかった後も、「原告は、それを理由に直ちに加盟店基本契約等を解除することなく、同店の経営を続けているのであり」、②五〇メートル幅での乗り入れが「できないのであれば契約を締結しなかったとまで認めるに足りる証拠はない」から、そのことが「原告の意思表示の要素となっていたとまで認めることはできない」とした。

また、詐欺による取消の主張に対しては、担当者は誤った説明をしたが、欺罔の意思があったとまでは認められないので、詐欺にはあたらないとした。

さらに、ザーに一方的に有利な契約内容（ロイヤルティの計算方法、全額送金制、高額な違約金等）について、ザーからの説明がなかったため誤信して契約したとの主張については、契約締結に先立ち、ザーは、契約内容についてジーに説明し、契約締結にあたっては契約書の読み合わせをしたことが認められるので、この点につき、ジーに錯誤があったとは認定できず、ザーの担当者に欺罔行為があったと認定することもできないとした。

また、東近畿スパー愛東妹店事件（k）では、主として最低保証についての錯誤が争われたが（本件では売上予

測の提示はなし)、ザーの担当者は、「原告に対し、オーナー総収入額が最低保証額を下回った場合に、被告が差額を補填し、その補填額がフランチャイズ勘定において原告の被告に対する債務となることについて説明をしているのであるから、この点において、原告の錯誤の主張は理由がない」とし、仮にジーがザーの説明を完全には理解していなかったとしても、「一定の売上総利益額が最終的にも保証されるということは、店舗経営の性質上、とうてい考えられないことであり、」「この点に関する錯誤はなかったというべきである」とされた。

ここで、(j)事件判決において、駐車場について、「原告には、加盟店基本契約、賃貸借契約の締結にあたり錯誤があった」としながら、そのことがわかった後も、原告がそれを理由に直ちに契約解除することなく経営を続けていることなどを理由として要素の錯誤があったとはいえないと結論付けたのは疑問である。ジーにとり巨額の投資をして始め、生活もかかっている店舗経営を、「直ちに」中止することは通常考えられず、このような理由を挙げることは、裁判官がジーの置かれた状況を理解していない証拠である。

また、駐車場への五〇メートル幅での乗り入れに関しても、それが可能かどうかは、日商予測と密接不可分の関係にあり、事実がわかっていれば日商予測の下方修正がなされたはずであり、契約を締結しなかった可能性は高いと考えるべきであろう。

さらに、最低保証については、(k)事件のように裁判所で争点とされるケースは珍しいが、「最低保証があるので安心です」といった勧誘員の言葉や、「保証」という名称の紛らわしさのため、契約時点ではジーの債務になると認識しておらず、後々、計算書を見てはじめて理解するといったケースをしばしば耳にする。それゆえ、勧誘段階で相当詳しい説明義務をザーに課すべきであり、「一定の売上総利益額が最終的にも保証されるということは、店舗経営の性質上、とうてい考えられないことであ」るから、ジーがザーの説明を完全には理解していなかったとしても、錯誤にはならないという裁判所の判断は、ジーにとっては酷であろう。

3　勧誘行為の「ぎまん的顧客誘引」該当性について

次に、ザーの勧誘行為を独占禁止法の不公正な取引方法一般指定第八項のぎまん的顧客誘引行為に該当するとの主張に対する裁判所の判断を見てみよう。

ザーによる虚偽の売上予測等による勧誘がぎまん的顧客誘引に該当するとの主張に対し、例えば、サークルK加賀黒瀬店事件（a）判決では、ジーにとって「重要な事項である本件店舗の日商売上予測値を開示しなかったことは前示のとおりであるものの、……ザーが、実際のものよりも著しく優良又は有利であるとジーに誤認させ、自己と取引するように不当に誘引したと認めるに足りる証拠はない。」として、ジーの主張を退けた。

また、サークルK宇治田原店事件（b）判決でも、売上予測等について、「市場調査の予測に誤りがないと断定したり、本件契約を締結すれば、必ず一定の利益が得られることを保証することを約したことまでは認められない」として、ぎまん的顧客誘引に該当する行為は認められないとした。

ローソン千葉事件（c）でも、「被告ローソンの従業員らはあくまでも予測を示したのであって、一定の利益を保証することを約したとまでは認められないから、被告ローソンが原告等を本件各フランチャイズ契約への加入を勧誘するにあたり、虚偽又は誇大な情報提供を行ったとまでは認められ」ない、としてぎまん的顧客誘引該当性を否定した。

以上のうち（b）、（c）とも、「一定の利益を保証することを約したとまでは認められない」ことを根拠に、ぎまん的顧客誘引該当性を否定している。確かに利益保証をすれば「虚偽又は誇大な開示」であることは確かである。しかし、ぎまん的顧客誘引の違法性（公正競争阻害性）は、「顧客の適正かつ自由な選択を歪め、正しい表示等を行っている競争者の顧客を奪うおそれがあるので、それ自体能率競争に反する行為である」点にある。[15] そうであるとすれば、これらの判決では、顧客の適正かつ自由な選択を歪め、競争者の顧客を奪うおそれがある行為を、利益保証という狭い範囲に限定しすぎであろう。[16]

また、公取委「考え方」は、「予想売上げ又は予想収益を提示する場合」について「類似した環境にある既存店舗の実績等根拠ある事実、合理的な算定方法等に基づくことが必要であ」るとし、ぎまん的顧客誘引該当性に関する勘案事項として、「その額の算定根拠又は算定方法が合理性を欠くものではないか」を掲げている。この点に関連して、（c）判決は、前述の情報提供義務違反の認定のところで、ローソンの従業員が示したのは「予想の範囲を超えた目標値」（＝実績に基づく予測ではない、あるいは誇大な開示である）であったと認定し、しかもその危険性をジーに告知しなかった（＝十分な開示を行わなかった）と認めている。これをそのまま当てはめれば、ぎまん的顧客誘引に該当することは明白であろう。

また、サークルK市坂店事件（i）では、ジーはロイヤルティの算定方法についての虚偽の説明がぎまん的顧客誘引に該当すると主張したが、裁判所の容れるところとはならなかった。しかし、「考え方」では、ロイヤルティの算定方法に関する勘案事項として、「ロイヤルティの算定方法に関し、必要な説明を行わないことにより、ロイヤルティが実際よりも低い金額であるかのように開示していないか。たとえば、売上総利益には廃棄した商品や陳列中紛失等した商品の原価（以下「廃棄ロス原価」という。）が含まれると定義した上で、当該売上総利益に一定率を乗じた額をロイヤルティとする場合、売上総利益の定義について十分な開示を行っているか、又は定義と異なる説明をしていないか。」とされている。（i）事件のロイヤルティの計算方法はまさに「考え方」の言う「売上総利益には廃棄した商品や陳列中紛失等した商品の原価が含まれると定義した上で、当該売上総利益に一定率を乗じた額をロイヤルティとする場合」であり、しかも、契約締結過程で、ザーは「売上総利益の定義について十分な開示」を行わず、また、説明文書において「廃棄等にロイヤルティはかからない」として「定義と異なる説明」をしている。このように説明文書に契約書記載の計算方法とは異なる虚偽の説明を記載し、それにつきジーの誤解を解くための説明を怠ったザーの勧誘行為は、ジー希望者の契約締結にかかる適正かつ自由な選択を歪める行為であって、ぎまん的顧客誘引に該当するといえよう。

三　契約内容

契約内容の不当性にかかわっては、ジーが、ザーによる二四時間営業や仕入先・仕入商品等の事実上の強制、過大な売上高の事実上の強制、店舗への立入調査権を、独禁法上の優越的地位の濫用に該当する旨主張した事例があるが、[17]いずれも裁判所の認めるところとなっていない。以下では、係争中の幾つかの訴訟においても中心的争点とされており、今後も議論の余地が大きいと考えられるロイヤルティの問題と、経営不振で閉店に至ったジーにとり重大な意味を持つ解約条項について論じたい。

1　ロイヤルティの算定方法

ロイヤルティの算定方法に関わって、見切・処分（＝商品廃棄）等にロイヤルティをかけることの不当性を最初に問題としたのはローソン事件（一九九六［平成八］年二月一九日大阪地裁、判タ九一五号一三一頁）であった。[18]本判決では、当該計算方法は、仕入数量が専らジーの判断に委ねられており見切等の損失はジーが負担すべきこと、不正なチャージ逃れ防止のための計算方法であるとするザーの目的には一応合理性があること、などを考え合わせると、公序良俗に反して違法とはいえないと判示された。

また、ローソン千葉事件（c）でも、ジーが、見切・処分及び棚卸しロス分にもロイヤルティをかけることによる二重取りの不当性を主張したのに対し、裁判所は、当該算定方法の不公正性を「否定できない」としつつも、チャージ逃れの防止という理由にも合理性があるなどとして不当性を否定した。もう少し詳しくみると、裁判所は、「見切・処分及び棚卸しロスをそれぞれ一パーセント内に納めることは不可能ではないにしても達成することが極めて困難であること、見切・処分等にチャージをかけることによってフランチャイジーの売上が減少しても仕入れ額が変わらない限り被告ローソンの取得するチャージ額は減少しない結果となり、売上に関するリスクはフランチャイジーが全て負担しなければならない仕組みになっていること」から、「かかる仕組みがフランチャイザーにとっては有利な、フランチャイジーにとっては不利な仕組みとなっていることは否定できない」と認めている。しかし、にもかかわらず、「見切・処分等は基本的にはフランチャイジーの責任領域で生じるもの（で）あること、実際にチャージ逃れを行うことは難しいとしてもチャージ逃れということを完全に否定することはできないこと、見切・処分等にチャージをかけなくても、チャージ率が高ければフランチャイジーの収入は減少するのであって、チャージの率やフランチャイジーの収入を考慮せずに、見切・処分等にチャージをかけることのみをとらえて有利、不利を論ずることは相当でなく、チャージ率をどのように定めるかは基本的に当事者間の合意に任されるべきであること」等を理由として、「見切・処分等の分の二重取りに当たるとはいえない」と判示した。

さらに、サークルK市坂店事件（i）では、ジー側は、ロイヤルティは純利益にかけるべきであるとの見解に基づき、「売上総利益」を基礎とする算定方法自体の不当性を問題とした。これについて裁判所は、「売上総利益を基礎にロイヤルティを計算することは、必ずしも、原告に一方的に、不公正なほどの不利益をもたらすものともいえないし、原告及び被告が、それぞれにおいて把握可能な経費を負担するという意味においても合理性を有するものということができ、本件契約に基づくロイヤルティの算出方法についての約定が、公序良俗に反するとはいえない。」とした。

また(i)事件では、ジーは、前述の二つの事件同様、廃棄商品等に対してロイヤルティをかけることの不当性をも問題にしたが、これに対しザー側はあくまでも廃棄等にロイヤルティはかかっていないと反論した。この点につき、「……上記計算式の上では、売上総利益中には、廃棄商品等の原価も含まれることになり、その原価に所定の割合（ロイヤルティ率）を乗じたものもロイヤルティの中に含まれることになる。」として、ザーの反論を退けたものの、加盟店側の「不正を防止する必要性は否定し難い」し、「また、被告にとって、商品の廃棄及び棚卸ロスは、直接に把握できない事情であ」ることを考慮すると、当該計算方法は「合理性を有するものである。」「したがって、売上総利益を上記のような算出方法で定める結果、廃棄商品等原価に対してロイヤルティをかけていることになるとしても、……公序良俗に違反とまではいえない。」と判示した。

これらの判決には、コンビニに特有の会計システムがジーにとり如何なる機能を果たしているかの認識が極めて不十分である。まず、見切・処分（商品廃棄）の額は、一方で売上総利益に含めて計算されると同時に、他方で、営業経費としてジーの総収入（フランチャイジー収入）から差し引かれている。つまり、見切・処分をチャージの対象とすることと、これをジーが負担していることとは別問題であり、後者が前者の正当化理由とはなり得ない。ジー側は、見切・処分、棚卸ロス分等を経費として負担している。にもかかわらず、ザーがそのロス分からさらにチャージを取ることを不当だといっているのである。

また、ジーのチャージ逃れ防止についていえば、確かにザーにとっては最も簡単な防止方法であろうが、ジーの犠牲の上にこのような安易な計算方法を採用するというザーの姿勢は、「共存共栄」という本契約の精神に反するといえないだろうか。

さらにいえば、（c）事件および（i）事件でも問題としているように、そもそも見切・処分を全額ジーが負担していることの是非も問題である。ザーに帰責事由のある見切・処分についてはそれじたいをザーが負担すべきである。(19)

2　解約条項、高額な違約金

ジーの契約違反を理由とするザーからの即時解約に関わって、サークルK加賀黒瀬店事件（a）では、ザーの情報提供義務違反による不法行為を認めながら、他方で、ジーが二四時間以上店舗経営を放棄したことを理由とするザーからの無催告解除を認めた。ただし、ザーからの違約金請求については、（ザーにも不法行為等が認められることを考慮して）合意解除のそれを適用すると判示した。

サークルK宇治田原店事件（b）では、『コンビニ情報』を掲示したことがサークルKイメージの毀損となり、解約事由に該当するかについては、「これによって、本件店舗と被告との関係が良好ではないという印象を顧客に与えることにはなるものの、その内容は、新聞記事および雑誌記事として公表されているものであって、必ずしも根拠のないものであるとはいえず、」この行為によって「本件店舗における売上に著しい影響があるものとは認めることができない」などの理由から、「サークルKイメージを毀損したものとまで認めることはできない。」（＝解除事由は存しない）とした。また、ジーの売上金送金の停止が解約事由に該当するかについても、売上金送金停止は重大な義務違反ではあるが、送金を停止するについては「種々な事情があるものと考えられ、……しかも、フランチャイズ契約を解除することは、加盟店オーナーにとって、ばくだいな投下資本を無にする上、その生活権を脅かすという重大な効果を生じさせるものである。」したがって、「契約解除を認めるか否かは、未送金の原因、その金額等の事情に照らして慎重に判断することを要する」とした上で、本件に沿って検討すると、「原告の行動が妥当であるか否かは別としても、当然に、この売上金の未送金について、本件契約の解除という究極のペナルティーを課すことは許されないというべきである」として、当該事由に基づく契約解除は無効とした。[20]

違約金規定に関しては、一般論として、あらかじめ高額の違約金を定めておくことについては、従来同様、それ自体の不当性を認める判決はみられない。例えば、(a)事件では、「解約違約金等が社会的に相当と認められる範囲を超えて著しく高額であると認められないかぎりは、このような解約違約金等の定めも公序良俗に違反するものではないと解される。」とされた。

また、ローソン千葉事件(c)では、前段において、「原告らが本件各フランチャイズ契約を解除した場合には、……平均チャージの六か月分ないし一〇か月分といった中途解約金を支払うこととされており、そうした違約金の定め方があることが取得額が非常に低いあるいは赤字のフランチャイジーが契約から離脱することを妨げる結果となる場合があることは想像に難くなく、右違約金を課すことによって守られる被告ローソンの利益と、違約金を課されることによってフランチャイジーが被る損失とが著しく均衡を欠き、右規定に従って違約金の支払を求めることが公序良俗に反する場合があることは否定できない。」としつつも、結論としては、「安易な廃業の抑制という理由にも一定の合理性があり、かかる違約金の定めが直ちに公序良俗に反するということはできない」とされた。

ジーの自由な廃業によるザーの損害、ジーの「安易な廃業」とは、一体何をイメージしているのか。ジーの置かれている立場を全く理解しないものである。[21] (b)事件判決の「……フランチャイズ契約を解除するということは、その経営者にとって、それまでの投下資本を無にし、職を失うことにつながることになる」という認識とのギャップは大きいといえよう。

しかし、個々のケースにおけるザーからの解約違約金請求に対しては、裁判所はザーに帰責事由がある場合には信義則に反する等として退けている。

例えば、(c)事件では、ローソンからの違約金請求(過去四ヵ月の平均チャージの四ないし六ヵ月分)に対して、ローソンの提供した情報により収支を誤ったことが閉店の原因であったとしてこれを退けている。これに対し、(a)事件では、前述のように本件契約の違約金規定じたいの不当性は否定したうえで、ザーが請求する違約金五五三万円に対し、本件の事情を考慮すれば、「本件契約が合意解約された場合において被告会社が自認する解約違約金一四一万一八〇一円を超えてその支払を求めることは信義則違反ないしは権利の濫用として許されないと解するのが相当である」とされている。

その後のデイリーヤマザキ和泉内田店事件（d）では、ザーの主張のうち、中途解約違約金（ロイヤルティの一二カ月分）、リース解約金（リース料三回分）及び敷金償却分については、本件契約の中途解約の原因がジーの都合にあったのではなく、ザーにあることから、これらを認めなかった。他に、東近畿スパー草津帰帆島前店事件（j）、サークルK増泉店事件（l）でも、同様の理由からザーの違約金請求が退けられている。

これらを見ると、前述の（a）事件で、ザーの情報提供義務違反を認めながら、ジーの店舗経営放棄を解除事由とみなし、減額しつつも違約金支払を命じた点は疑問である。ジーの行為はザーの情報提供義務違反に端を発するものであることは明白であり、その原因を作ったザーからの違約金請求は認められるべきではないと考える。

また、（j）、（l）判決では、違約金のみならず、ザーからのフランチャイズ勘定の貸方残額の請求も否定しているのに対し、（a）、（c）、（d）判決ではこれを認容している。しかし、そもそも貸方残額は、ザーの情報提供義務違反を原因とするジー店舗の経営不振等により生じており、これをジーに負わせることは酷である。裁判所はコンビニ特有の会計システムに目をくらまされているといえよう。

おわりに

以上のように、最近のコンビニ契約をめぐる判例の動向をみると、ザーの情報提供義務違反については、裁判所が、ザーの行った市場調査の方法や売上予測等の算出方法に踏み込んで検討を加え、調査が不十分であったことや客観性、的確性を欠く売上予測等を提示したことをもって情報提供義務違反を認定しているケースや、開店後の売上実績と売上予測との乖離に注目し、一定割合以上の乖離は誤差の範囲を超えるものであって、ザーの調査の不十分さや売上予測の合理性欠如を推認させると判断しているケースが見られるなど、従来の判例からすれば一定の進展が見られる。しかし、これらの訴訟におけるジー側の主張では、（さらに現在係争中の訴訟におけるジー側の主張を見ても）、情報提供義務違反にとどまらず、錯誤無効や独禁法違反、さらには、ロイヤルティの算定方法や高額違約金の定めなど契約内容じたいの不当性が問題とされている。ところが、裁判所はそうしたケースにおいても契約締結過程におけるザーの情報提供義務違反は認めるものの、依然としてそれ以外については踏み込んだ検討を欠き、とりわけ契約内容については、当該条項の現実の機能に十分注意を払うことなく「一定の合理性」を認めてしまっている。とはいえ、ローソン千葉事件（c）のように、判決文中でコンビニ契約内容の不公正性を一定程度認めたと取れる判断も示されており、今後は、裁判所によるザー・ジー間の実態に即した契約内容についての判断が期待される。

さらに、本稿では検討できなかったが、ザーの情報提供義務違反に基づき損害賠償請求が認められた場合でも、ジーの損害として何をどこまで認めるか（損害額の認定）、さらに過失相殺を何割とするかによって、実質ジーの敗訴に等しい場合も生じている。損害額の認定に関しては、契約期間中ジーが支払ったロイヤルティの額を損害と認めるかが、ジーの側からは重要な論点となる。ロイヤルティの性質論とも関わる問題である。また、過失相殺については、ジーの事業経営経験などを根拠に三割、四割という高率の過失相殺を認める事例がみられるが、疑問である。この点はコンビニ経営、コンビニ契約の独自性、特異性の理解とも関わる重要な論点といえよう。これらについては稿を改めて論ずることとしたい。

（1）『商業界一月号別冊　日本のフランチャイズチェーン二〇〇三』一四頁以下、四四頁以下。
（2）詳しくは、近藤充代「コンビニ契約の内容」本間重紀編『コンビニの光と影』花伝社、一二五頁以下。

（3）近藤充代「コンビニ・FC契約をめぐる判例の新たな動向」飯島紀昭・島田和夫・広渡清吾編『清水誠先生古希記念論文集　市民法学の課題と展望』日本評論社、五三七頁以下。

（4）本件に関わっては、別途、元ジー側が出版した『現代コンビニ商法　サークルKに見る奴隷契約』（かもがわ出版、二〇〇〇年）という書籍をめぐって、ザー側が出版禁止等を求める仮処分を申請したが却下され（二〇〇一［平成一三］年二月一五日京都地裁　平成一二年（ヨ）第六四二号書籍出版等禁止仮処分命令申立事件）、ザー側が出版禁止等および損害賠償を求めた一審判決では、裁判所は、同書の記載はサークルKの社会的評価を低下させるものであるとして著者側の不法行為を認定し、サークルKの損害額として五〇万円を認めたが、同書の出版差止請求は退けた（二〇〇二［平成一四］年九月二五日名古屋地裁一宮支部　平成一二年（ワ）第三三三号損害賠償等請求事件）。なおその後、高裁段階で和解が成立している。

（5）なお、これら事件のその後の経過について若干付言すると、これらのうち、判決が確定したものは（a）・（e）事件、（b）・（g）事件（ジー側が上告したが棄却された）、（c）事件、（h）事件の控訴審判決（但し、未入手のため未見）、（k）事件であり、控訴審において係争中のものは（f）事件、（i）事件（二〇〇四年二月二七日結審、五月二八日判決予定）、（j）事件、（l）事件である。また、（d）事件では、控訴審段階で和解が成立した。

（6）例えば、「相手方に不正確な知識を与えること等により契約締結に関する判断を誤らせることのないよう注意すべき保護義務」（東京地判平一・一一・六判タ七三二号二四九頁、イタリアン・トマト事件）、「フランチャイジーの意思決定に際しての客観的な判断材料になる適正な情報を提供する信義則上の義務」（大阪地判平七・八・二五金商九九七号三〇頁、とうりゃんせ事件）などと判示されている。ほかに、京都地判平三・一〇・一判タ七七四号二〇八頁（ブール進々堂事件）、東京地判平五・一一・二九判時一五一六号二九頁（クレープハウス・ユニ事件）、名古屋地判平一〇・三・一八判タ九七六号一八二頁（飯蔵事件）等。また、コンビニ・FC契約についても、「できる限り客観的かつ正確な情報を提供する信義則上の義務」（大阪地判平八・二・一九判タ九一五号一三二頁、ローソン育和公園店事件）。その他、サークルK加賀黒瀬店事件（a）、ローソン千葉事件（c）、デイリーヤマザキ和泉内田店事件（d）、デイリーヤマザキ泉野店事件（f）等。金井高志「フランチャイズ契約締結過程における紛争の判例分析（一）」判タ一〇五九号一一頁。なお、二〇〇〇年以前の判例動向については近藤・前掲注（3）五三八頁以下。

（7）金井・前掲注（6）一〇頁は、積極的情報提供開示義務（＝相手方の意思決定に重要な事実等を開示する義務）と、消極的情報提供開示義務（＝虚偽の情報を提供すべきではなく、また、提供した情報により相手方に誤解が生じている場合にはそれをなくすようにする義務）に分類する。ただし、これらは理論上の分類であって、個々の情報がいずれに属するかについての明確な分類は判例上も学説上も確立しているわけではない。

(8) この点に関し、金井高志「フランチャイズ契約締結段階における情報開示義務――独占禁止法、中小小売商業振興法及び『契約締結上の過失』を中心として――」判タ八五一号四〇頁以下より多くの示唆を得た。なお、フランチャイズ取引適正化法研究会「フランチャイズ取引の適正化に関する法律案要綱」本間重紀・山本晃正・岡田外司博編『コンビニ・フランチャイズはどこへ行く』花伝社、七四頁以下も参照。

(9) (e) 事件判決に関する詳細な分析として、木村義和「フランチャイズ契約締結準備段階におけるフランチャイザーによる売上予測情報の提供――名古屋高判一四・四・一八（サークルK加賀黒瀬店事件）の検討を中心に――」大阪学院大学通信第三四巻第六号二一頁以下を参照。木村論文では、本判決は、売上予測に関する情報提供義務が積極的な義務であると判示した初めての判決であるとして評価されている。

(10) 参照、木村・前掲注（9）三四頁以下。なお、FC契約一般に関し、金井・前掲注（6）三〇頁以下。

(11) 近藤・前掲注（3）五四五頁。

(12) このケースのように売上予測をむしろ目標値であると主張するケースも見られるが、予測ではなく目標値なら当初から「売上目標」と表示すべきである。

(13) 本件では、店舗立地調査に関する覚書の締結および覚書締結金の授受があったため、「より一層高度の正確性が要求される」としている。

(14) 詳しくは、足立浩・近藤充代「サークルK市坂店事件に関する鑑定意見書」『日本福祉大学経済論集』第二七号一二三頁以下。

(15) 金子晃・実方謙二・根岸哲・舟田正之『新・不公正な取引方法』青林書院新社、二〇三頁。

(16) 同旨、山本晃正「ローソン事件千葉地裁判決批判」『静岡大学法政研究』六巻三＝四号、五六八頁以下。

(17) サークルK加賀黒瀬店事件（a）では、二四時間営業や仕入先・仕入商品の事実上の強制および立入調査権を問題としたが、いずれも「必要な範囲を超えて加盟者に一律に統制を加えて一方的に不利益を課しているとみることはできない。」などとして、原告の主張を退けた。ローソン千葉事件（c）では、仕入先等および一定の（過大な）売上高の事実上の強制を問題としたが、推薦仕入先以外からの仕入れも認められているなど、強制的要素は強くないと判断された。

(18) 近藤・前掲注（3）五五六頁以下。

(19) (c) 事件判決に関する詳細な検討は、山本・前掲注（16）五五八頁以下を参照。また廃棄ロス負担のあり方に関して、前掲注（14）

一二〇頁以下。

(20)　ただし、控訴審判決(g)では、この二つの行為につき、いずれも「当事者間の信頼関係が破壊されたといえる事情が認められる」として、解除事由に該当するとされた。

(21)　同旨、山本・前掲注(16)五六二頁。

なお、本稿で扱った判決文の入手に関しては、近藤忠孝弁護士（京都弁護士会）にお世話になった。記して感謝する次第である。

第Ⅱ部　独禁法・独禁政策上の諸問題

第10章　独占禁止法違反の民事的規制措置の検討
――独占禁止法の規制措置体系検討の一環として――

丹宗　暁信

一　本稿の目的

1　独禁法違反の規制措置体系の検討

近年アメリカにおいては反トラスト法違反の民事事件が多く提訴され問題となってきた。アメリカでは一九七〇年頃から二〇〇〇年頃までは政府訴訟（司法省反トラスト局とＦＴＣによる訴訟）は概ね年一〇〇件内外であったのに対し、私訴（反トラスト違反の民事訴訟）件数は、一九七一年から一九八五年頃までは年一〇〇〇件から一五〇〇件の間にあり、一五〇〇件を越える年もあったようである。[1]ところが日本では、数年前までは、刑事事件はともかく独禁法違反の民事事件も殆んど認められなかった。このことは、裁判所が認めなかったのみでなく、公取委や法律学研究者・法律実務家を含めて、独禁法についての日本人の理解と反トラスト法についてのアメリカ人の考え方との間にかなりの違いがあることを示すものである。独禁法はアメリカ反トラスト法の殆ど直輸入の法であるにもかかわらず、何故そのような違いが生じてきたのか。独禁法の性格を理解し、独禁法の規制措置体系を考える上で重要であると思われるので、独禁法違反に対する民事的措置――主として独禁法違反の損害賠償請求制度――の検討を通してこの問題を考究したいと思う。

① 独禁法違反行為に対する損害賠償請求制度（独禁法二五条・二六条）は独禁法制定当初から存在していたにもかかわらず、殆ど利用されて来なかった。ところが近年日本でも、独禁法の実効性確保の観点から、独禁法違反の民事訴訟を活用しようとする考え方が少しずつ強まって来ており、平成一二年の独禁法改正（法七六号）により、独禁法違反の損害賠償制度の一部を改正し（独二五条・二六条）、差止請求制度（独二四条）を新たに導入した（平成一三年施行）。このような独禁法違反の民事訴訟手続の強化は、独禁法の執行力を強化するための規制措置強化の一環として評価しえよう。独禁法違反の民事訴訟の運用の強化が、日本の独禁法の将来の展開にどのように寄与して行くかを考える時、その影響は極めて大きいものと考えられる。何故なら、資本主義市場経済の基礎を構成する民法と独禁法――契約・取引の法理論と市場における競争法理論――とが正しくかみ合うことにより、資本主義経済の健全な運用による国際競争力ある日本経済の発展が期待されうるからである。

② 新聞の報道によれば、公取委の竹島委員長は、独禁法の強化改正案の国会への提出をめぐって、政界・経済界との交渉を進めていると言う（『日本経済新聞』平成一六年三月三日付）。入札談合や価格カルテルに加担した企業への課徴金の引き上げ、カルテルの内部通報者への減免措置制度の導入、公取委の強制調査権限の強化、独占・寡占規制の強化等が主要な改革課題という。改正の主要な動機は入札談合や価格カルテルが今なお横行していることに対処するためと言う。そのような改正は望ましいことである。しかし今頃価格カルテルや入札談合の規制強化を取り上げざるを得ないということは、これまで公取委が独禁法の運用を本気でやって来なかったことを示す証拠であると批判されても仕方ないのではなかろうか。何故なら、独禁法の中心規定はカルテルや私的独占の禁止規定であり、その中でも価格カルテルは市場経済において最も好ましくない経済行為として反トラスト法・独禁法が最

も厳しく規制すべき行為だからである。価格カルテルはアメリカ反トラスト法では「当然違法」として刑罰に処せられる行為である。一九八一年から一九九三年の間（レーガン・ブッシュ両大統領の時代）の刑事事件数をみても、年八〇件を中心に上下している。[2]それに対比すると、日本では独禁法違反の刑事事件は極めて少ない。代わりに昭和五二年以降課徴金が課されているが、その額はカルテル対象商品の売上額の原則六％である。公取委の調査では過去五年間の主な談合事件による企業の不当利得は平均二六％にのぼっており、二〇％のやり得になっていると言う（『日本経済新聞』平成一五年八月一九日付）。アメリカの三倍額損害賠償どころか、課徴金を払っても二〇％のやり得であれば、価格カルテルや談合はやめられないということになろう。課徴金制度制定以前には、談合企業が公取委の排除命令を受けに来て、その帰途に新たな価格協定を締結していたと言う話は、かつての公取委関係者からしばしば聞かされた話である。そのような情況に較べれば違法な売上高の六％の課徴金の徴収も改善と言うことだったのであろう。しかし「盗んだ金（二六％の不当利得）の中の六％を返しなさい」と言って検察官が泥棒を帰すならば、国民は検察を何と考えるだろうか。前掲『日経新聞』によれば、当初企図されていた改正案は課徴金を二割（二〇％）程度に引き上げる案であったが、経済界の反対で引き下げを迫られているという。違法な価格カルテルによって損害を被る最終被害者は消費者である。競争秩序維持法である独禁法の究極目的は消費者の利益保護であるから、違法な売上額の一〇％ないし二〇％への課徴金の引き上げと同時に、価格カルテルによって損害を被った被害者に損害賠償請求や差止請求訴訟を提起し易くする方が、より有効な規制方法であろう。

2　独禁法違反の典型例としての価格カルテルに対する法的規制措置の多面性

問題点を分かり易くするために、最初に、独禁法違反の典型例である価格カルテルの事実構造を示した後、それを規制するために独禁法はどのような多面的な法的規制措置を用意しているかを説明し、その多面的な法的規制措置の中で、独禁法違反の民事訴訟特に損害賠償訴訟はどのように位置付けられ、どのような役割を果たすべきものであるかを、第三節で明らかにしたいと思う。

（1） 独禁法違反の価格カルテルの事実構造

価格カルテルは、競争事業者が価格を斉一にするための契約・協定をして、競争による値下がりを防止しようとする行為である。談合入札も価格カルテルの一種である。独禁法は価格協定が「一定の取引分野における競争の実質的制限」を齎す場合に違法とする（二条六項・三条後段）。「競争の実質的制限」の存否を判断するためには、地理的市場と商品的市場を認定し、当該市場における有効な競争が制限されていることを認定する必要がある。有効な競争の制限ありと認定するためには、有効競争のいう市場行動、市場構造、市場成果の各基準に照らして検討する必要がある。独禁法違反の価格カルテルは、一面で競争事業者間での価格をめぐる競争制限契約・協定（水平的制限）であると同時に、各競争事業者が各自の買手（卸、小売、消費者）に協定価格で売る（これを個別契約といっておく）という二重三重の取引行為（法律行為）から成りたっている。価格カルテルによる「競争制限」の実現は、同業者間の価格協定と協定価格による取引（個別契約）から成り立つのが一般である。これが価格カルテルの事実構造である。それが「一定の取引分野における競争の実質的制限」を惹き起こす場合に独禁法違反は完成する。しかし独禁法違反の価格協定は競争業者間の価格協定（組合的契約に類似）のみで違法とされる。協定価格による取引（個別契約）がなされなければ、「実質的な競争制限」が達成されたことにはならないが、競争業者間の価格協定のみでも違法とされるのは、価格協定は当然に協定価格による取引を行なうことを前提としているからである。以上から知られるように、独禁法違反の価格協定は、少なくとも二つ以上の契約・協定（競争業者間の契約・協定と個別契約＝取引）から成りたっている。価格カルテルという社会経済的事実を、民法の私人間の契約という観点から見るのか、市場における自由競争制限という独禁法の観点からみるかによって、その法律構成と法的評価は異なる。個別契約を含む価格カルテルという社会経済的事実を取引・契約という観点から取り上げた場合、法律行為の効力が問題となり、市場における競争制限の観点から見た場合に経済行政法（公法）としての独禁法違反に該当するか否かが問題となる。価格カルテルという一つの事実が、民法上は契約（法律行為）の効力の問題として現れ、競争秩序維持の観点からは独禁法違反の「不当な取引制限」（三条後段）に該当するか否か（排除措置の対象となるか否か）として現れる。それは同時に、市民社会の経済秩序違反行為として刑罰を科される行為であるか否かとしても評価される（八九条以下）。更に価格カルテルは、価格協定によって「著しい被害を被る」か「被るおそれ」のある私人が、差止請求や損害賠償請求の訴えを提起し得るケースであるか否かとしても検討対象とされる事実である。

独禁法が制定されたことによって、価格カルテルという社会経済的事実が、経済行政法としての独禁法の観点からは排除措置と課徴金の対象となり、刑事法としての独禁法の観点からは刑罰の対象となり、私法的側面からはカルテル契約・協定（法律行為）の効力が問われる行為として法的評価の対象となるのである。価格カルテルという一つの社会経済的事実が、独禁法の下では、上記のような三つの法的観点から評価され規制される性格を持った社会経済的事実であるということを認識する必要がある。

（2）価格カルテルに対する独禁法の多面的規制の側面

独禁法は、独禁法典の中に、行政法的側面からの規制措置（七条・七条の二・八条の二・二〇条、その他）と刑事法的側面からの規制措置（八九条以下）と民事法的側面からの規制措置（二四条・二五条・二六条）とを規定していて、まさに公法私法の混合法と言われるゆえんである。かように法的性格の異なる三つの側面からの法的規制措置の内容を簡単に見ておこう。

(a) 行政法的側面からの規制措置（排除措置命令と課徴金）

当該価格カルテルが、不当な取引制限(三条後段)に該当すると認定された場合、その違反状態を除去するために、公取委の審決により排除措置命令が出される。この手続は行政手続であり、競争秩序維持という行政法的側面からの規制である。審決に対する控訴、上告も行政事件として行政手続に従って判断される。審決を経て課徴金が課される場合がある。

(b) 刑事法的側面からの規制(刑罰・罰金)

違法な価格カルテルは、公取委の告発(七三条)があれば、刑事事件として検察庁によって刑事手続が進められる。価格カルテルという社会経済的事実は、市民社会における社会経済的秩序違反行為として、刑罰に相当する行為としても評価されるからである(八九条以下)。アメリカではカルテルや私的独占は司法省反トラスト局によって刑事事件として訴追され、価格カルテルは「当然違法」とされるが、日本では、公取委の排除措置命令が出されるのみで、告発されることは殆どなかった(平成年代に入り数件告発されている)。

(c) 民事的側面からの規制(損害賠償請求訴訟と差止請求訴訟)

違法な価格カルテルによって、私人の「権利利益を侵害する恐れ」があるか「侵害した」場合には、私人による差止請求訴訟(二四条)や損害賠償請求訴訟(二五条・二六条)が提起されうる。私人に独禁法違反を根拠とする民事訴訟を認めているのは、事業者の独禁法違反行為によって権利利益を侵害された私人が権利利益の回復を要求することは私法上私人の当然の権利だからである。それと同時に、私人による独禁法違反行為の差止請求訴訟や損害賠償請求訴訟を認めることは、間接的であれ、事業者の独禁法違反行為を抑制し競争秩序の維持に役立つからである。私人による独禁法違反訴訟も、独禁法違反行為の抑止効果をもつものとして位置付けられている。独禁法違反行為の存在については、競争事業者や取引当事者あるいは消費者が、政府機関よりもより直接に違反行為の存在を知り得る立場にあるからである。日本では、独禁法違反の損害賠償が認められたのは平成五年の東芝昇降機サービス事件(大阪高判平成五・七・三〇判時一四七九号二一頁)がはじめてであった。一連の石油価格カルテル事件

（第三節で詳説）はあったが、それらは何れも最高裁判所によって認められなかった。それらの判決の問題点については後述する。

（3）独禁法違反行為に対する三つの法的措置の間の「抵触と調整」

上に述べた法的性格を異にする三つの法的規制措置は、規制原理を異にする法的規制措置としては「抵触」関係にあるが、それ等をうまく「調整」しつつ適用して行くことを独禁法は予定していると言えよう。その意味でこれら三つの法的規制措置は「抵触と調整」の関係にあると言えよう。主要な法的措置間の「抵触と調整」の関係とその課題を示すことにする。主として次のような抵触関係があり、その間の調整が必要とされている。

排除措置（公取委）――法律行為の効力（有効・無効・相対的無効）（裁判所）
排除措置（公取委）――刑罰（検察庁・刑事裁判所）
課徴金（公取委）――罰金（検察庁・刑事裁判所）
課徴金（公取委）・罰金（刑事裁判所）――損害賠償金（実額・二倍額・三倍額等）（民事裁判所）
（以上の外民法七〇九条――独禁法二五条の損害賠償等との調整の問題もあるが省く。）

法的性格の異なる規制措置間の「抵触と調整」の問題は、議会制民主主義国家のもとで制定された独禁法の下では、同法の目的達成のために最善の調整を図るべく解釈運用されるべきである。しかしながら、独禁法五〇年の歴史を振り返ると、価格カルテルや談合に対して損害賠償は認められず、刑罰を適用されることも殆どなかった。独禁法違反行為に対して民事法の適用が極めて消極的であったのは、伝統的な公法私法の二元論的思考（相互排除の思考）が根強く残っていたことによるものではなかったのか。独禁法の実効性の確保のためには、独禁法の中に規定されている法的性格の異なる三つの規制措置はどのように解釈運用されるべきであろうか。平成一三年の独禁法改正により、差止請求訴訟制度（二四条）を新設し、損害賠償請求規定を改正（二五条・二六条）して、独禁法違反の違法行為を民事法的側面からも規制しようとする方向が強められたことは、独禁法の妥当な解釈運用による日本経済の健全な発展のためにも望ましいことである。

（4） 独禁法が価格カルテルを始めとする独禁法違反行為を多面的に規制しようとする理由

市場とは、供給者（財・サービスの提供者）と需要者（買手・消費者）とが貨幣を媒介として取引する場である。今日の高度資本主義経済社会では、財・サービス市場のみならず、金融・証券市場、外国為替市場の外、卸市場・小売市場等様々の市場が存在し、その市場は需給を一致させるための手段として価格による調整機能を利用しようとしている。自由な取引の行なわれる前提として、売手相互間・買手相互間に自由な競争が行なわれること（自由競争市場）が予定されている。価格カルテルは、そのような自由市場の基本構造である売手間競争・買手間競争を制限する契約・協定であり、自由競争市場の基本を破壊する契約・協定として競争秩序維持法上最も好ましくない行為である。独禁法が、行政法的、刑法的、民事法的性格の規制措置を併せ規定して、市場における自由競争制限や公正競争阻害を排除しようとしているところに現代資本主義経済の基礎法としての独禁法の意義がある。所有権の自由や契約の自由は、自由市場における取引の基礎構造を構成している法律であるが、それは又私的独占やカルテル協定を行う自由の法でもあり、自由市場を破壊する側面をも持つ法として独禁法による修正を要求される関係に立っている。独禁法との調整が常に要請されている法である。

3 本稿の視点

本稿は、独禁法違反の民事的規制措置の問題を中心に検討しようとするものである。ここでは、公法特に経済行政法としての独禁法と私法としての独禁法との「抵触と調整」を主要な課題とする。

近時、公法私法峻別論を排して公法（法令・取締法規）と民法との関係を相互依存関係或いは「支援と補完」関係として捉えようとする見解が提唱されている。本稿は、独禁法の行政法的措置（公法）と民事法的措置（私法）との関係を「抵触と調整」関係の法として捉えようとするものである。公法私法峻別論を排して、両法を「支援と補完」や「相互依存関係」の法として捉えようとする説と基本的に大差はないかも知れないが、考え方の方法は異なる。前述した価格カルテルという社会経済的事実は、民法の契約自由の原則から見れば、事業者間の自由な契約（法律行為）であるが、独禁法の競争制限禁止の原則から見れば独禁法に抵触するものとして、独禁法二条五項・三条後段に違反する行為である。価格カルテルに限らず、独禁法の違法行為類型は、所有権の自由・契約自由の原則に基づく事業者の契約や取引行為の自由の限界を示すルールであると考える。

独禁法制定以前の経済統制法時代には、公法の優越性の立場から民商法の契約自由の原則を放任し或いは容易に制限し得たのに対して、独禁法は、自由市場における競争制限・公正競争阻害を禁止することによる「消費者の利益」保護法（＝公法）の観点を基本として、私的所有権の自由や契約の自由を制限し調整しようとするもので、私人の利益と「消費者＝公衆」の利益との「抵触」と「調整」の問題として解決しようとするものである。その意味で独禁法は、競争秩序維持（＝消費者の利益保護）の観点から、民商法の契約自由・取引の自由との「調整」をはかるための法律として制定されたものということが出来る。独禁法違反の法律行為の効力の問題は、独禁法に違反する法律行為の効力の範囲を、競争秩序や取引の安全等他の公益を考量したうえで決めようとする独禁法と民法との調整のための法理論である。独禁法違反の差止請求や損害賠償請求は、独禁法違反により「被害を被った」（または「被るであろう」）私人の権利利益を加害者との関係でどのように調整するかの問題であり、独禁法違反の範囲内における加害者と被害者との権利利益の調整の問題である。

本稿では、独禁法違反の法律行為の効力（二節）の問題と独禁法違反に対する民事的措置（主として損害賠償請求訴訟）（三節）の問題に限定して検討する。[3]

二　独禁法違反の法律行為の効力

ドイツ競争制限法は、事業者間のカルテル契約や事業者団体の決議が、「競争制限によって、生産又は商品若しくは役務の取引に関する市場関係に対し影響を与える場合には」、これを無効とする（一条）と規定するほか、その他の契約についても無効とする場合（一五条）を規定している。日本の独禁法は、独禁法違反の法律行為の効力について何も規定していない。従って、独禁法違反の価格協定（カルテル）や協定価格による個別契約の私法上の効力が問題となる。独禁法違反の法律行為の効力いかんは、独禁法制定以来重要課題の一つとされてきた。しかし、独禁法は、公取委の専属管轄に属する公法と解されがちであったので、違反行為に対しては排除措置命令が出されるに留まり、違反行為の法律行為の効力が問われることは殆どなかった。[4] 簡単に独禁法違反の法律行為の効力についての学説判例の流れを見ておこう。

1　独禁法違反の法律行為の効力についての学説判例の流れ

末弘博士の「法令違反行為の法律的効力」論[5]は、公法の優越性に対する私法の領域拡大を主張する議論であった。独禁法違反の法律行為の効力問題も「法令違反」の効力論の一環として考えられてきた。敗戦後独禁法がアメリカから持ち込まれ、経済憲法として位置付けられたこともあり、当初は独禁法違反の法律行為は当然無効とする見解が強かった。[6] 判例の中には「本法違反の行為があった場合には、単にその違反状態の事実上の存在ないし出現を排除するのみでなく、さらに右違反状態を形成せしめた私法上の法律行為の効力をも否定しようとするものである」（東京地判昭和二八・四・二二下民集四巻四号五八二頁）と判示したものもある。[7]

しかし、昭和二四年の独禁法改正により、公取委の排除措置の適用範囲が拡大されたことを受けて、法律行為の無効による制裁は必要ないのではないかという考えの下に有効説を主張する学説が現れた。先鞭をきったのは福光家慶教授であった。[8] 教授は、違反行為に悩まされる者は裁判所において無効を争う迂路を経るまでもなく、直接公取委の門をたたき職権発動を促せばよい、と主張された。公取委を組織と金を十分に持つ独禁法の忠実な執行者と考えれば、独禁法違反の法律行為の無効を争うことは独禁法違反の抑制措置としても、被害者の権利利益の擁護策としても確かに迂路を経ることになる。かくて独禁法違反は排除措置命令で処置し、違反行為を無効とする説は次第に後退して行き、判例、学説は相対的無効説ないし有効説に移っていったのである。

既に昭和二八年に、株式取得をめぐる独禁法違反事件（東京高判昭和二八・一二・一下民集四巻一二号一七九一頁、白木屋事件）において、東京高裁は抗弁的無効理論（未履行の請求に対しては独禁法違反を理由に無効を主張し得るが、既履行の違法状態に対しては法律行為の効力を否定し得ないとする有効説）[9]を打ち出していた。昭和五二年、最高裁は歩積両建預金を貸付契約の条件とした事件（最判昭和五二・六・二〇民集三一巻四号四四九頁、岐阜信用組合事件）において、「独占禁止法一九条に違反した契約の私法上の効力については、その契約が公序良俗に違反するとされるような場合は格別として、同条が強行法規であるからとの理由で直ちに無効と解すべきではない」[10]として、貸付から定期預金その他の控除金を差し引いた金額を実質貸付金額と換算して、利息制限法に違反する限度において一部無効とし、独禁法違反行為（旧一般指定八号優越的地位の濫用）は有効とした。かように、判例は独禁法を強行法規と認めながらも、独禁法違反の契約は有効とし、利息制限法に違反する限度において一部無効とする見解を示した。取引の安全や第三者保護、取引当事者間の信義・公平と言った観点から次第に有効説に近づいてきたと言えよう。更に、昭和六一年奥道後温泉観光バス事件（高松高判昭和六一・四・八判タ六二九号一七九頁）において、高裁判決は、「独占禁止法の規定の性格は、その内容によってかなり異なり、効力規定的要素の強いものから行政的取締法規的要素の強いものまで種種様々であるから、独占禁止法の違反の協定であっても、一律に有効又は無効と考えるのは、相当でなく、規定の趣旨と違反行為の違法性の程度、取引の安全保護等諸般の事情から具体的契約、協定ごとにその効力を考えるのが相当である」[11]と判示した。判例のこのような動向は、独禁法違反の取引であっても、それが私人間の取引に関する限り当事者間の権利利益の侵害にかかわり、取引の安全、当事者間の正義・公平と言った観点から法律行為の効力範囲を決定しようとするもので、「法令」が効力規定であるか否かで一律に有効無効を決めることは妥当でないとする考えである。独禁法違反の法律行為の有効無効(効力範囲)を考える場合に、奥道後温泉観光バス事件判決の「独占禁止法違反の協定であっても、一律に有効または無効と考えるのは、相当でなく、規定の趣旨と違反行為の程度、取引の安全保護等諸般の事情から具体的契約、協定毎にその効力を考えるのが相当である」と言う見解は「抵触と調整」の立場から言っても妥当な見解である。少なくとも契約履行後の原状回復の困難性、取引の安全性、当事者間の公平・公正といった観点から見て、独禁法違反の法律行為の効力を無効とすることが好ましくない場合には、有効と解することになろう。しかしその場合の独禁法違反の法律行為の有効は適法な法律行為の有効とは区別して考える必要があろう。独禁法違反の法律行為によって不当に損害を被った「者」がいた場合、その「者」に損害賠償請求訴訟の原告適格を認める必要がある場合もあるからである。奥道後観光バス事件判決の言うように、確かに独禁法の規定の中の競争制限禁止規定と不公正な取引方法禁止規定との間には、競争秩序維持の観点から見て違法性の強弱はある(カルテルや私的独占には刑罰が科され得るのに対し不公正な取引方法違反には刑罰は科されない)し、また同じカルテルでも国民経済に重大な影響を及ぼす悪性の強いカルテルとある地方都市の豆腐の価格カルテル(昭和四三(勧)二五審決集一五巻一三五頁、中央食品外六名事件)にすぎない場合もある。しかし競争秩序維持法としての独禁法(公法)に違反する価格協定は違法であり、違法な価格協定(法律行為)は本来無効と解すべきである。しかし豆腐屋の価格協定と個別契約を無効としても殆ど意味はない。「カルテル契約を破棄せよ」という公取委の排除措置命令で十分である。消費者が豆腐屋の価格協定と取引の無効を主張して損害賠償請求訴訟を起こすことは無いであろうからである。このように考えると、独禁法上最悪の違法行為とされる価格カルテルでさえ独禁法違反の法律行為の効力については、高松高裁判決の言うように「一律に有効または無効と考えるのは相当でなく規定の趣旨や違反行為の程度、取引の安全保護等諸般の事情から具体的契約、協定毎にその効力を考えるのが相当である」。

ところでオイルショック時の石油カルテルに対する鶴岡灯油訴訟を含む三件の石油カルテル損害賠償事件では独禁法違反のカルテル契約（法律行為）の効力はどのように解されたであろうか。鶴岡灯油事件（最判平成元・一二・八民集四三巻一一号一二五九頁）は民法七〇九条の不法行為に基づく損害賠償事件として提起されたケースではあるが、独禁法違反の価格協定（法律行為）の効力が問われるべきケースであった。しかし最高裁判決は、独禁法違反の法律行為の効力については直接議論せず、勧告審決の事実の推定力と損害の立証の問題について議論し、損害の証明なしとして、原告消費者側の請求を退けた。鶴岡灯油事件は価格カルテルの典型的事例であり、価格協定と協定価格による契約（個別契約）の効力が問われるべき事件であったので、その点について簡単に論及しておきたいと思う。本件において、最高裁は、「本件勧告審決が存在するとの事実のみに基づいて、審決書に記載された上告人ら石油元売一二社による本件各協定の締結という独占禁止法違反行為が存在することを推認することは許されないことになるものというべきである。」として、原審の独禁法違反に基づく石油元売一二社に対する損害賠償を認めた判決（審決集三一巻二〇四頁）を破棄したのである。原審は、公取委の勧告審決通りに、元売一二社による独禁法違反の価格協定の成立を認定したのに対して、最高裁は、「協定の実施当時から消費者が商品を購入する時点までの間に小売価格の形成に影響を及ぼす顕著な経済的要因の変動があるときは、」「直前価格のみから想定購入価格を推認することは許されず」、被上告人たる消費者が、想定購入価格から現実購入価格までの価格協定の存続の立証責任を負うのに消費者側はそれを十分立証しなかったので、損害の存在証明なしとして、元売一二社の独禁法違反の価格協定の効力には言及せず、消費者側の損害賠償請求を退けた。独禁法違反の法律行為（協定と個別行為）の効力容認の一形態と言えよう。なぜなら本件は、公取委の勧告審決のみでなく、刑事事件としても不当な取引制限の罪（独禁法八九条一項一号）該当の判決（最高裁昭和五九・二・二四刑集三八巻四号一二八七頁）が下されていることを併せ考えると、独禁法違反の法律行為の効力の否認と損害の立証の問題が最も難しかったことになる。

独禁法違反の法律行為の効力の問題は、公法としての独禁法に違反する法律行為の効力をどの程度まで認めるかという問題であるのに対し、本件最高裁判決は競争秩序違反の法律行為の成否の問題には論及せず、「勧告審決によって独禁法違反行為の存在が確定されるものではない」という勧告審決の事実の推定力を根拠に、元売一二社間の価格協定や協定価格による取引（個別契約）の効力の認定には言及せず、損害賠償請求を退けたのである。石油元売一二社の価格協定と言う一つの事実に対して、公取委の審決、刑罰、損害賠償請求訴訟という三つの法的措置が動員されたわけであるが、独禁法の措置体系の総合的一貫性が確保され得たと言えるかどうかは、独禁法の立場から入念な検討を要するところである。前述した岐阜信用組合事件が独禁法違反行為（優越的地位の濫用）を不問にして、利息制限法に違反する限度において一部無効とした判決と同様、独禁法違反の価格カルテルの存在そのものを不問にして、損害の立証不十分との口実の下に違法な価格協定を不問（民事法的には有効）とした判決という印象を持つのは、筆者の偏見であろうか。

2　独禁法違反の法律行為の効力範囲

独禁法違反の法律行為の効力はどのような範囲で認められるか。昭和六一年高松高裁判決の言うように、独禁法の規定の中にも競争秩序維持の観点からみて、強行法的性格の規定と単なる取締法規的性格の規定があると言えなくもない。しかし、一九条の不公正な取引方法の禁止規定を含めて、独禁法が禁止している行為を単なる取締規定であるからそれ等の規定への違反行為は有効であるというのであれば、独禁法の禁止規定の意味は無くなる。その意味で公法としての独禁法の禁止規定はすべて強行規定と解すべきであろう。独禁法違反の法律行為の効力の問題は、あくまで公法（行政法・刑法）としての独禁法に違反する私人間の協定や取引・契約の効力をどの限度に認めるかという公法と私法との「抵触と調整」の問題である。公法としての独禁法（多くの消費者＝「公共」の利益保護法）に違反する私人間の取引行為が行なわれた場合、私人間の取引行為の効力をどの限度有効とし或いは無効とするかの問題である。そこでは公法としての独禁法に違反する法律行為の効力はどの限度で認められるべきかという問題である。この問題を整理するのに、履行段階説の考え方は一定の示唆を与えるものである。同説のいうように、独禁法違反の法律行為の効力は、履行前は原則無効とし、履行後はどの限度で有効とし、どの限度で無効とするのが社会的に妥当かという方向で判断すべきであろう。その際、独禁法違反の法律行為の効力を判定する基準は何であろうか。一般論としては、第一は法令の趣旨、第二は取引の安全と第三者保護、第三は取引当事者間の公平・公正と信義則、第四は違反行為に対する倫理的非難の程度等が挙げられる。このような一般的な判定基準に異論は無かろう。問題は、取引当事者間の一方或いは双方の債務が履行された後の処理（調整）の問題である。取引当事者間の事後的な利害の調整は、独禁法違反の損害賠償訴訟（二五条）、不当利得（民法七〇三条）、不法原因給付（民法七〇八条）等の法理によって処理されようが、独禁法違反の価格カルテルの当事者間の売買契約（個別契約）の効力をめぐる訴訟においては、ドイツにおいてもアメリカにおいても扱いは複雑で困難なようである。契約の無効を主張しての買主の代金支払いの拒絶を認めるかどうか、適正価格（カルテルなかりせばの価格）に置き直して代金支払いを命じる等判例は複雑なようである。しかし一部の履行段階説のいう履行後の法令違反の法律行為の効力をすべて有効とする理論は、独禁法違反の法律行為の効力について全面的に認めることは出来ないであろう。価格カルテルの個別契約は「不当な取引制限禁止」規定の対象外であるので有効であるとする見解があるが[12]、価格カルテルの実効性は個別契約が実行されて始めて実現するという意味では、両者の関係は注意深く検討される必要があろう。以上の外独禁法違反の法律行為の効力範囲の問題としては、独禁法違反の私訴の原告適格や間接購入理論(日本の最高裁判決は間接購入を有効としている)等検討すべき課題は少なくないが、別稿での検討課題としたい。

3　独禁法違反の法律行為の効力と公序良俗(民法九〇条)――「支援と補完」関係説の検討

「支援と補完」関係説は、一方で「公法の領域に属する法令をより積極的に私法上の公序に取り込むべき」であり(公法秩序による私法秩序の支援)、他方で「私法上の公序は法令の目的実現に奉仕」すべきである(私法秩序による公法秩序の補強)という。(13) 本説を支持する森田修教授は、上記の二つの法命題は、公法私法峻別論からの脱却を明示的に志向している考え方として評価する。(14) 伝統的な公法私法二元論に呪縛されてきた日本の法律学界にとっては朗報である。本説は、「法令違反の法律行為の効力」をめぐる判例の実際においては、「違反法令が効力規定か単なる取締規定かという区別の基準の実質は、ある法令が公序良俗違反と評価できるかどうかという点にある」とする。「その場合に法令違反は、公序良俗違反の一要素として、個別行為の事情と共に考慮されていることになり、その意味で法令違反は完全に公序良俗違反の判断の中に取り込まれていることになる」とし、法律構成としても「法令違反の法律行為の効力」論は民法九〇条の問題とされる。(15) 「法令違反」を民法九〇条の公序良俗の問題と解する説に異論を差し挟むつもりは無い。公法(法令)と民法との関係を「支援と補完」関係と解するこの考え方(「支援と補完」関係説と呼んでおく)を論証するために森田教授は独禁法違反の法律行為の効力に関する判例を分析し、独禁法に違反しても公序良俗違反でなければ有効、独禁法に違反しかつ公序良俗違反である場合には無効とするのが判例の流れであると結論する。(16) 独禁法違反の法律行為の効力を無効とするのは公序良俗違反か否かに係っているという。取引当事者間の法律行為の効力に独禁法が一定の修正を加えること(一部無効或いは無効とすること）は、独禁法により「支援された自律」（個人の権利実現を法令が援助すること）であり、「国家が私法秩序を法律制度として作ったことは私人間の関係の国家による規制であり、」それは「自律なき支援」であるとする。「法令」と民法とはかような「支援と補完」の関係にある法律と解される。しかし「支援と補完」関係説は、次の点でいささか疑問がある。[17]単なる取締法規違反ではなく独禁法違反の場合、履行前は違法・無効であるものが、履行後有効とされる場合があるのは、取引秩序維持や当事者間の公平・公正の維持（信義則）といった観点（私法の原則に近い観点）から、競争秩序維持という「公共の利益」を後退させて、バランスを取ろうとする（「調整」する）のに対して、「支援と補完」関係説は民法の一元的構成のために、公序良俗（民法九〇条）の中に「法令」を包含させようとする点である（公法の民法への一元化論？）。公序良俗という法律の大理念に照らして、独禁法違反の（無効な）法律行為であっても、取引秩序維持や当事者間の公平・公正維持の理念の前に譲歩（調整）する場合があると考えたい。公法私法を包含する国家法の最終的違法判断基準として、「公序良俗」という法の理念を採用していると解する方が妥当であろう（判例が独禁法違反の法律行為の効力の限界（有効と無効の境界）を、公序良俗違反の有無においていることは、公序良俗違反の有無によって、取引秩序と競争秩序の調整をはかっていると考えられる）。問題は、公序良俗概念は極めて広義の概念であるので、有効・無効の境界を具体的ケースでどこに、どのような理由をつけて引くかである。「公序良俗」という法の理念を前提としながら、競争秩序維持の意義と機能を正当に評価した上で、独禁法違反の法律行為の有効・無効を画する限界線を、前述した一般的・抽象的基準を踏まえながら、具体的な事件を通じて判例によって類型化してゆく以外に理論化は困難であろう。

三　民事的規制措置としての独禁法違反の損害賠償請求訴訟

独禁法違反の民事的規制措置としては、差止請求訴訟（二四条）と損害賠償請求訴訟（二五条）制度とがあるが、本稿では損害賠償訴訟制度の問題を検討するに止める。独禁法違反の損害賠償訴訟の要件としては、被告の行為が独禁法に違反する行為であること、独禁法違反行為による損害であること（実損害）、原告は被告の違反行為により実際に損害を被った「者」であること（原告適格）、原告の損害は被告の行為による損害であること（因果関係）、適正に算定された損害であること（損害額）等が挙げられる。独禁法違反の損害賠償請求訴訟の幾つかの要件を検討することにより、独禁法違反の損害賠償請求訴訟の問題点を検討したいと思う。独禁法違反の価格カルテルに基づく損害賠償請求事件としては、昭和四八、九年の狂乱物価時の石油カルテルに対する東京灯油訴訟事件や鶴岡灯油訴訟事件等がある。二〇世紀末までの独禁法違反の民事的規制措置の法理論の到達レベルを示す代表的ケースと考えられるので、同事件を中心として判例理論を概観し問題点を検討したいと思う。

1　独禁法違反を理由とする損害賠償請求訴訟は独禁法二五条の手続に限られるか

鶴岡灯油損害賠償請求事件の被告石油元売一二社（被告・被控訴人・上告人）は、独禁法違反の損害賠償請求の訴えは独禁法二五条違反に基づく損害賠償請求訴訟に限られ、民法七〇九条に基づく本件訴訟は訴訟要件を欠き却下されるべきであると主張した。これに対し、最高裁は「独禁法違反行為が民法上の不法行為に該当する限り、これに対する審決の有無に拘わらず、……一般の例に従って損害賠償の請求をすることを妨げられない」と判示した

（最高裁昭和四七・一一・一六第一小法廷判決を踏襲）。独禁法違反行為によって損害を被った「者」であれ、民法七〇九条の要件を充たす限りにおいて、損害賠償請求の訴えを提起し得ることは、確立した判例となっている。問題は、独禁法の実効性を確保するために、独禁法二五条による損害賠償請求制度を、独禁法の措置体系の中にどのように積極的な措置として位置付け活用して行くかである。二五条訴訟が幅広く認められ活用されることが先決の課題であるが、民法七〇九条による独禁法違反の民事訴訟も広く活用されることを期待したい。

2　独禁法二五条違反の損害賠償請求制度の意義と範囲

本来民事上の損害賠償制度は私人の不法行為や債務不履行等に対する被害者救済の制度であって、加害者への制裁的性格を持つものではないが、アメリカ反トラスト法のように三倍額損害賠償制度（クレイトン法四条）を規定し活用している例もある。日本の独禁法は無過失損害賠償制度を規定している（二五条）ほか、確定審決は裁判上これを援用し得ること（二六条）を規定している。それでは、独禁法違反の損害賠償制度は、独禁法の実効性確保の観点からみて、どのような意義を有し、どのような範囲で認められるのか。独禁法二五条の損害賠償制度は、民法七〇九条による独禁法違反の損害賠償の訴えと対比して、どのような利点を有するであろうか。

（1）　独禁法二五条の損害賠償制度の意義

独禁法違反の典型例としての価格カルテルは三つの法的側面（行政法、刑法、私法）から評価され規制されることは前述した。それでは独禁法は違法な価格協定と協定価格による取引によって損害を被った者の私法上の権利利益をどのように保護しようとしているであろうか。それは、民法七〇九条による独禁法違反の損害賠償訴訟と異なり、独禁法二五条二六条による損害賠償制度はどのような独自性と有利性を有するかという問題である。

独禁法二五条二六条の規定の意義の第一は、独禁法は単なる経済行政法（公法）ではなく、私法としての側面をもつ法であることを示す規定であること、第二は、独禁法違反行為は、民法七〇九条の不法行為に該当する限り七〇九条で処理できるにも拘わらず、独禁法二五条二六条の規定により、被告の無過失損害賠償責任を問いかつ確定審決を裁判上援用し得ることである。ここで特に強調しておきたいことは、これらの規定により独禁法の実体規定は私法規範としても活用できるということである。

（2）　独禁法二五条二六条の損害賠償請求権の範囲

独禁法二五条に基づく損害賠償請求の訴えは、独禁法三条、六条、八条、一九条の実体規定に違反する行為に基づく損害であることが要件であるが、鶴岡灯油最高裁判決が示しているように、「独禁法違反行為が民法上の不法行為に該当する限り、これに対する審決の有無に拘わらず……損害賠償の請求をすることを妨げられない」。このことは日本の独禁法の下では、アメリカ反トラスト法にいう「反トラスト法上の被害[18]」を被った「者」に原告適格が限定されないことを意味するとも解される。このことは独禁法違反の損害賠償請求の窓口が大きく開かれていることを意味するようにも思われる。しかし現実には、一連の石油カルテル事件に見られたように最高裁は損害賠償請求を一切認めなかったのである。東京灯油損害賠償請求事件（最判昭和五三・四・四民集三二巻三号五一五頁）は独禁法二五条事件として提訴された事件であったが、勧告審決の事実の推定力の弱さを根拠に、消費者側に価格協定の成立（?）と損害の立証責任を要求し、損害の立証なしとして損害賠償請求を認めなかった。鶴岡灯油事件の最高裁判決も七〇九条による独禁法違反の損害賠償の訴えの窓口は開いたが、独禁法違反の損害賠償は認めなかった。独禁法違反の損害賠償請求が認められたのは、平成五年の東芝昇降機サービス事件（大阪高裁平成五・七・三〇判時一四七九号二一頁）が初めてのケースである。独禁法違反の民事的規制措置の一つとしての損害賠償請求訴訟を機能させるためには、独禁法違反行為により損害を被った者の範囲を適格に限定した上で、私法上の原則に従い広く損害賠償請求を認めるべきである。今後独禁法違反行為に対する民事的規制措置の一つとして損害賠償訴訟を活用するためには二倍額か三倍額の損害賠償制度の導入は検討に値いしよう。何故なら、実損額賠償制度の下では勝訴した場合でも事実上の損害をカバーすることができないため、独禁法違反の損害賠償制度は活用され難いのが現状だからである。独禁法の実効性の確保のためにも、独禁法違反の損害賠償制度の活用が極めて有効であることは、アメリカの反トラスト法違反の民事訴訟件数の多さが示している通りである。独禁法違反行為により「損害を被った者」が損害を回復することは社会的にも公平であると同時に、独禁法違反行為に対する最上の抑止役を果たすことにもなるからである。独禁法違反の損害賠償制度が独禁法の実効性確保手段として、どれだけ活用されるかは、裁判所と法律実務家（特に弁護士）及び事業者（特に中小企業者）がどれだけ独禁法に理解を示すかにかかっていると言えよう。

3　勧告審決の違反事実の推定力と損害の立証

独禁法二六条は、公取委の確定審決があれば、被害者の受けた損害の立証・補填を容易にするための援用規定である。東京灯油事件や鶴岡灯油事件において、この規定はどのように扱われたか。公取委は石油連盟及び元売一二社の石油製品の一斉値上げを違法として、カルテルの破棄を命ずる勧告審決（四八条四項）を出し、更に公取委の検事総長への告発（七三条一項）に基づき刑事事件として公訴され、元売一〇社の担当役員については、有罪判決（八九条一項）が確定していた（最判昭和五九・二・二四刑集三八巻四号一二八七頁、石油価格カルテル事件）。他方、消費者側は、鶴岡灯油訴訟を含む三件の損害賠償請求訴訟（日本消費者連盟が中心となった訴訟、主婦連とかながわ生協組合員による東京灯油訴訟）を提起していた。狂乱物価時の石油カルテル事件に対しては、独禁法の規定する三つの法的規制措置が動員されたのである。しかしこれら三つの規制措置は、独禁法本来の目的の下に、必ずしも整合的に運用されたとは言い難い。

東京灯油最高裁判決（昭和六二・七・二最判民集四一巻五号七八六頁）は独禁法二五条違反の損害賠償事件であったが、最高裁判決は「勧告審決の存在は違反行為の存在を推認するについての一つの資料とはなりえても、」「違反行為の存在について裁判所を拘束するものとは解されない」とし、かつ「右協定が実施されたとしても価格が現実の小売価格を下回ったと認められないときは、」「一般消費者は協定の実施によって損害を被ったということは出来ない」として、損害賠償を認めなかった。鶴岡灯油最高裁判決も、「カルテルのために小売価格が上がり、消費者が損害を受けたことの消費者側の立証がない」として、被告・元売側に損害賠償を命じた高裁判決（仙台高裁秋田支部）を破棄し、非上告人（原告消費者）敗訴の判決を下した。

次に簡単に、勧告審決の違反事実の推定力と損害の立証についての判例法理の問題点を指摘しておきたいと思う。

上記の二つの最高最判決は、消費者側の損害賠償請求を否認する理由として、勧告審決の独禁法違反事実についての推定力の弱さを根拠に、現実価格と想定価格（カルテル直前の価格を想定価格とする）との差額をもって損害額とした消費者側の主張には問題があるとした。それは、価格協定から原告等が灯油を購入した時点までに経済的要因にかなりの変動があったことから見て、それらの諸点を含めた損害額の証明が必要であるにもかかわらず、それらの証明が為されていない点からみて、結局消費者側は「損害の立証をしていない」として、消費者側の訴えを全面的に退けたのである。この裁判所の見解は価格カルテルの成立存続を否定したのか、単なる損害の証明の不十分さを根拠として損害賠償を認めなかったのか必ずしも明らかでない。同じ石油カルテル事件をめぐる東京灯油訴訟（独禁法二五条事件）と鶴岡灯油訴訟（民法七〇九条事件）との間で、行政指導の評価等に違いはあったが、結局は勧告審決の事実の推定力の弱さと、元売一二社の価格協定から原告等が灯油を購入した時点までに経済的要因に重要な変動があったにもかかわらずそれらの諸点を含めた損害額の証明が為されていないとして、消費者側の請求を退けた点においては、両最高裁判決は基本的には同じ観点に立っていると言えよう。本来独禁法二六条は、公取委の確定審決を援用することによって、被害者の立証負担を軽減するための規定であるが、両最高裁判決は、勧告審決の事実認定の推定力の弱さを根拠に、公取委の勧告審決の援用を認めず、原告消費者側に損害額の立証責任を転嫁したのである。すなわち消費者側は現実価格と想定価格との差額を出すに際して、その間における経済的要因の重要な変動に伴う価格協定の存続と協定の効力の存否の立証責任を負わされたのである。狂乱物価時の経済の変動による価格協定の維持の実態等は消費者側の証明事項であるよりは、それは正に公取委のなすべき仕事であり、勧告審決であれ（応諾の形を取ったものであれ）、価格協定の存在を認定された石油元売会社側に協定の実行がなされ得なかったことの「立証責任」が課されてしかるべきであったと思われる。

勧告審決の事実の推定力の弱さを安易に使う最高裁のこのような考え方は、逆に価格カルテル当事者は、公取委の勧告を応諾してさえおけば（正式審決に行けば当然違法とされる事件でも、勧告を応諾して審決を得ておけば）、原告側は公取委の審決を援用できなくなり、二六条の規定の存在意義を無くさせることができるのである。両事件とも価格協定事件の典型例として、日本では数少ない消費者団体による損害賠償請求事件であったが、最高裁の保守的な姿勢により、先進資本主義国の独禁法の運用からは大分時代遅れの法運用となってしまったのである。

おわりに——独禁法違反に対する民事的規制措置の利用拡大の必要——

独禁法違反行為に対する民事的規制措置（差止請求、損害賠償請求その他民法七〇九条による訴訟）は、公法たる独禁法違反の範囲内における私人間の権利利益の侵害に対する保護の制度である。被害に対する損害賠償を求めて、独禁法違反事業者を訴えることは被害者たる私人の当然の権利であるが、それは同時に私人による独禁法違反の抑止につながり、独禁法の実効性確保手段としても極めて有効である。これまで日本では独禁法は公法としてのみ考えられ、独禁法違反による私人の権利利益の侵害の保護については殆ど目が向けられず、独禁法違反行為に対する民事的救済措置はほとんど無視されてきた。しかし、独禁法違反に対する民事的規制措置は、個人の権利利益の擁護と共に独禁法違反の間接的抑止措置としても極めて有効であり、また競争政策の国民による監視方法としても重要な意義を持つものであることを強調して結びとする。

（1）上杉秋則、栗田誠、船橋和幸、山本和史『二一世紀の競争政策』東京布井出版、二〇〇〇年三月、三五六頁、参照。
（2）前掲、上杉他『二一世紀の競争政策』三五六頁。
（3）独禁法違反の法律行為に関して一言断っておく必要のある点は、言うまでもないが、独禁法違反行為は常に法律行為であるとは限らないことである。私的独占違反行為の排除・支配行為や不公正な取引方法の優越的地位の濫用行為は法律行為ではなく、事実行為である場合が多いかも知れない。事実行為については独禁法違反の法律行為の効力の問題は及ばない。しかし差止請求や損害賠償請求は独禁法違反行為により権利・利益の侵害が生じている場合には法律行為のみでなく事実行為にも及ぶことは当然である。
（4）独禁法違反の損害賠償請求事件は石油カルテル事件以外は極めて少なく、平成五年の東芝昇降機サービス事件が独禁法違反の損害賠償請求が認められた初めての事件である。昭和の時代に九件、平成元年から平成一五年までに一〇件余りの民事事件が提訴されたに過ぎない。
（5）末弘厳太郎「法令違反の法律行為の効力」法協四七巻一号六六頁以下。
（6）横田正俊「独占禁止法違反の法律行為の効力」法曹時報一巻八号一九頁、大隈健一郎・吉川大二郎『独占禁止法注釈』昭和二二年、一三六頁、石井良三『独占禁止法』昭和二三年、三一五頁。
（7）独禁法施行時の経過規定一〇二条の存在も独禁法の各規定を効力規定と解させるのに寄与したと思われる。
（8）福光家慶「独占禁止法違反行為の効力」『国民経済雑誌』八二巻六号二六頁、八三巻三号一三頁。
（9）東京高判昭和二八・一二・一下級民集四巻一二号一七九一頁、株式の売買のような高度に取引の安全迅速が要求される分野では無効の理論はやはり通用しなかった。
（10）最判昭和五二・六・二〇民集三一巻四号四四九頁、審決集三三巻。

（11）高松高判昭和六一・四・八判タ六二九号一七九頁、審決集三三巻一二五頁。本件は独禁法三条一〇条違反が問われた事件で、原協定を無効としている点は注意を要する。

（12）服部育生「独占禁止法違反行為の私法上の効力（一）（二）」『民商法雑誌』八六巻一号二〇一頁、九四巻二号二四頁、九四巻三号二〇頁。

（13）大村敦志「取引と公序――法令違反効力論の再検討（下）」『ジュリスト』一〇二五号七二頁以下。

（14）森田修「『独禁法違反行為の私法上の効力』試論――独禁法による民法の〈支援〉」（特集　競争秩序と民事法）『経済法学会年報』一九号（通巻四一号）一九九八年、一〇三頁。

（15）大村前掲論文、六九頁、七〇頁、森田前掲論文、一〇四頁。

（16）森田前掲論文、一一三―一一七頁。

（17）森田前掲論文、一一六頁。

（18）Brunswick Corp. v. Pueblo BOWL-O-Mat, Inc. 429 U.S. 477(1977).

【本間教授への追悼の辞】良心的な学究者であり教育者であった本間教授を失った学会の損失は大きい。私個人としても人間的に信頼できる友人を失った心の空洞は埋まらない。心からご冥福を祈り、筆を置く。

第11章　農業協同組合とシャーマン法

高瀬　雅男

一　問題の所在

独占禁止法（一九四七年、法律五二号）が協同組合に対して適用除外（二二条）する根拠は何であろうか。学説をみてみよう。実方説は、中小企業者や消費者の「団結を許容することにより、独立の交渉単位、競争単位が形成されるから、この適用除外には競争促進効果が期待でき……競争政策の一環として位置づけることができる」[1]と述べ、適用除外の根拠を団結の競争促進効果に求めている。しかし適用除外＝「団結の許容」が中小企業者や消費者に何をもたらすのかについては触れていない。この点について触れているのが正田説である。正田説は小規模事業者の「組織化によって形成された競争力・取引力を通して進めるその地位の向上によって、市場における競争が促進され、そのことが、支配的資本・大企業の支配的な力の濫用の規制、さらには市場支配力の形成を阻止するための社会的な力としての役割果たすこととなる」と「同時に小規模事業者の生存権の確保と関係し、ひいてはそこに雇用されている労働者の生存権の確保に連なる」と述べている。[2]要するに正田説は、適用除外の根拠を、組織化の権利の承認による競争秩序の維持、独禁法制の支持と小規模事業者、労働者の生存権の確保に求めているといえよう。

以上のように適用除外の根拠について学説は分かれているが、この適用除外の根拠を歴史的に探求しようとすれば、協同組合に対する独占禁止法の適用＝「団結の否定」と適用除外＝「団結の承認」が手掛かりになりそうである。しかし日本には検討の素材がない。周知のように日本の独占禁止法は、戦後経済民主化過程において米国反トラスト法の影響を受けて制定されたものであるが、米国には農業協同組合（以下「農協」という）[3]に対する反トラスト法（州及び連邦）適用の歴史と適用除外立法獲得の歴史がある。米国における農協（農民を含む）に対する反トラスト法適用問題は、①農協に対するコモン・ロー、反トラスト法適用の問題と、②反トラスト法適用除外規定に対する合衆国憲法適用の問題に分けられ、両問題の克服を通じて反トラスト法適用除外＝団結の承認が獲得されてきたといえよう。そこで反トラスト法適用除外の根拠を検討するために、①、②の内容を明らかにする必要がある。本稿は、シャーマン法制定（一八九〇年）前後の判例を取り上げ、①、②の内容について検討することを課題とする。

二　一九世紀後半における農協と反トラスト法

農協に対するコモン・ロー、反トラスト法の適用が現実問題となったのは一九世紀末からである。そこでこの問題がなぜ生まれてきたのか、その歴史的背景を概観しておく必要があろう。第一に米国における独占の形成とこれに対するグレンジャー法（鉄道規制法）や反トラスト法の制定がある。南北戦争以降、米国では鉄道網の拡大と産業の集中が進み、プールやトラストなどの独占が成立した。特に鉄道業では運賃プールや差別運賃が行われ、農民を苦しめた。これに対して英国から継承したコモン・ローが適用されたが、その適用にも限界があり、農民、労働者、中小企業者などの反鉄道運動、反独占運動の高揚を背景に、州にグレンジャー法[4]や反トラスト法が[5]、また連邦にも州際通商法（一八八七年）やシャーマン法（一八九〇年）が制定された。

第二に農民の協同組合運動の生成と発展がある。南北戦争以降、鉄道網の進展や公有地払い下げを背景に、大量の入植農民が中西部に進出し、一九世紀末までに一大穀作地帯、畜産地帯を形成した。[6]農産物価格の下落や高率又は差別的な鉄道運賃に対する農民の不満を背景にグレンジ（一八六七年創設、National Grange of the Patrons of Husbandry）という農民運動が中西部を中心に全国に広がった。グレンジは、鉄道運賃や倉庫料金の規制を求める一方、農機具や日用品の共同購入、農産物の共同販売や農機具製造などを行う協同組合運動を展開した。グレンジは、一八七四年に英国に代表者を派遣し、近代的協同組合を視察し、ロッチデール原則（Rochedale Principle）を持ち帰り、一八七五年の年次総会においてロッチデール原則の推奨を勧告した。[7]グレンジは無謀な事業拡張や農業不況の打撃を受け、急速に衰退したが、協同組合運動はその後、農民同盟（Farmers' Alliance、一八八〇年以降）、ファーマーズ・ユニオン（Farmers' Union、一九〇〇年以降）、アメリカ衡平協会（American Society of Equity、一九一〇年以降）などに継承されていった。

第三に州協同組合法の制定がある。米国初の農協は、一八一〇年のコネチカット州やニューヨーク州でのチーズ加工場及びその共同販売組織であるといわれている。当時の農協は任意組合（partnership）か一般会社法（general corporation law）により設立された。米国初の協同組合法は一八六五年のミシガン法といわれ、その後一八六六年のマサチューセッツ法などが制定されたが、これらは対象を農民に限定しない一般法であった。[8]その後制定された一九〇九年のカルフォルニア法は、対象を農民に限定する特別法であった。[9]

以上のような歴史的背景のもとに、州反トラスト法やシャーマン法の制定に伴って、反鉄道運動や反独占運動を担ってきた農民の協同組合に対して反トラスト法が適用されるのかどうかが現実問題となったのである。この問題は州法のレベルでは自覚され、一八八九年のテキサス反トラスト法一三条、[10] 一八九一年のイリノイ反トラスト法九条、一九〇六年のケンタッキー・プーリング法一条、二条などに適用除外規定が設けられた。

連邦法のレベルでは、シャーマン法制定に際し、連邦議会において農協に対する適用問題が議論された。ステュアート（Stewart）上院議員は、農民が市場において自己の利益を守るために十分強力な組織を創り出す必要であると考え、「本法案は、協同組合のまさに根本を攻撃する。資本が結合され、強力な場合、弊害を生み出すだろう。もしもあなたが協同の権利（right of cooperation）を取り除くならば、これらの弊害を是正する力を取り除く。資本は法に守られる独占を生み出すが、人々はそれに対して結合することができない」と述べ、農協に対するシャーマン法適用除外を主張した。シャーマン（Sherman）上院議員はこの主張を受入れ、「自己の農産物又は園芸作物の価格を引き上げる観点でなされた園芸又は農業に従事する者の間の協約、協定、連合又は結合に適用されると解してはならない」と規定する修正案を提案した。この修正案を含む法案は司法委員会に付託され、審議のうえ上院に報告されたが、修正案は削除され、労働組合及び農協に対するシャーマン法適用の有無について言及はなかった。[11]

このような経緯で制定されたシャーマン法（An Act To protect trade and commerce against unlawful restraints and monopolies, Ch.647, 26 Stat.209）は、①取引制限（一条）及び独占化（二条）を違法とし、刑事罰（五千ドル以下の罰金、一年以下の禁錮、両罰の併科）を科すほか、②政府の差止請求（四条）、③私人の三倍額損害賠償請求（七条）を規定していた。

農協に対する反トラスト法の適用は州議会でも連邦議会でも懸念され、一部の州議会は適用除外規定を設けたが、連邦議会は設けなかった。それでは裁判所はこの問題についてどのように考えたのであろうか、①農協に対するコモン・ロー、反トラスト法の適用に関する判例、②反トラスト法適用除外規定に関する合衆国憲法の適用に関する判例のうち、主要なものを検討しよう。

三　農協に対するコモン・ロー、反トラスト法の適用に関する判例

（a）フォード事件（一八九五年）[12]

事実の概要――原告組合（Chicago Milk Shippers' Association）は、シカゴ周辺の酪農民約一五〇〇人を組合員とするミルクの販売組合であり、州一般法に基づき一八九一年二月二四日に設立された。原告組合は、組合員からミルクを受け取り、計算し、販売されたミルクの支払いを組合員に保証し、ミルクの価格を決定し、各年に販売されたミルクから一缶当たり五セントを得、シカゴ市内のスタンドに委託されたすべてのミルクを処分する権限を有していた。原告組合は、同年四月五日、一缶当たりの価格を、五～六月には七五セント、七～九月には八〇セント、一〇～一二月には八五セントに拘束することを決定した。シカゴ市のミルク小売業者である被告フォード(Ford) は、上記の価格に同意し、同年四月一五日、原告組合とミルクの販売契約を締結した。

イリノイ議会は同年六月一一日、イリノイ反トラスト法[13]を承認した（七月一日施行）。同法は「商品の価格を規制又は拘束し、又は生産又は販売される数量又は品質を制限又は拘束するために、他の会社、パートナーシップ、社団又は個人と、プール、トラスト、協定又は連合の構成員又は当事者として事業を始め又は従事する会社、パートナーシップ、個人又は社団は、軽罪を構成し、本法により処罰される」と規定していた。また同法六条は「本法の規定に違反して事業を行う個人又は会社からの商品の購入者は、かかる商品の価格又は支払いに対して責任を負わないものとし、価格又は支払いを求める訴訟に対する抗弁としてこの法律を訴答することができる」と規定していた。

原告組合は、同年一〇月に、被告フォードにミルクを引き渡したが、代金の支払いがなかったので、ミルクの代

金四三三・八〇ドルの回復を求め、州地方裁判所に提訴した（民事）。被告フォードは、イリノイ反トラスト法六条に基づき、かかる結合は違法な目的のために存在し、ミルクの購入は違法な目的を促進するために為されたもので、法が救済を与える回復にいかなる負債も生み出さないと抗弁した。原告組合の請求は、州地方裁判所で棄却され、州第一地区控訴裁判所で認容されたが、イリノイ最高裁判所で棄却された。

判旨――「組合員と組合の結合により、ミルクの価格を規制（regulate the price of milk）しようとする組合は、それが他の会社又は組合員以外の者と結合しなくても、上記の法律（イリノイ反トラスト法）に該当する」[14]。

本判決は、農協がミルクの価格を規制する結合であり、イリノイ反トラスト法に違反すると判示した事例である。

（b）ダンベリー事件（一九〇八年）[15]

事実の概要――原告らは、コネチカット州ダンベリー（Dambury）に住む帽子製造業者であり、工場を有し、二三〇人以上の労働者を雇い、コネチカット以外の二〇以上の州に住む卸売業者に帽子を販売し、州際取引に依存していた。被告らは、九以上の州に住む九〇〇〇人以上の組合員を擁する北米帽子工労働組合（The United Hatters of North America）の組合員であり、同組合は二〇の支部に分かれ、コネチカット州の六つの支部には同州に住む三〇〇人以上の組合員がいた。同組合は、一四〇万人以上の組合員を擁するアメリカ労働総同盟（The American Federation of Labour）に所属し、ＡＦＬの組合員は帽子の卸売業者及びその顧客が住む州にも住んでいた。

被告らは、工場の労働者を同組合に加入させる計画をたて、ボイコットを手段として短期間に七〇の帽子製造業者の工場を加入させた結果、一二の帽子製造業者の工場が残された。一九〇一年、被告らは、原告らの工場を組合に加入させるよう要求したが、原告らはこれを拒否した。一九〇二年、被告らは、工場の労働者にストライキをさせ、操業を困難にし、コネチカット以外の州の卸売業者の注文に応じることを妨げた。また被告らは、コネチカット以外の州の卸売業者に販売される帽子に対するボイコットを宣言し、他の州で被告らと取引する卸売業者の帽子と事業をボイコットし、原告らからの購入を妨げた。さらに被告らは、ＡＦＬの組合に、原告らの帽子、その帽子を購入・販売したコネチカット以外の州の卸売業者の事業、及び卸売業者からその帽子を購入した者の事業に対するボイコットを宣言させた。被告らは、このような行為によってコネチカット以外の州の卸売業者と原告らとの取引を破壊した。

一九〇三年、原告らは、被告らの行為によって事業及び財産を侵害されたとして、シャーマン法七条に基づき、コネチカット地区巡回裁判所に三倍額損害賠償請求訴訟（八万ドルの三倍）を提起した（民事）。被告らは一般及び特別の妨訴抗弁を申し立てた。裁判所は当該結合はシャーマン法の範囲にはないという理由で、妨訴抗弁を支持した。事件は誤審令状により第二巡回控訴裁判所に持ち込まれ、控訴裁判所は誤審令状により提起された問題に関し、連邦最高裁判所に「このような事実の陳述に基づき、原告らは一八九〇年七月二日の反トラスト法七条にもとづき、被告に対する訴訟を維持することができるか」という意見確認（certificate）を求めた。

判旨――「一八九〇年七月二日の反トラスト法は、クラスの間に区別を設けていない。連邦議会の記録はかかる方向での努力がなされたことを示しているが、農民及び労働者の組織はその適用から除外されなかった。」

本件は、労働組合が工場にクローズド・ショップを導入するためにおこなった二次ボイコット（secondary boycott）により損害を被ったとして、使用者がシャーマン法七条に基づき損害賠償を請求した労働事件である（請求は最終的に認容された）。連邦最高裁判所は、連邦議会が修正案を削除した点について、労働者や農民の区別はないとし、これらの者に対する適用除外を否定した。[16] この結果、シャーマン法は労働者や農民にとって大きな脅威となった。

（c）　ギラスピー事件（一九一二年）[17]

事実の概要——原告組合（Burley Tobacco Society）は、タバコ生産者を組合員とし、ケンタッキー法に基づき設立された協同組合である。被告ギラスピー（Gillaspy）は、インディアナ州のタバコ生産者であり、組合員である。

一九〇九年一〇月一日、原告組合は被告ギラスピーと、被告の一九〇九年産タバコを原告組合に販売し引き渡すこと、被告は原告の組合員となり出資すること、被告が契約に違反したときは売上高の二〇％を損害賠償額の予定（liquidated damege）とすることを内容とする契約を締結した。被告ギラスピーは、タバコを原告組合に引き渡さず、第三者に販売し、引き渡し、二四〇〇ドルを受け取った。

原告組合は、契約に基づき被告に損害賠償額の予定として四八〇ドルの支払いを求め、ディアボーン郡地方裁判所に提訴した（民事）。地方裁判所は、訴状に対する法的根拠欠如の答弁（demurrer）を支持し、被告勝訴とした。そこで原告組合はインディアナ上訴裁判所に上訴し、上訴裁判所は、訴状が被告に答弁させるのに十分であるとし、地方裁判所の判決を破棄した（法的根拠欠如の答弁を却下する指示）。

判旨——「係争中の規約は、その市場がトラストに支配されているバーリー・タバコの生産者によって取引を制限する結合を促進するために実施されていることが認められる。しかしその結合の目的は、生産物に対する公正かつ適切な価格を確保すること以外に示していない。かかる行為は、時の道徳と対立せず、社会の確立された利益を侵すとは考えられない。公共政策（public policy）は、土を耕す人々に、彼らの労働に対する公正報酬より低いものを取るよう求めない。公共政策は、抑圧から社会を守る」。

本判決は、タバコ・トラストに対抗するため、組合員の農協へのタバコの引渡とそれに違反した場合の損害賠償額の予定を公共政策に違反せず、有効であると解した数少ない判決である。本判決で重要なことは、ケンタッキー・プーリング法の制定を正当化したブラムバック（Brumback）判決[18]を引用したことである。同判決によれば「農民は州全体に分散し、自分のためにばらばらに活動しており、収穫物を公正かつ合理的な価格で処理することができなかった。収穫物の購入者の間には、実際、競争は存在しなかった。収穫物の価値を真の価値より引き下げるため、購入者により結合及びトラストが結成された。一方、生産者は、生産物を処理しなければならない市場を支配するこれらトラスト及び結合と平等な条件で競争又は取引することができなかった。提示された条件に対処するために、農民が彼らの資源を結合し、彼らの生産物を選択された代理店の手におくことができるようにするために、よりよい価格が得られるという目的のために、この法律は制定された」という。同判決は、①農民の分散性、個別性と、②購入者の独占性、③それによる両者の間の不平等な競争条件、取引条件の存在といった状況から、農協の交渉力確保という本法制定の必要性を述べているのである。

（d）デコラ事件（一九一三年）⒆

事実の概要――原告リーブス（Reeves）は、アイオワ州デコラ町でシカゴ市場向けに豚を購入・販売する業者である。被告組合（Decorah Cooperative Society）は、デコラ町で豚を購入し、販売し、出荷することを目的として、州一般法に基づき設立された協同組合であり、出資組合員はデコラ町近郊に住む農民三五〇人であった。被告組合の定款には、組合員は販売可能なすべての家畜を組合に販売し、地方市場において組合の競争者に家畜を販売したい組合員は、競争者に販売した家畜の売上高から一〇〇ポンド毎に五セントを組合に没収（forfeit）されると規定していた（維持条項、maintenance clause という）。

原告リーブス（Reeves）は、この契約（定款）が、取引を制限し、無効であり、また市場からすべての競争者を追い払うことを意図して不公正であるので、被告が契約に基づき何らかの金額を要求し、集め又は受領することを禁止する衡平法上の訴訟（差止請求）を、ウィネシーク郡地方裁判所に提起した（民事）。地方裁判所は、原告の請求の一部を認容したので、被告組合は上訴し、アイオワ最高裁判所は原判決を支持した。

判旨――「原告は不利な立場におかれ、組合員から豚を購入する組合と競争することができず、組合員は原告と取引する自由がなかった。もしも組合員が原告と取引をすれば、原告は豚に余分に支払うため、利益を没収されるか、組合員が他の者に販売した制裁として購入価格の一部を没収される。これは不当な競争の制限か、又はその用語が現在理解されているように、『取引の制限』である」。

本件のような維持条項は、当時、農協に永続的な支持を確保し、必要な安定を与える手段として著しく流行し、訴訟の種になっていた。[20] 本判決は、定款の維持条項が、取引を制限し違法であるとして、販売業者の差止請求を認容したものである。

四　適用除外規定に対する合衆国憲法の適用に関する判例

（e）グリス事件（一八九七年）[21]

事実の概要――請願者グリス（Grice）は、テキサス州ダラス郡の住民である。グリスは、一八九四年一一月二一日、彼と他の市民に対してテキサス州第五四地区地方裁判所に提出された正式起訴状（The State of Texas vs. John D. Rockefeller and others）に基づき発給された勾引令状（capias）により勾引された。正式起訴状によれば、ロックフェラー（John D. Rockefeller）やグリスなど一四人は、取引制限を設け、実施する目的、意図及び効果のため、ホーキンス（Hawkins）及びその他の者と違法に協定し結合し連合し合意し、ホーキンス等と共謀し、資本、技能及び行為を結合し、トラストを設立した。正式起訴状及び訴追は、テキサス反トラスト法（一八八九年）[22]に基づくものであった（刑事）。連邦巡回控訴裁判所はテキサス反トラスト法を違憲とし、人身保護令状の発給を認めた。

判旨――「二人の者が通常の事業においてパートナー、設立者又はその他の者として結合し、商品の価格を上げ下げし又はその基準を拘束することを……犯罪とする一八八九年のテキサス反トラスト法のような州法は、合衆国憲法第一四修正に違反する。なぜならそれは合衆国市民に、事業と財産に関し有効な契約を締結する権利を否定するからである。」

「競争又は取引を制限するすべての結合を禁止するが、その規定を『生産者又は飼育業者の手元にある間農産物又は家畜』に適用除外する州法（一八八九年テキサス反トラスト法）は、クラス立法（class legislation）であり、いかなる州もその管轄権の範囲内で何人に対しても法の平等保護を否定してはならないと宣言する合衆国憲法第一四修正の一部に違反する」。

本判決は、①テキサス反トラスト法が合衆国憲法第一四修正の適正手続条項に違反し、また②適用除外規定がクラス立法であり第一四修正の平等保護条項に違反すると判示した。本判決は②において「区別は合理的でなければならない」とし、適用除外規定の合憲性を合理の原則に基づいて判断することを明らかにした点で重要である。しかし裁判所はこの原則の具体的適用において「農民であるという理由で、テキサス市民の五分の四が重罪から除外される集団として脇に置かれるのはどのような根拠があるのか」と問い、農民の貧しさ、仕事の性格や所在地、知能又は能力、生産物の性格などを検討し、区分の合理性を否定した。

（f）コノリー事件（一九〇二年）[23]

事実の概要――原告会社（Union Swere Pipe Company）は、オハイオ州法に基づき設立され、イリノイ州で事業を行う下水道管販売会社である。被告コノリー（Connolly）は、イリノイ州の市民であり、原告会社から下水道管を購入し、合意された価格で一八九五年一二月一五日及び一八九六年一月一五日の日付の二通の約束手形を原告に交付した。原告会社は、約束手形に基づき、イリノイ州北部地区地方裁判所に提訴した（民事）。

被告コノリーは、原告が一八九三年一月一日以降他の者と結合しており、①コモン・ロー、②シャーマン法、③イリノイ反トラスト法に違反するとの特別抗弁を提出した。地方裁判所は、①、②の特別抗弁を却下したが、③の特別抗弁についてイリノイ反トラスト法は合衆国憲法に違反すると判示した。被告コノリーは連邦最高裁判所に上訴し、最高裁判所は、①当該結合がコモン・ローに違反するが、原告と被告との販売契約は有効であり、②同じく当該結合がシャーマン法に違反するが、原告と被告との販売契約は有効であるとしつつ、③イリノイ反トラスト法（適用除外条項）は合衆国憲法第一四修正に違反するという理由で、原判決を維持した。(24)

判旨（③について）――「商品の販売又は購入に関する資本、技能又は行為の結合が、排他的な利益のため価格を支配し又は確立することにより、公共の利益を害し、抑制されるべき場合に、農産物及び家畜に関し同様な結合が有害でないと認めることはできない」。

本判決は、連邦最高裁判所が州反トラスト法からの農協の適用除外を合衆国憲法第一四修正に違反すると判示したリーディング・ケースである。(25) 本判決は、合衆国憲法第一四修正を形式的に適用し、一方の集団の結合に対して反トラスト法が適用され有罪とされるのに、他の集団の結合に対して適用されないのは平等保護条項に違反すると判示している。

しかしこのような平等保護条項の形式的適用に対しては、マッケナ (McKenna) 判事の反対意見がある。反対意見によれば「合衆国憲法が州法に要求する実施の平等性は……人の能力、条件及び関係の違いを考慮せず、実施の絶対的普遍性を要求すると解釈することはできない」と述べ、区別を容認した。次いで農民集団とその他の集団を比較し、「除外される集団は、生産又は飼育された生産物又は家畜をもつ農民や飼育業者からなり、含まれる集団は、商人、貿易業者又は製造業者からなり、すべての者が商業取引に従事している。すなわち、ある集団は農村に散在する人々からなり、他の集団は市や町に集まる人々から、又自然人だけでなく法人組織からなる。これらの状況の違い、及び非難される他の違いの中に、議会は禁止される行為に関し両集団の間に機会と権力の違いをみないのであろうか。違いが存在することは否定し得ない」とし、両集団間の機会と権力の違いを認め、区別を肯定した。

五　まとめ

農協に対する反トラスト法の適用は、州議会でも連邦議会でも懸念され、一部の州議会は適用除外規定を設けたが、連邦議会は設けなかった。それでは裁判所はこの問題についてどのように考えたのであろうか、検討結果を整理しよう。

まず農協に対するコモン・ロー、反トラスト法の適用に関する判例である。フォード事件判決は、農協本来の共同販売を価格規制と捉え、イリノイ反トラスト法違反とした。またダンベリー事件最高裁判所判決は、労働者や農民に対するシャーマン法適用除外を否定した。ギラスピー事件判決は、農協の損害賠償額の予定条項を、タバコ・トラストに対抗し、結合の目的が公正かつ適正な価格の確保であり、公共政策に反せず、有効であるとした。他方、デコラ事件判決は、農協の維持条項を不当な取引制限又は不当な競争制限にあたるとして無効とした。以上の事例はいずれも民事事件であるが、州議会や連邦議会が懸念したように、裁判所は農協(農民)に対して州反トラスト法を適用し、またシャーマン法の適用除外を否定しており、農民の団結は承認されていない。

つぎに反トラスト法適用除外規定に対する合衆国憲法の適用に関する判例である。グリス事件判決は、一般の州反トラスト法違反刑事事件と係わって、人身保護令状の発給を認めた判決であるが、テキサス反トラスト法の適用除外規定をクラス立法とし、合衆国憲法第一四修正に違反するとした。またコノリー事件最高裁判所判決は、イリノイ反トラスト法の適用除外規定に形式的に合衆国憲法第一四修正を適用し、違憲と判示した。これら二つの事件は農民が訴訟当事者になった事件ではないが、裁判所は適用除外規定に対して合衆国憲法第一四修正を適用し違憲としており、適用除外規定(立法)によって農民の団結を承認する道は否定されている。

とくに農協（農民）への適用除外を否定したダンベリー事件判決（一九〇八年）や適用除外規定を違憲としたコノリー事件判決（一九〇二年）という二つの連邦最高裁判所判決の存在が大きい。これらの問題を克服するためには、農民の分散性・個別性、購入者の独占性、両者間の不平等な競争条件、取引条件の存在（ギラスピー事件判決）、農民の貧しさ、仕事の性格や所在地、知能又は能力、生産物の性格など(グリス事件判決)、両集団間にある機会と権力の違い（マッケナ判事反対意見）などが、議会や裁判所に理解される必要があろう。

（1）実方謙二『独占禁止法』〔第四版〕、有斐閣、一九九八年、四二一頁。
（2）正田彬『全訂独占禁止法Ⅱ』日本評論社、一九八一年、二四一頁。
（3）反トラスト法の適用が主として問題となるのは販売農業協同組合であるので、「農協」とは販売農業協同組合をさす。
（4）一八七一年以降イリノイ、ミネソタ、アイオワ、ウイスコンシン等中部諸州に鉄道運賃と倉庫料金や差別的取扱を規制するグレンジャー法が制定された。
（5）野木村忠邦「シャーマン反トラスト法制定前史（一）（二完）」『法律時報』四七巻四号、一九七四年、七一頁以下、八号一二五頁以下。
（6）小沢健二『アメリカ農業の形成と農民運動』農業総合研究所、一九九〇年、三頁。
（7）NOURSE, THE LEGAL STATUS OF AGRICULTURAL COOPERATION 35(1927).
（8）ミシガン法は当初、農業や園芸を含まなかったが、一八七五年改正で含めた。マサチューセッツ法は「商業のために、又は適法な製造業及び農業を営むために」と規定した。一八九五年のカリフォルニア法、一九一一年のウイスコンシン法も一般法であった。NOURSE, supra note 9, at 40, 399.
（9）組合員は「農業、ぶどう栽培又は園芸の生産物の生産、保管、乾燥、包装、出荷又は販売に従事する者」に限定されていた。一九一七年の農務省案も同様である。なお一八九六年のミネソタ法は乳製品生産者に、一八九九年のミシガン法は青果販売組合に限定していた。NOURSE, supra note 9, at 405.
（10）一八八九年のテキサス反トラスト法一三条「この法律の規定は、生産者又は飼育業者の手元にある間は、農産物又は家畜に適用されない」。

(11) NOURSE, supra note 9, at 244-245. なおポメレン（Pomerene）上院議員は例外を設けないのが議会の意図であると解した。

(12) Ford v. Chicago Milk Shippers' Association, 115 Ill.166, 39 N.E.651(1895).

(13) An act to provide for the punishment of persons, co-partnerships and corporations forming pools, trusts and combines and mode of procedure and rules of evidence in such cases.

(14) なお被告フォードは、イリノイ反トラスト法六条に基づく抗弁により責任がなくなるが、この規定がイリノイ憲法二章一四条（「契約上の債務を損なう法律を制定してはならない」。合衆国憲法一章一〇条一号にも同様の規定がある）に違反するかどうかが争われ、違反しないと判示された。

(15) Loewe v. Lawlor, 208 U.S. 274(1908).

(16) 吾妻光俊『労働法の展開』海口書店、一九四八年、二五頁、坂本重雄「アメリカにおける『営業の自由』と団結権」、高柳信一ほか編『資本主義法の形成と展開　二巻』東京大学出版会、一九七二年、二〇二頁、有泉亨「ボイコット」『法学セミナー』一八九号、一九七一年、八五頁。

(17) Burley Tobacco Society v. Gillaspy, 51 Ind.App.583, 100 N.E.89(1912).

(18) Owen County Burley Tobacco Society v. Brumback, 128 Ky.152, 107S.W.715(1908). 但しその裁判所はケンタッキー・プーリング法はケンタッキー憲法一九八条の反独占条項に違反し、プールは無効となると判示した。

(19) Reeves v. Decorah Farmers' Cooperative Society, 160 Iowa 194, 140 N.E. 844(1913).

(20) NOURSE, supra note 9, at 337.

(21) In Re Grice, 79 Fed.629(1897).

(22) An act to define trusts, and to provide penalties and punishment of corporations, firms and associations of persons connected them, and to promote free competition in the state of Texas(1889).

(23) Connolly v. Union Sewer Pipe Company, 48U.S.540(1902).

(24) 本判決は、イリノイ反トラスト法九条（適用除外条項）が合衆国憲法第一四修正に違反して無効であり、この規定の無効が他の規定と結びついて法全体が無効になると判示した。イリノイ反トラスト法一〇条は「本法に違反して商品を購入した者は支払う責任がなく、抗弁することができる」と規定しており、イリノイ反トラスト法全体が無効となれば、被告は支払いを拒むことができない。

(25) Miller, Farmers' Co-operative Associations as Legal Combinations, 7 CORNEL L.Q.293, 299(1922).

(二〇〇三年五月一九日脱稿)

第12章　インドネシアにおける競争法の成立と構造
――アジアにおける競争法の受容と課題――

高橋　岩和

一　序説――問題の所在と検討の視角――

1　競争法の目的と競争法の二類型――アジア諸国における競争法の受容と課題――

開発途上国、なかんずくアジアの開発途上国とさらには体制移行国にとっての競争法の意義とはなにかを考えてみたい。具体的には、インドネシアにおける競争法の成立と構造について検討することでこの課題についての検討をおこなうこととしたい。以下ではこの検討に先立って、一般的に「アジアにおける競争法の受容と課題」というテーマを扱う場合の問題意識と検討の視角――なぜ「アジア諸国の」競争法という枠で議論するのか――について述べておきたい。

経済力の原則禁止主義にたった競争法は、もとよりその歴史的起源はイギリスコモンローにあり、アメリカで発達したものである。第二次大戦後の欧州では一九五八年にドイツとＥＥＣにおいて同様の法制が採用され、ＥＥＣの発展とともに全欧州に広がった。また同時に日本においても一九四七年にアメリカ反トラスト法の継受がおこなわれた。今日では競争法を有する国が八〇カ国に及び、そのなかには多くの開発途上国や体制移行国が含まれている。

このような状況を前提とすれば競争法に求められている役割は一様ではないであろう。すなわち一面では、競争法はＷＴＯ体制のもとで関税と非関税措置が漸次撤廃されて貿易と投資の自由が拡大しつつあるなかで出現しつつあるグローバル経済、換言すれば国際的市場機構においておこなわれる国際的な競争侵害行為を規制するという役割を担っている。競争法は貿易と投資の自由がおこなわれた後の国際的な競争と取引のルールを定めるもので、その厳格な適用なしに一層の貿易と投資の自由化も進まないという関係に立つものであるからである。しかし他面で競争法は、とくにアジアの開発途上国においては従来の政府主導型の産業育成が所期の成果をあげず、一九九〇年代の経済危機ということもあったなかで、経済の早急な再建のための切り札として、導入が進んでいると考えられる。この場合、国有・公有の独占事業の民営化、政府規制の緩和、競争法の導入が三点セットとなって、これらを同時に進めることが必要とされている。これらの国における競争法の課題は従って、従来の政府主導型の産業育成に代わる、競争法による自立した自国産業の育成と国際競争力の強化というところに主眼があると考えられる。

競争法がこのように自立した自国産業の育成と国際競争力の強化に役立つという点は欧米において、また日本においてすでに歴史的に実証されてきたところである。すなわち、それはなによりも競争原理の適用が一般的にいって効率性の高い国際競争力をもった企業を生み出すことを可能としたものであったからである。またこれら諸国の競争法は、戦略産業や幼稚産業の保護・育成、さらには衰退産業の再生のための産業政策を、同法の適用除外とするものであったが、このことも競争法が、当該産業の育成や再生を後押しし、長期的にみてそれら産業が国際競争力を獲得することに寄与するものであることを明らかにするものであったからである。今日、欧米及び日本においてはすでに競争政策の結果、国際市場での競争で勝ちうる多くの企業――多国籍企業――を擁しており、競争法を自国産業の育成のために使うという課題は重要なものではないが、このような競争法の課題は多くの開発途上国においては依然として重要なものであるということができよう。

そうであるとするなら、競争法には経済の発展段階と経済構造の違いを前提として二つの類型に大別することが可能であるように思われる。すなわち、競争法を自国産業の育成のために使うという課題をすでに達成し、同法をグローバル化する世界経済のもとでの競争秩序の形成、換言すれば、国際的な単一共同市場における取引と競争の自由のためのルールととらえ、市場における経済的効率性の達成を主たる違法判断基準としている競争法のタイプ――これはいわば先進国型競争法と呼ぶことができようが（このタイプの競争法を「競争法タイプⅠ」と呼ぶことにしよう）と、これとは区別されて、競争法を自国産業の育成のために使うことに踏み出した諸国における競争法のタイプ――これはいわば開発途上国型競争法ということができよう（このタイプの競争法を「競争法タイプⅡ」と呼ぶことにしよう）である。

このような二類型の競争法は競争法としての共通性、例えばハードコア・カルテルの禁止などにおいて共通性を有することは当然であるが、①競争政策と産業政策との関係のつけ方や、②経済の二重構造と非契約社会であることに対応した法規制の重点の置き所において区別されるものである。概していえば競争法タイプⅠにおいては、①については競争法に産業政策的考慮を持ち込むことに否定的であり、②については競争原理のもつ普遍性と透明性を重視し、各商品・役務の市場における経済効率の達成、その総和としての市場経済機構における経済効率の達成を競争法の主目的と考えようとしている。これに対して、競争法タイプⅡにおいては、その中においてさらに開発途上国と体制移行国とで違いがあると考えられるのであるが、①については競争政策と産業政策の相互補完的関係を重視し、②については、非契約社会でかつ取引当事者の一方が圧倒的に中小零細企業である経済社会を前提として、中小零細企業と大企業との取引における公正な競争の秩序を形成することを競争法の重要な課題と考えようとするのである。

以上のような競争法におけるタイプⅠとⅡを区別できるとするなら、アメリカ反トラスト法は、一九世紀後半における鉄道や石油を始めとする大トラストに対する中西部農民や中小商工業者の反独占運動から生じたものであり、その主眼は中小零細企業の競争の自由を守る法制でありタイプⅡの法制であったが、今日、とくに一九八〇年代に性格を大きく変え、典型的な競争法タイプⅠの競争法となっているといえよう。欧州の競争法は、ＥＥＣ加盟各国の地域市場を統合して域内単一市場を形成することを第一の目的とする法制であり、今日この目的をかなり高いレベルで達成しているものであるから、その競争法ももとよりタイプⅠのものであるといえよう。日本の競争法はどうであろうか。日本の競争法は典型的なタイプⅡの競争法であり、今日でもその色彩を色濃く残している法制といえよう。すなわち日本の独禁法は、カルテルと財閥により基幹産業が組織化されていた経済体制を、占領政策の一環としておこなわれた財閥解体の後において、「競争原理に導かれた市場経済」を導入し定着させるための有力な道具として制定されたものであった。同法制定後長い期間に亘って産業育成政策との折り合いをつけ、また日本の経済構造に応じて中小零細企業と大企業の間の取引について「公正な競争秩序」を形成することで、後にみるように独自の性格を有する法制となっているのである。この意味で、それはタイプⅠの競争法に転換しつつあるタイプⅡの競争法である。日米欧の競争法を簡単に法目的と規制内容について比較して示せば表のようになろう。

2　開発途上国型競争法とその条件

そこで以下ではタイプⅡの競争法、すなわち自立した国際競争力のある産業育成のための競争法のあり方についてやや詳しく述べることとしよう。すでに述べたように競争法による競争促進は、商品・サービスの価格低下によ

表　独禁法の３類型と異同

３類型	日本 ――財閥解体の成果の保持と競争的市場経済の扶植 →日本的変容を遂げた	アメリカ ――反トラストによる中小企業保護と消費者保護 →競争による経済的効率性の達成重視	EU ――共通市場の実現
カルテル	「共同して、相互に事業活動を拘束しまたは遂行すること→競争の実質的制限」 →違法 →水平・垂直の区別	競争制限的合意（共謀） →違法 →水平・垂直の区別なし	競争制限的合意（共謀） →違法 →水平・垂直の区別なし →共謀行為を協定と相互協調行為に区別 →適用除外あり
私的独占	排除・支配行為＋競争の実質的制限→違法	独占力＋排除行為 →違法	市場支配的地位＋濫用 →違法 ●違法基準①不公正な価格・取引条件②生産・販売・技術の制限③差別的取扱い④抱き合わせ契約 →（ドイツ）寡占的市場支配的地位（共有独占）も規制対象
不公正な取引方法	差別的取扱い、不当対価、取引誘引、取引強制取引上の地位の不当利用、取引妨害、内部干渉＋公正競争阻害性 →違法	価格差別、排他条件付取引、不公正な競争方法、不公正・欺瞞的な行為・慣行	同上
企業集中	合併・株式保有＋競争の実質的制限の蓋然性 →違法	企業結合＋競争の減殺 →違法	市場支配的地位の形成・強化 →違法

り消費者利益をもたらすのみならず、企業の能率を高め、規模の大小に関わらず国際競争力のある企業を育成する可能性が高い。また今日においてはこの競争を加速するために、外資の直接投資を促進して、なにより外国企業のすぐれた技術力と経営力を吸収することも必須である。国境を閉鎖した上での競争法による自国産業の育成には限りなく限度があるからである。また国内と対外の両面にわたる競争促進を図ろうとするためには、競争領域の拡大が必要である。国有ないし公有企業の分割と民営化、政府規制、特に価格や参入についての経済規制の緩和撤廃が公益事業分野を含めた多くの政府規制産業分野において必要なのである。しかし他面で競争の行き過ぎをコントロールする仕組みも必要である。この中には独禁法の適用除外により戦略産業、幼稚産業の育成をはかるさまざまな措置に関する産業政策も含まれよう。以下では開発途上国型競争法、すなわち自立した国際競争力のある産業育成のための競争法の具有すべき条件を三点についてやや詳しく述べることにしよう。

（1） 産業法と競争法の相互補完関係を重視する競争法であること

すでに述べたように、自立した国際競争力のある産業を競争法と競争政策のもとで育成しようとするときには、戦略産業、幼稚産業に対する産業政策がとりわけ必要となる。ここで問題となることは、競争法とできる限り整合的な産業政策のあり方とはどのようなものであるのかを明らかにすることであろう。

競争政策と産業政策のこの整合性には基本的な疑問があり、産業政策は競争政策を制約するものとしてもっぱら機能し、両者の鋭い対立を引き起こす可能性がある。日本の場合は、貿易の自由化と資本の自由化に対応するために、産業政策、特に産業再編成政策がとられ、企業系列、企業集団、業界協調体制の形成が進められた。このような経済の組織化による発展の道が選択されたのである。また、一九五三年の改正では「行き過ぎた」競争状態を是正して輸出主導型の経済構造を作り出すことが課題とされた。また不況カルテル等の制度が導入され、カルテル・マインドを産業界に定着させる結果となり、今日に至るまで価格カルテルの当然違法という意識は産業界に形成されるにいたっていない。入札談合を根絶できないのはこのためであるともいえる。日本は今この状態を改善し、競争法と整合的でない産業政策をやめ、競争政策を補完する産業政策のありかたを残す努力をしている。

（2）　経済の二重構造を有し、非契約社会である国に即した競争法であること

日本には少数の大企業と大部分の中小零細企業とから構成される経済の二重構造があり、また取引を書面による契約により規律するという法文化の伝統がないという経済社会のもとで、これら中小零細企業の取引上における地位を強化することが競争法の重要な課題と認識された。自動車や家電の部品取引において、取引の相手方は圧倒的に中小零細事業者であり、また書面で契約を交わすということが一般的ではないという現状があり、そのような取引関係のもとでは、発注者である親事業者による、①受領拒否、②下請代金の支払い遅延、③下請代金の減額、④返品、⑤買い叩き、⑥購入強制などが日常的であった。このため一九五三年の独禁法改正は、不公正な取引方法の禁止規定の機能する領域を広げ、特に部品取引にみられるような縦の取引関係における優越的地位の濫用を禁止する規定を導入した。これはその後の下請法の制定につながって日本の競争法の個性を作り出したものである。今日では日本は契約社会に移行しつつあると考えられるが、歴史的には、このように欧米の契約社会とは対極にあり、そのような非契約社会における取引関係については、当該取引を公正な競争の維持の観点から優越的地位の濫用として規制を加えることには重要な意味があった。日本の競争法はこの点で、中小企業保護法としての機能を果たしてきたことになる。

独禁法における優越的地位の濫用規制は、取引当事者が一対一の関係で立場の優越性を不当に利用することを違法とするものである。当該行為の市場へ及ぼす影響から判断していないから競争法としては異質な法理であるともいわれるが、そのように解すべきではない。優越的地位の濫用行為と公正競争阻害性との関係は、取引の相手方の自主的な競争機能の発揮を妨げ、それにより、第一に、不利益を押しつけられる相手方は、その競争者との関係に

おいて競争条件が不利となり、第二に、行為者の側においても、価格・品質による競争とは別の要因によって有利な取扱を獲得して、競争上優位に立つことになるものである。このような行為は、事業活動の自由の侵害という点で取引の公正さに欠ける行為であり、そのような行為が当該取引の場における競争関係を歪め、最終的には行為者と被行為者の属する市場の競争を阻害するおそれを有するものである点で、典型的な競争阻害効果を有する不公正な取引方法ということができる。

（3）　多国籍企業による市場支配を防止しうる競争法であること

競争法は、主として先進国の多国籍企業の開発途上国市場への参入にともない起こる国際的競争制限行為を禁止する必要がある。例えば国際カルテルの禁止である。これに対処するためには私的独占、不当な取引制限、不公正な取引法の禁止等を定める競争法の厳格な執行による競争環境を整備することが中心となる。

競争法はまた、外国資本の導入をはかるに伴って生じうる外国資本による産業支配を防止する必要がある。その一は資本による支配であり、日本では外資法による資本規制の緩和による資本投資の自由化時これが課題とされ、独禁法九条が重要な役割を果たすことが認識された。独禁法九条は本来は財閥の復活の阻止を目的とする規定であるが、外国資本が、国内の持株会社を頂点とする企業集団を買収することで、国内産業の支配が進むことが懸念され、これに対する歯止めの規定として認識されたのである。この意味では同様に、企業買収等による規定も、進出外資による企業買収と特定産業の支配に対する防波堤としての機能を有することが明らかであろう。これは、企業集中運動の進展による国際的寡占の成立を阻止する機能ということもできる。

その二は外国資本による技術支配を通じての産業支配を防止する必要である。日本では資本の自由化時これが課題とされ、独禁法六条が重要な役割を果たすことが認識されていた。このためには同条以外の独禁法の規定、特に一九条も重要である。この点に関しては、ＴＲＩＰＳ協定四〇条——契約による実施許諾等における反競争的行為の規制——の強化改正も課題となろう。

3　結語——アジアにおける競争法のあり方——

今日のアメリカ反トラスト法をはじめとする先進国型競争法はアジアの諸国にとって基本的枠組みにおいて見習うべき法制であることはいうまでもない。競争法が先進国であろうと途上国であろうと価格カルテルの禁止などコアの部分で有する市場秩序の形成維持の機能は市場経済の存立にとって核心であるからである。しかし他面で競争法には、各国が経済の構造に応じて、また経済の発展段階に応じて多様な形で存在するものであることにも注意を払う必要がある。この多様性の中には、①産業法と競争法の相互補完関係を重視する競争法であること、②経済の二重構造と非契約社会に即した競争法であること、さらには、③多国籍企業による産業支配と技術支配を防止する競争法であることなどが含まれるものであることはすでに言及してきたとおりである。

二　インドネシアにおける競争法の成立と構造

（1）　インドネシア競争法の成立

以上で述べてきたアジアにおける競争法のあり方の一つの例として以下ではインドネシアにおける競争法の立法と運用についてみておくこととしたい。

(1)　インドネシア競争法の歴史

インドネシアにおいて競争法は一九八〇年に最初期の草案が作成されたが、これは政党の一部での関心によるものであった。一九九八年にいたりハビビ大統領と議会の合作で新たな草案ができ、この作業は継続されて、一九九九年五月にいたり成立した[1]。この間、アメリカ政府による競争法の草案の提示などもあったが、これはインドネシアのカルチャーに合わないとして退けられ、ハビビ大統領はこれに代えてドイツからアドバイザーを招聘して起草作業に参加させた。インドネシア競争法はこのようなアドバイスやＵＮＣＴＡＤのモデル競争法からも学んで起草されたものである[2]。

(2)　インドネシア競争法の構成と特徴[3]

インドネシア競争法(独占行為および不公正な事業競争の禁止に関するインドネシア共和国法第五号、一九九九年三月五日）は以下の構成となっている。

第一章　総則
第二章　原則と目的
第三章　禁止される協定
第四章　禁止される活動
第五章　市場支配的地位
第六章　事業競争監視委員会
第七章　事件処理手続
第八章　処罰
第九章　その他の規定
第一〇章　経過規定

第一一章　最後の条項

インドネシア競争法は、インドネシアにおける事業者の事業活動は、事業者の利益と公衆の利益の均衡に適切に配慮しつつ、経済民主主義に基づくものでなければならない（二条）として、同法の目的を次のように具体的に規定している。「1　国民の福祉を向上させる一つの手段として、公共の利益を守り、国民経済の効率化をはかる。2　公正な事業競争を創出することによって、インドネシアにおける大中小の事業者が公平な事業機会を得ることに寄与できる事業環境を確立する。3　事業者による独占行為及び不公正な事業競争を防止する。4　事業活動における効果と効率を達成する」（傍点は筆者による）。ここでは、国民経済の効率化という同法の目的を公正な事業競争を通じて、また大中小の事業者の公平な事業機会の獲得を通じてはかるということが明らかにされており、インドネシア競争法の実現しようとしている競争秩序が「公正な競争秩序」であることがわかる。

なおまたインドネシア競争法においては、合理の原則(rule of reason)（二八条）と当然違法の原則(per se illegal)（五条、六条、一五条）とが明文で違法基準として採用されている点、また、かなり高い形式的市場占拠率基準、例えば一社五〇％もしくは二社七五％の市場占拠率の場合の株式所有の禁止、同一関連市場での競争他社の株式所有および会社設立の禁止が定められている点にその特徴を見ることができよう。

（2）　禁止される協定

次にインドネシア競争法は「第3章　禁止される協定」として、第1部　寡占的事業者の生産と販売に関する協定の禁止、第2部　価格の決定の禁止、第3部　市場分割協定の禁止、第4部　共同の取引拒絶の禁止、第5部　カルテルの禁止、第6部　トラスト形成の禁止、第7部　寡占的事業者の購入カルテルの禁止、第8部　垂直統合の協定の禁止、第9部　閉鎖的協定(closed agreements)、第10部　外国の当事者との協定の禁止、をあげている。

禁止される協定は第一に、寡占的事業者による生産と販売に関する協定であって、事業者は、商品もしくは役務の生産と販売を共同で支配する目的で、他の事業者と独占行為もしくは不公正な事業競争を惹起することとなる協定を結ぶことを禁止される。商品もしくは役務の生産と販売を共同で支配するものと疑われ、もしくはみなされる場合は、二ないし三の事業者もしくは事業者の団体がある商品もしくは役務の七五％を超える部分を支配している場合には、禁止される協定に該当するものとされている（四条）。ここで独占行為（monopolistic practices）とは、一ないし二以上の事業者による経済力の集中（concentration of economic power）であり、そのことにより事業者による商品もしくは役務の生産もしくは販売に対する支配がもたらされ、結果として不公正な事業競争（unfair business competition）となり、また公共の利益（public interest）に害となるもの（harmful）である。不公正な事業競争（unfair business competition）とは、商品もしくは役務の生産または販売をおこなう事業者間の競争であって、不公正もしくは違法な方法によったり、あるいは事業競争を制限するものであることをいうとされている。

禁止される協定の第二は「価格の決定」であって、合弁事業のための協定と現行の法律に基づく協定の場合を除いて、事業者には、消費者もしくは顧客が市場で支払いうる、ある商品もしくは役務の価格を決定する目的で他の事業上の競争者と協定を行うことである（五条）。また、事業者は、同一の商品もしくは役務に対して、他の買い手が支払いうる価格とは異なる価格を支払うようある買い手に強制する協定を結ぶことを禁止され、不公正な事業競争の結果であると考えられる市場価格以下の価格を競争者との間で協定することも禁止される。さらに事業者は、商品もしくは役務を受領した者が、契約上の価格を下回る価格で当該商品もしくは役務を販売もしくは再販売しないという条件を設定する他の事業者との協定で、潜在的には不公正な事業競争を生じさせるものを禁止される。

禁止される協定の第三は市場分割協定であり、その第四は共同の取引拒絶であって、事業者は、国内市場であると海外市場であるとを問わず、他の事業者が同一の事業を行うことを妨げることのできる競争者との協定を行うことを禁止され、また商品もしくは役務を他の事業者に販売することを拒絶する目的で競争者と協定を結ぶことが、そのような行為が、他の事業者に対する損害を引き起こすか、もしくは潜在的にそのような損害を引き起こすことが疑われる場合、あるいはそのような行為が、他の事業者が商品もしくは役務を関連市場で売買することを制限する場合に禁止される。さらに第五に、事業者は、商品もしくは役務の生産または販売を調整することにより、価格に影響を与え、結果的に独占行為もしくは不公正な事業競争となる意図を有して、その競争者と協定することを禁止され（一一条）、第六にトラスト、第七に買い手寡占が禁止されており、事業者は、商品もしくは役務の生産または販売を支配する意図をもって、合弁会社もしくはより大規模な会社を設立したり、また個々の会社もしくはメンバーの継続性を保ちかつ維持することによって、結果として独占行為もしくは不公正な事業競争を惹起することとなる、他の事業者との協調関係を形成するための協定を禁止される（一二条）。また事業者は、関連市場における商品もしくは役務の価格を支配するための協定を、供給者の購入もしくは獲得を共同で支配する目的をもって、他の事業者と行うことを禁止され、二ないし三の事業者もしくは事業者のグループが特定の商品もしくは役務の市場占拠率の七五％以上を支配している場合には、購入もしくは供給を共同で支配しているものと合理的に推定され、もしくはみなされる（一三条）。第八に垂直統合が、事業者は、特定の商品もしくは役務の一連の生産工程中に含まれる製品の生産を支配する目的で他の事業者と協定を結ぶことを、それが不公正な事業競争もしくは社会にとっての害となる (harm to society) 場合には禁止される（一四条）。第九は閉鎖的協定 (closed agreements) であって、事業者は、商品もしくは役務の供給を受けるものが、当該商品もしくは役務を、特定の者または特定の場所にのみ再供給し、もしくは再供給しないことを内容とする協定を他の事業者と結ぶことを禁止され、商品もしくは役務の供給を受ける者が、当該商品もしくは役務を特定の者または特定の地域にのみ供給するか、もしくは再供給しないことを内容とする条項を含む協定を他の事業者と結ぶことを禁止される。さらに事業者は、商品もしくは役務を特定の供給者から受ける事業者が以下の (a) または (b) を内容とする条項を含んで、商品もしくは役務の価格もしくは特別の価格割引に関する協定を結ぶことを禁止される。(a)当該事業者は、特定の供給者から商品もしくは役務を購入することを約すること、もしくは(b)当該事業者は、特定の供給者の競争者である事業者から同種の商品もしくは役務を購入しないこと。第一〇に外国の当事者との協定であって、事業者は、独占行為となるか不公正な事業競争を引き起こすおそれのある条件で外国の当事者と協定を結ぶことが禁止されている。

（3） 禁止される活動（prohibited activities）

インドネシア競争法は禁止される活動として、独占、買手独占、市場支配、共謀をそれぞれ次のように禁止している。

独占の禁止について、事業者は、独占行為もしくは不公正な事業競争を引き起こすこととなる商品もしくは役務の生産もしくは販売を支配することを禁止され、以下の場合には、商品もしくは役務の生産もしくは販売を支配しているものと推定され（presume）もしくはみなされるとされている。(a)当該商品もしくは役務の代替品がない、(b)他の事業者が同種の商品もしくは役務について競争することを不可能とすること、(c)一の事業者もしくは市場者のグループが特定の商品もしくは役務の市場シェアの五〇％以上を支配すること（一七条）。

買い手独占の禁止について、事業者が、関連市場において商品もしくは役務の供給を受けることを支配し、もしくは唯一の買い手となることは、それにより独占行為もしくは不公正な事業競争が引き起こされるおそれがある（may result）場合には禁止され、特定の商品もしくは役務の市場シェア――五〇％以上を支配する場合、役務の供給を受けることを支配し、唯一の買い手となっているものと推定され、もしくはみなされる（一八条）。

市場支配の禁止について、事業者は、単独でもしくは他の事業者と共同して、以下により独占行為もしくは不公正な事業競争となる一ないしそれ以上の活動を禁止される。(a)関連市場において同一の事業活動をおこなうことを他の事業者に拒絶し、もしくは妨げること、(b)消費者もしくは自己の競争者の顧客が、当該競争者と事業関係を結ぶこと、(c)関連市場における商品もしくは役務の流通あるいは販売を制限すること、(d)特定の事業者に対する差別的行為をおこなうこと（一九条）。また事業者は、商品もしくは役務を、関連市場における競争者の事業を排除したり（eliminate）もしくは成り立たなくさせる意図のもとに、原価以下で（at a loss）もしくは非常に安い価格で販売することを、それにより独占行為もしくは不公正な事業競争を惹起する場合には、禁止される（二〇条）。さらに事業者は、商品もしくは役務の構成要素となる生産費その他の費用を詐欺（fraud）により決定し、不公正な事業競争を惹起することを禁止される（二一条）。

共謀の禁止について、事業者は、入札（tender）の落札者を調整しもしくは決定するために他の事業者と共謀することを、それが不公正な事業競争を引き起こす場合には禁止されるとされ（二二条）、競争者の事業活動に関する情報で会社の機密に当たるものを獲得するために他の事業者と共謀することを、そのことにより不公正な事業競争が引き起こされる場合には禁止される（二三条）。また事業者は、関連市場において供給される商品もしくは役務が数量、品質もしくは納期の条件を満たさないようにする意図を有して、競争者の商品もしくは役務の生産ないし販売の妨害のために他の事業者と共謀することを禁止されている（二四条）。

（4）市場支配的地位

市場支配的地位の禁止について、事業者は、直接であると間接であるとを問わず、次のために市場支配的地位を利用する（use a dominant position）ことを禁止される。(a)消費者が価格もしくは品質の点から、競争する商品もしくは役務を得ることを、妨げもしくは制限する目的で取引条件を決定すること、あるいは(b)市場および技術の開発を制限すること、あるいは(c)関連市場に参入して競争者となる可能性を有する他の事業者を妨げること。次の場合には市場支配的地位を有するものとされている。(a)一の事業者もしくは事業者のグループが、特定の商品もしくは役務の市場シェアの五〇％もしくはそれ以上を支配する（control）こと、(b)二ないし三の事業者あるいは事業者のグループが、特定の商品もしくは役務の市場シェアの七五%もしくはそれ以上を支配すること(二五条)。

（5） 企業集中の禁止

インドネシア競争法は企業集中について以下のように制限している。役員兼任について、会社が以下の場合には、会社の取締役（director）もしくは監査役（commissioner）の地位を有する者が、同時に他の会社の取締役もしくは監査役となることは禁止される。(a)同一の関連市場に存在する、もしくは(b)事業の分野もしくは種類において密接な関係を有している、もしくは(c)特定の商品もしくは役務の市場シェアを共同で支配することができることにより、独占行為もしくは不当な事業競争を引き起こすことができる場合（二六条）。株式所有について、以下の場合には、事業者は、同一関連市場の同一分野で(in the same field on the same relevant market)事業活動をおこなう同種の複数の会社の過半数の株式を所有し、もしくは同一市場で同一の事業活動をおこなう複数の会社を設立することを禁止される。(a)一事業者もしくは事業者のグループ（a group of business actors）が、特定の商品もしくは役務の市場シェアの五〇%以上を支配する（control）こと、(b)二もしくは三の事業者あるいは事業者のグループが、特定の商品もしくは役務の市場シェアの七五%以上を支配すること（二七条）。合併・結合・取得について、事業者は、独占行為もしくは不公正な事業競争となる場合には、合併、事業統合(consolidations of business entities)をおこなうことを禁止され、独占行為もしくは不公正な事業競争となる場合には、他の会社の株式を取得すること(acquisition of shares)を禁止される(二八条)。また合併、事業統合もしくは株式取得の禁止で、資産の額もしくは売却価格が一定の額を超えるものは、当該合併、事業統合もしくは株式取得の日から三〇日以内に、事業監督委員会に通知されなければならないとされている（二八条)。

（6） 適用除外

インドネシア競争法は以下のものを適用除外としている。(a)現行の法律を実施する目的でおこなう行為もしくは協定、(b)ライセンス、特許、商標、著作権、意匠、集積回路およびトレードシークレットなどの知的財産権の行使と関連した協定、ならびにこれらの権利のフランチャイズに関する協定、(c)商品もしくは役務の技術的規格を定める協定で、競争を制限したり阻害するものでないもの、(d)契約で定めた価格より低い価格で商品もしくは役務を再供給することを求めない代理店協定、(e)社会の生活水準を引き上げもしくは改善することを目的とした研究の分野における協力協定、(f)インドネシア共和国政府により批准された国際協定、(g)国内市場の需要もしくは供給を阻害することのない輸出を目的とした協定もしくはその行為、(h)小規模事業に分類される事業分野の事業者、(i)組合員に対するサービスのみを目的とする協同組合の事業活動（五〇条）。なおまた国民生活に影響を及ぼす商品もしくは役務の生産と販売に関する活動の独占もしくは集中、ならびに国家にとっての重要な生産部門は、法律により定められ、かつ国家所有企業もしくは政府により設立される（form）か任命される事業体（entity）もしくは機関により運営される、と定められている（五一条）。

（7）　事業競争監督委員会と手続、刑罰等

インドネシア競争法の執行のために独立の事業競争委員会が設置される（三〇条）。委員会は、委員長、副委員長、および最低七人の委員により構成され、委員は、国民立法評議会の承認を得て、大統領により五年の任期で、任命される（三一条）。委員の資格については、(a)インドネシア共和国国民で、任命の時に年齢が最低三〇歳であり、かつ六〇歳をこえないこと、(b)パンチャシラと一九四五年の憲法に忠誠であること、(c)全能の神を信じ、かつその教えに忠実であること、(d)正直で、公平で、かつ品行方正であること、(e)インドネシア共和国内に住居を有していること、(f)実業界での経験を有するか、あるいは法律あるいは経済の分野で知識と専門的技術を有していること、(g)刑罰を受けたことがないこと、(h)裁判所により破産の宣告を受けたものでないこと、(i)いかなる事

業体にも所属していないこととされている（三二条）。委員会には事務局がおかれ、その任務は、(a)第四条から一六条に規定する独占行為もしくは不公正な事業競争を引き起こす協定の評価をおこなうこと、(b)第一七条から二四条に規定する独占行為もしくは不公正な事業競争を引き起こす事業者の活動もしくは行為の評価をおこなうこと、(c)第二五条から二八条に規定する独占行為もしくは不公正な事業競争を引き起こす支配的地位の濫用があるか否かの評価をおこなうこと、(d)第三六条に規定する委員会の権限に従って措置をとること、(e)独占行為もしくは不公正な事業競争に関する政府の政策について提案（suggestion）および審理（consideration）をおこなうこと、(f)この法律に関するガイドラインを作成したり、広報をおこなうこと、(g)大統領および国民議会に対して委員会活動の結果についての定期的報告をおこなうこととされ（三五条）、さらに、(a)公衆もしくは事業者から、独占行為もしくは不公正な事業競争の発生についての報告を受けること、(b)独占行為もしくは不公正な事業競争を引き起こす事業活動もしくは事業者の行為が存在すると思料されることについて研究を行うこと、(c)公衆もしくは事業者の報告、あるいは委員会自身の審査により発見された独占行為もしくは不公正な事業競争に関する事案について、審査もしくは審理を行うこと、(d)独占行為もしくは不公正な事業競争が存在するか否かについての審査もしくは審理の結果について結論を出すこと、(e)この法律の規定に違反していると思料された事業者を召喚すること、(f)証人、専門家鑑定人、およびこの法律の規定に違反していることを知っていると思料されたいかなる人をも召喚して出頭させること、(g)委員会の召喚に応じて出頭することを忌避する事業者、証人、専門家鑑定人もしくは(e)および(f)に該当する何人も召喚するために、審査官の助力を求めること、(h)この法律の規定に違反している事業者を審査しもしくは審理することと関係して、政府機関に情報の提供を求めること、(i)審査もしくは審理の目的で、書状、書類もしくはその他の証拠を入手し、研究し、もしくは評価すること、(j)他の事業者もしくは公衆がこうむった損害があるか否かを決定し（decide）かつ裁決すること（determine）、(k)独占行為もしくは不公正な事業競争を行っていると思料された事業者に対する委員会の決定を通知すること、(l)この法律の規定に違反している事業者に行政処分の形態での処罰を科すことである（三六条）。

委員会の違反処理手続については次のように定められている。第一に、なんびとも競争法違反が発生したことを知るか、あるいは発生したと思料するときは、当該違反の発生に関する明確な説明を、報告者の身元を明らかにしつつ、委員会に対し書面をもって報告することができ、また違反行為により損害を被った者は、当該違反の発生および被った損害に関する完全かつ明確な説明を、報告者の身元を明らかにしつつ、委員会に対して書面をもって報告することができるとされている（三八条）。このような報告を受けた場合委員会は事前審査をおこなわなければならず、かつ報告を受理してから三〇日以内に、以後の審査をおこなう必要があるか否かの決定をおこなわなければならないとされている。そして委員会は、必要と認める場合、証人、専門家鑑定人およびその他の者から説明を受けることができ、この場合委員には職務遂行命令書（a letter of authority）が付与されるものとされている（三九条）。なお委員会には、報告がない場合においても競争法違反があると思料する場合には、事業者に対する審査をおこなうことができる（四〇条）。

審訊を受ける事業者は、審査もしくは審訊のために必要な証拠を提出する義務を負い、事業者は審訊を拒み、審査もしくは審訊のために必要な情報を提供することを拒み、もしくは審査ないし審訊を妨げることを禁止されている（四一条）。委員会の審訊のためにもちいられる証拠は、(a)証人の証言、(b)専門家の証言、(c)書状もしくは書類、(d)端緒、(e)事業者の説明である（四二条）。委員会は、審査の開始から六〇日以内に同審査を修了する義務を有するが、必要な場合には審査の期間は三〇日間を限度として延長することができる。委員会は、審査の完了後三〇日以内に、法律違反があったか否かについて決定をおこなわなければならず、その決定は、公開の場であると宣言された会議において読み上げられ、かつ事業者にただちに通知されなければならない（四三条）。

事業者は、委員会の決定の通知を受理したのち三〇日以内に当該決定の内容を実施し、そしてその実施の報告を委員会に提出しなければならないが、当該決定を受理したのち一四日以内に地方裁判所に異議の申立をすることができる（四四条）。地方裁判所（district court）は、事業者による異議申立を、意義の中立の受理の後一四日以内に審理しなければならない。また地方裁判所は、異議についての審理の開始の日から三〇日以内に決定をおこなわなければならず、この決定に異議がある場合は、一四日以内にインドネシア共和国最高裁判所に対して上訴することができる。最高裁判所は、上訴の受理の後三〇日以内に決定を下さなければならないとされている（四五条）。異議の申立のない場合は、委員会の決定は最終決定でありかつ法的拘束力を有し、決定の執行命令は地方裁判所に請求される（四六条）。

行政処分であるが、委員会は事業者に対して以下の行政処分をおこなう権限を有する。(a)四条から一三条、一五条および一六条の協定を破棄する命令、(b)事業者に対する一四条の垂直的統合を差し止める命令、(c)事業者に対する独占的行為を引き起こし、もしくは不公正な事業競争となる、もしくは公衆にとって損害となる活動を差し止める命令、(d)事業者に対する市場支配的地位の濫用を差し止める命令、(e)二八条に規定する事業者の合併、事業の統合および株式の所有を中止する命令、(f)損害賠償の支払いの命令、(g)最低一〇億ルピアで最高二五〇億ルピアの罰金の賦課（四七条）。

次に刑罰であるが、四条、九条から一四条、一六条から一九条、二五条、二七条および二八条の規定に対する違反には最低二五〇億ルピアで最高一〇〇〇億ルピアの罰金が科され、もしくは罰金に代わる六月以下の禁固が科されるとされている。また五条から八条、一五条、二〇条から二四条および二六条の規定に対する違反には、最低五〇億ルピアで最高二五〇億ルピアの罰金が科され、もしくは罰金に代わる五月以下の禁固が科されるとされている。四一条の規定に対する違反には、最低一〇億ルピアで最高五〇億ルピアの罰金、もしくはそれに代わる三月以下の禁固が科されるとされている（四八条）。なお、刑法一〇条の規定に遵って、刑事罰には以下の加重的刑罰が科され得るとされている。(a)事業認可（business license）の取り消し、(b)この法律に違反した事業者に対する、最低二年間で最高五年間の取締役もしくは監査役の地位に就くことの禁止、(c)他の当事者に損害を与える原因となる一定の活動もしくは行動の禁止（四九条）。

三　インドネシア競争法の運用

インドネシア競争法の運用は近時活発化してきている。多くの違反行為の情報が事業監視委員会に寄せられ、審査対象となっている。これらの中には、セメントのカルテル、協同組合と中小企業の事業行為、外資系食品会社の大豆価格のダンピング、外国企業による流通支配——親会社（外国企業）の製品しか販売しない子会社である小売チェーンの事業行為、紙パルプ事業のSinar Mas Groupによる川下・川上部分における独占行為、サリムグループの大手チェーンストアーINDOMARETのカップラーメンの廉売などである。なお、ＫＰＰＵが国営保険会社の独占行為を認める国内法の撤廃を求め（五〇条公益事業の適用除外規定との関係）、さらに国営石油会社プルタミナの国内石油製品の流通独占、国営電力会社ＰＬＮの独占を撤廃することを求めているなどもある。

以下ではインドネシア事業監視委員会対カルテックス・パシフィック・インドネシア（KPPU v. PT Caltex Pacific Indonesia）事件について述べることにしよう。本件は、入札談合（tender conspiracy）に係るものである。関連する条文は二二条であり「事業者は入札の落札者を調整しもしくは決定するために他の事業者と共謀することを、それが不公正な事業競争を引き起こす場合には禁止される」と規定する。要件は、行為者、共謀、落札者の決定、不公正な事業競争の惹起である。

被審人は二〇〇〇年以前には通常、一年単位で、低品位（low grade）鋼管（全体の納入量の七五％）と高品位（high grade）鋼管（全体の納入量の二五％）の二つのカテゴリーに分けて、パイプ鋼管に係る入札の登録をするようアナウンスするという形で入札を公開してきた。被審人は今回、低品位鋼管と高品位鋼管の双方について供給できる者を落札させるという方針を表明した。入札参加者は、それゆえ、両方のカテゴリーについて入札の登録をする必要がある。申立て人甲は、過去五年、低品位鋼管について被審人と契約を結んできた。鋼管については国際規格があるだけで出所や国は問題にならない状況にあるところ、申し立て人甲はこれまで原料の出所、価格、納期等について被審人との関係で問題を起こしてない。申立て人甲は、新しい入札制度のもとで、低品位鋼管についていかにすぐれた実績を有していても、高品位鋼管をあわせて供給できない以上入札に参加し得ない――高品位鋼管設備を有する業者に協力を仰ぐことは出来るが、それら業者は真実な競争者となるので、協力を得ることは難しい。なぜなら市場の構造は以下のようであるからである。すなわち入札可能業者は四社であるが、甲は低品位のみ供給でき、乙は甲と同様である。丙は低品位と高品位の両者を提供できる。丁は丙と同様である。そこで申立て人甲は、被審人の新しい入札方式は独禁法二二条違反となるとしてＫＰＰＵに申立てをおこなった。申立て人乙は、八つの部分からなるシステムについて全部を供給することを入札の条件とされ、申立て人甲と同様に入札に参加する資格を得ることが出来なくなったものである。

ＫＰＰＵは被審人の行為は不公正な事業競争であり、二二条違反であると審決した。入札はメディアで公表されず、新入札方式の説明会に招かれたのは一部業者のみであり、以前は入札に参加していた代理店等には知らされなかった。入札方法の変更は調達コストの引き下げを図ったものである。被審人は、八社について審査をし、上記甲乙丙丁についてのみ入札参加を認めることとしたものである。被審人の意図は、特定の業者を落札させることにあったわけではなく、設定した基準が満たされることであり、新入札基準は大規模で強力な業者に落札させるためのものであった。現実に要件を満たしうるのは、丁のみであった。他の業者には下請となる可能性は残されていた。入札参加者甲乙丙には共謀があった。二〇〇〇年五月一日一九時に入札調整のための会合をもっている。そこで丙に落札させ、甲乙は丙から仕事をもらう共謀が成立した。入札結果は、丙は、一五四四万七六七二ＵＳドル、甲は一五八七万二九五四、乙は一五九六万六〇九二、丁は一六一〇万三〇二〇であった。丙が落札者となったものである。

四　結　論

以上インドネシア競争法の成立と運用の一部についてみてきた。インドネシアは産業育成とグローバル経済への対応の同時達成を求められているが、同国競争法は、緒についたばかりとはいえ、多くの他の運用事例も出始めており、同国産業構造の競争秩序への移行に一定の力を発揮しつつあると評価できよう。

インドネシアにかぎらず、開発途上国は、日本が持つことの出来たような産業育成からグローバル経済への対応という二段階を踏む時間的余裕を持ち得ないことで、競争政策・競争法のもとで自国産業を育成するという目的を達成するにあたっては大きな制約条件のもとにある。(4) 開発途上国にとって、競争政策・競争法はグローバル経済を推し進める道具としてよりも、市場構造の改革を通じて自国産業の育成をはかるという機能を第一にする必要があると考えられるが、その意味で、産業育成政策と折り合いをつけてきた経験や不公正な取引方法の規制を独自に膨らませてきた日本独禁法は、開発途上国が参考に出来る法制であると思われる。(5) この意味で日本は、ＷＴＯにおける国際独禁協定作成をめぐる議論に寄与しうる理論的フレームを開発する課題をおっているといえるし、それが可能となるならば、多くの国で日本型競争法の理論とシステムが受容され、日本企業は内外の市場において共通の法的規制のもとでの取引を行うことが出来るということになろう。

（1）　ヒクマハント・ジュワナ「インドネシアの独占禁止法の概要」『国際商事法務』三〇巻四号、二〇〇二年、四六一―四六四頁。

（2）　菅久修一「インドネシアの競争法・競争政策」『公正取引』六〇二号、二〇〇〇年一二月、三六―四〇頁。

（3） Wolfgang Kartte, Franz Saucker, Wolfgang Pfletschinger, Hans Michlitz, Peter Heermann, Herbert Sauter, Law concerning Prohibition of Monopolistic Practices and Unfair Business Competition, 1999.

（4） 産業政策といった場合、これには二類型ある。①は価格、数量を直接制限するものであり、②は競争政策を補完するものである。この場合の産業政策は競争原理に基づいた産業政策ということもできる。①は極力回避すべきであるが、②は維持されうる。また講義の産業政策には、反独占の対抗力の形成という観点からの協同組合政策も重要である。とくに一般消費者による消費生活協同組合の役割は特に重要であろう。

（5） 日本においては太平洋戦争後、財閥解体法、過度経済力集中排除法および独占禁止法によりカルテル、トラスト、コンツェルンが排除されたが、これら一連の措置により企業の競争マインドは解き放たれて、過当競争といわれるほどの競争状態が各産業分野で現出した。一九四七年にアメリカ反トラスト法をモデルとして制定された独禁法は財閥解体の結果生まれた新規参入の自由な市場の環境を保持しようとする法制であった。

（二〇〇三年八月二五日脱稿）

第13章　弁護士報酬、広告と反トラスト法

土田　和博

はじめに

（1）　弁護士をめぐる「改革」の動きが急である。弁護士の広告、報酬、業務独占、自治、必要的入会制など、弁護士業務や弁護士制度のさまざまな側面が規制緩和や司法改革をめぐる論議のなかで再検討されつつある。こうした論議と経済法が交錯する領域に存在する問題は少なくないが、業務独占については別に検討したことがあるので[1]、ここでは弁護士報酬と業務広告について若干の検討をすることとしたい。

弁護士を含むいわゆる士業に関して、最も早くに規制緩和を求めた政策文書の一つは、行政改革委員会・規制緩和小委員会の「大きな一歩、さらに前へ」（一九九七年一二月）であった[2]。その後、規制改革・規制緩和を推進する政府は、累次の報告書や政府見解などにおいてこの問題を取上げてきた。すなわち、九九年三月に弁護士など公的資格を有する者の広告につき「公正有効な競争の確保や合理性の観点から、広告規制の在り方を見直す」旨の閣議決定が行われ、日弁連での検討を経て二〇〇〇年三月の臨時総会において原則禁止から原則自由に転換する業務

広告規程が承認可決された。[3] また、同年一二月の行政改革推進本部・規制改革委員会「規制改革についての見解」(以下「見解」という) では、弁護士を含めた事務系六資格 (公認会計士、弁護士、司法書士、土地家屋調査士、税理士、社会保険労務士)について、その報酬規程を会則記載事項から削除するよう提言がなされ、弁護士については、翌年三月の「規制改革推進三か年計画」において閣議決定された。[4] これをうけて、司法制度改革審議会の最終意見書では、上の閣議決定において『報酬規定を会則記載事項から削除する』と定められていることを踏まえ、適切な対応がなされるべきである」としつつ、[5] 新たに「裁判所へのアクセスの拡充」の観点から、一定の条件付ながら「弁護士報酬の敗訴者負担の取扱い」に関しても言及がなされた。[6] さらに、その後、司法制度改革推進本部の法曹制度検討会で弁護士報酬規程を必要的会則記載事項から削除することが決定され、[7] 弁護士法の改定を含む「司法制度改革のための裁判所法等の一部を改正する法律」が二〇〇三年七月に成立した。敗訴者負担制度に関しては、司法アクセス検討会において導入の是非をめぐるやり取りが続いた後、本稿執筆時点では敗訴者に負担させる弁護士費用の額や敗訴者負担を導入しない訴訟の範囲について審議が継続して行われている。

(2) 以上のように、弁護士広告は既に原則として自由化されたことから、これを不当に制限することは独禁法に抵触する可能性があり、したがって、どのような場合に制限が許容され、どのような場合に違反とされるかが重要である。アメリカではベイツ連邦最高裁判決(一九九七年)によって連邦憲法修正一条との関係で違憲とされた後も、なお一定範囲内で弁護士広告の制限は許容されており、また同じ専門職業 (profession) とされる歯科医師の業務広告の制限に関して反トラスト法上、完全な合理の原則に近い審査をすべきとする最高裁判決も近年示されていることから、これらを参考に右の問題を検討してみたい。また弁護士報酬も大幅に自由化されることになるが、必要的会則記載事項からの削除を決定するに当たって、どれほど実質的な審議がなされたかは疑問である。[8] ほとんど唯一の論拠は右に述べた行政改革推進本部の「見解」であるが、これについては改めて検討する余地があるように思う。「見解」は、①資格者団体が個々の資格者の原価計算の要素を考慮せずに一律に基準額を示すことは適切でない、②各資格者の報酬額を広告記載事項として認めることにより、利用者にとって資格者の情報が不足しているという情報の非対象性（ママ）を解消できる、③報酬基準は最高価格を抑制する上限規制と同時に、最低価格を定める機能をも有し、値崩れに対する防波堤となっていると述べるとともに、主に④弁護士報酬規程をシャーマン法一条違反と判示した一九七五年の米国連邦最高裁判決（後述するゴールドファーブ判決）を引合いに出し、弁護士など事務系六資格の報酬規程の削除を要求した。このうち、①ないし③は弁護士役務（リーガルサービス）の特性を考慮せず、一般の商品サービスと同視する点に基本的な問題がある。[9] ④についても四半世紀以上前の連邦最高裁判決が現在の日本の問題を検討する場合に参考になるかは、おおいに議論の余地のある問題である。さらに、弁護士報酬敗訴者負担制度の導入のゆくえは不確定であるが、司法アクセス検討会においては、制度の導入自体は前提とされており、導入しない訴訟の範囲や敗訴者が負担する弁護士費用の額が検討されている。筆者は敗訴者負担制度導入には反対であり、導入するのであれば、アメリカでみられるような片面的敗訴者負担制度こそ大いに検討に値すると考える。そこで、本稿では反トラスト法上の勝訴原告の弁護士費用請求権についても若干の検討を試みることにする。

一　弁護士広告とアメリカ法

1　ベイツ判決[10]

アメリカの弁護士広告の自由化にとって極めて重要な意味をもったのが、この判決である。事案は次のようなものであった。アリゾナ州フェニックス市でリーガルクリニックと呼ぶ事務所を開設した二人の弁護士は、争いのない離婚や養子縁組、単純な個人破産、氏名の変更など複雑でない事件のみを扱うことにし、事務所の経費と報酬を低く抑えようとした。事務所を維持するためには相当数の仕事を必要としたため、二人は地元の新聞に「極めて合理的な報酬」でリーガルサービスを提供する旨とそれぞれのサービスに対する報酬額を広告した。アリゾナ州最高裁は、その懲戒規則（Disciplinary Rule 2-101（B））で、新聞を含む商業媒体に広告を行うことを禁止しており、違反の発見や実際の懲戒をアリゾナ州弁護士会に授権していた。州弁護士会は、二人の弁護士を一週間の業務停止に処したところ、二人の弁護士は、州最高裁に取消を求めたが、認められなかったため、当該懲戒規則がシャーマン法一条および二条に違反すること、連邦憲法修正一条に違反することを主張して、連邦最高裁に審査を求めた。連邦最高裁は、シャーマン法違反の主張については、本件の広告制限が州の行為（すなわち州最高裁の行為）であって、それは連邦反トラスト法が禁止しようとするものではないとして、審理に参加した裁判官全員の一致で州行為の法理（state action doctrine）により反トラスト法の適用が除外されると判示した。[11] しかし、連邦憲法修正一条（表現の自由）との関係では、五対三で違反を認めた。

ベイツ判決は弁護士広告を解禁させた判決として、しばしば引用されるが、解禁されたのは「表現の自由」との関係で違憲とされたからであって、反トラスト法違反であるからではない。そして修正一条との関係で違憲とされたのは、①弁護士のルーティン的な、比較的単純かつ定型的なリーガルサービスについての報酬広告の禁止であって、②リーガルサービス一般の質に関する広告、とくに誇張を伴う誇大広告を禁止することや③病院や事故現場で直接接触して行う依頼の勧誘を禁止することなどではない。これらは、一部を除き、現在まで違憲と判断されていない。

2　広告に関するアメリカの弁護士会会則[12]

現在のアメリカにおける弁護士広告にとって重要な意義を有するのは、アメリカ法曹協会ＡＢＡのModel Rules of Professional Conducts（1983）である。「Rule 7.1 弁護士サービスに関する情報提供」において、Model Rulesは「弁護士は、弁護士または弁護士のサービスについて虚偽的または誤導的情報を提供してはならない」とした上、(a)事実もしくは法に関して重要な偽りの陳述を含み、または重要な点において言辞が誤導でないと判断するのに必要な事実を省略すること、(b)弁護士が達成し得る成果について不当な期待を抱かせ、または本会則その他の法に違反する手段によって成果を達成できると言明し、もしくは示唆すること、(c)事実に基づき実証し得ない限り、他の弁護士のサービスと自己のサービスを比較することをそれぞれ虚偽的または誤導的であるとする。このRule7.1に付されているコメントは、有利な評決を得た率や損害賠償金額などを広告することが、特定の事実または法に関する事情と無関係に、依頼者が同様に有利な成果が得られるかのような誤解を生じさせるから「不当な期待」を抱かせるものに当るとしている。[13] Rule7.2(a)は「弁護士は、電話帳、弁護士録、新聞その他の定期刊行物、戸外広告、ラジオもしくはテレビのような公共媒体を通じて、または文書もしくは記録の形態により自己のサービスを広告することができる」とし、これについてのコメント[2]は、報酬ベースまたは特定のサービスに対する報酬額を広告できるとする。さらに、報酬以外で重要な専門分野の表示については、Rule7.4が「弁護士は、特定の法分野において業務を行い、または行わない旨の表示をすることができる。弁護士は特定の法分野の専門家(specialist)である旨を言明し、または示唆することができない」としている。[14] しかし、この点に関するコメントは、一九八九年に改定され、現在のコメント[1]は「弁護士は、一般に自己が『専門家』であり、専門的に業務を行い、または特定の法分野を専門とすると述べることが許されるが、Rule 7.1の『虚偽的または誤導的』基準に従わなければならない」としている。[15]

3　カリフォルニア州歯科医師会判決[16]

弁護士の業務広告と反トラスト法の関係を考える上で、参考になるのが同様に専門職業とされる歯科医師の団体が連邦取引委員会（ＦＴＣ）と争った以下のような事件である。

被告カリフォルニア州歯科医師会（California Dental Association, CDA という）はカリフォルニア州の歯科医師の四分の三が入会する非営利の任意団体であり、構成員たる歯科医師に各種の保険、融資の斡旋を行うほか、構成員のためにロビーイング、訴訟、広報活動などを行っている。歯科医師はこの団体に所属しなければ開業できないわけではないが、各種の特典・利益があるために七五％もの歯科医師が所属している。

ＣＤＡは、（ⅰ）倫理規程（Code of Ethics）一〇条において「歯科医師は、いかなる形式であれ、重要な点において虚偽のまたは誤導的な広告または誘引を行ってはならない」「歯科医師は、重要な点において虚偽のまたは誤導的な方法で自己の経歴と資格を詐称してはならない」と規定し、これに基づいて、（ⅱ）割引広告に関する勧告意見（advisory opinion）やガイドライン（割引広告を行う場合には、①その治療サービスが割引されない場合の報酬（正規報酬）、②割引額または割引率、③割引が行われる期間、④割引が受けられる条件（六〇歳以上の患者に限るなど）等について詳細な広告を行わなければならないことを定めていた）を公表し、さらに（ⅲ）歯科治療（dental service）の質に関する広告に関する勧告意見[17]を明らかにした。以上の規程等に照らして問題のある広告については、主にＣＤＡの地区歯科医師会がこれを発見し、中止勧告を行うが、勧告を受けた者が、これに従わない場合にはＣＤＡの Judicial Council がヒアリングを行い、違反が認定されれば譴責、資格の一時停止、除名などの措置をとることができるとされていた。

ＦＴＣは、（ⅱ）の勧告意見が「最低料金」「低料金、手頃な値段」「利用可能な料金」（"lowest price" "low price, reasonable price, affordable price"という価格広告をそれが真実である場合にも禁止すること、（ⅲ）の勧告意見が「やさしい治療（gentle care）」を行う旨の広告などをそれが欺瞞的であるか否かにかかわらず禁止することがＦＴＣ法五条に違反するとの審決を下した[18]（前者については当然違法、後者に関しては簡略化された合理の原則によって判断した）。ＣＤＡは審決取消の訴えを起こしたが、第九巡回控訴裁判所は、いずれのタイプの広告制限も共に簡略化された合理の原則で判断してよいとし、ＦＴＣの判断を結論において是認した。ＣＤＡの上訴を受けた最高裁は、本件の歯科医師報酬に関する広告（割引広告）制限と治療の質に関する広告制限は、簡略化された合理の原則で判断することは許されず、完全な合理の原則に近い判断をしなければならないと判示して事件を控訴裁判所に差し戻した。

なにゆえ完全な合理の原則に近い判断をしなければならないとしたかが重要である。最高裁によれば、本件の広告制限はサービスの価格と質に関する広告制限一般と同視できないのであって、その反競争的効果は簡略化された合理の原則の適用を正当化するほど明らかでない、つまり、本件の広告制限は、歯科医師と患者の間の情報の非対称性に対処しようとするものであって（より具体的には、歯科治療に関する両者の知識や情報の格差、専門的知識の必要性のゆえに治療サービス（の良し悪し）を患者が適切に評価できないことなど）、本件の広告制限が競争促進的効果をもつか、あるいは競争に何らの効果も及ぼさないものである可能性があるとしたわけである。

4　カリフォルニア州歯科医師会事件の差戻審判決[19]

差戻審で控訴裁判所は、最高裁の指示に従い、①被告の競争制限の意図、②競争に対する現実の侵害、③本件広告制限の競争制限的効果と競争促進的効果（正当化事由）の比較衡量について判断した。結論を先に述べれば、控訴裁判所は、ＣＤＡが現実の競争制限を相殺する競争促進的効果を立証したのに対し、ＦＴＣは被告の競争制限の意図を立証できなかったことなどを理由として、「完全な合理の原則に近い判断」による検討の結果、FTCは本件の広告制限をFTC法五条違反と証明し得ていないと結論づけた。ここでは最も重要な③についてみることとし、その際控訴審裁判所が挙げた六つのポイントのうち、弁護士広告にも関連すると思われる判示を取上げたい。裁判所の判示は、概略以下のとおりである。

（1）　情報の非対称性

歯科医師は患者よりはるかによく治療サービスの質を評価することができるのに対し、患者は治療の前にサービスの質を評価できないだけでなく、治療の後にも評価が困難である。また、ある歯科医師は別の歯科医師がいくら請求しているかの情報を患者よりよく入手することもできる。問題は本件の広告制限がこうした情報の非対称性、格差を緩和することができるかである。ＣＤＡは本件広告制限が情報の非対称性を何ほどか緩和するという強力な証拠を提出した。すなわち、本件の広告制限は、歯科医師に対して価格と治療の質に関して十分な開示を要求することによって情報の非対称性を修正するものである(例えば、七五ドルの割引報酬という広告に正規の報酬が七六ドルなのか一二〇ドルなのかを表示させることによって。あるいはある治療が二〇ドルの割引という広告をする者と一五％割引と広告する者に、どちらも正規および割引報酬の額を広告させることによって、どちらが本当に低い報酬を提示しているか容易に分かるように（消費者＝患者の探知費用の節約）)。

（2）　消費者の忠誠（consumer loyalty）

控訴裁判所は、次のようなエコノミストによる証拠を検討した。患者（消費者）は一度かかったことのある歯科医師を再び選好する傾向がある（他の商品やサービスに比べて、相対的に患者は容易に「取引先を転換（switch brands)」させない）こと、歯科サービスは「経験財（experience goods)」、すなわち、購入前には当該商品の質が通常決定され得ない財であって、「探求財（search goods)」、すなわち、購入前に商品の質が通常決定され得る財ではないこと、広告は経験財よりも探求財においてこそ、消費者を一定方向に導く上で効果があること、売手が買手によるリピート購入に依存する本件のような場合には広告は正確であろうことである。ただし、この検討の結果は、どちらの当事者にも有利に働かないとされた。

本件判決の関連する判示の簡単な概観は以上のとおりであるが、それでは、判決の射程、すなわち弁護士への応用の可能性と限界はどのように考えることができるであろうか。弁護士と依頼者の間にも一般的には情報の非対称性が存在する。とりわけ個人である依頼者との間の非対称性は大きいであろう。また法律役務は依頼者が事前に予測することも事後に評価することも困難な性質をもっているといえよう。[20] ただし、このことは法人顧客（特に法務部を有する大規模法人）については必ずしも妥当せず、あるいは個人顧客に関しても定型的業務については妥当しないかもしれない。[21] したがって、理論的観点だけからいえば、少なくとも弁護士と個人もしくは中小規模の法人である依頼者との非定型的業務に関して弁護士団体が依頼者の不利益を防止するために一定の制限を設定することを独占禁止法違反とみることはできないということになろう。

二　弁護士報酬と反トラスト法

1　アメリカの弁護士報酬に関する規程

アメリカの弁護士報酬は、法曹協会（ＡＢＡ）による自主規制（self regulation）として規律されてきた。古くは一九〇八年のCanons of Professional Ethics、一九六九年のModel Code of Professional Responsibility（Model Code という）を経て、現在は一九八三年に制定されたModel Rules of Professional Conduct（Model Rules と略称）によっている。その意味でＡＢＡの行為規範は元来、弁護士の内部規範であったが、多くの州はModel Code や

Model Rulesを自己の州内の弁護士を規律する規程として採用するに至っている。ただし、州によっては、ＡＢＡのモデルをそのまま採用するのではなく、若干の修正を施した上で採用する場合もみられるが、報酬に関する規程は、ＡＢＡのModel Rulesも州の修正も大きな差異はない。[22]

現行のModel Rulesは「弁護士報酬は合理的なものでなければならない」とした上、合理性の八つの判断要素を次のように例示している[23] (Rule 1.5 報酬 (a) 項)。①必要な時間と労力、問題の新規性と困難性、リーガルサービスを適切に提供するために必要な技能、②ある依頼を受任することが他の受任を妨げることになる可能性、③同様のリーガルサービスについて当該地域で通常請求される報酬、④目的の価額と得られる結果、⑤依頼者または事情により課される時間の制約、⑥依頼者との業務上の関係の性格と期間、⑦当該業務を行う弁護士の経験、名声および能力、⑧定額報酬か成功報酬か。[24]

2　ゴールドファーブ判決[25]

（1）　原告はワシントンＤＣ近郊のヴァージニア州フェアファックス郡レストン町で不動産を購入するため融資を受けようとしたところ、金融機関から不動産の権利関係について調査することが求められた。この調査（title examination）はヴァージニア州弁護士会に登録した弁護士だけが行うことができることとされていたため、原告はフェアファックス郡のある弁護士に問合せたところ、フェアファックス郡弁護士会の最低報酬規程を下回る額で受任することはできないとの回答を受けた。原告は、その後、州内三六人の弁護士にあたったが、回答した弁護士はすべて同様の答えであった。なぜなら、ヴァージニア州弁護士会は、報酬規程レポート (Fee Schedule Report) や倫理意見 (Ethical Opinion) の中で、最低報酬規程を下回る額で引きうければ懲戒を行う可能性があると述べていたからである。原告は州および郡の弁護士会をシャーマン法一条違反で訴えて、最低報酬規程の差止と損害賠償を請求した。第一審は州弁護士会については州行為の法理によりシャーマン法の適用が除外されるとしたが、郡弁護士会については、私的団体が州から何ら強制されていないのに報酬規程を採用したとして違反を認めた。第二審では、州弁護士会に関する判示は変わらなかったが、郡弁護士会についても法律業務はシャーマン法一条にいう「取引または商業」に該当せず、あるいは州際商業 (interstate commerce) に及ぼす影響も十分でないことを理由に地裁判決を破棄した。これに対して連邦最高裁は、控訴審判決を覆して、両被告ともにシャーマン法一条に違反する価格協定を行ったと判示した。[26]

この事件には、①両弁護士会の最低報酬規程は価格協定 (price fixing) に当るか、②それは州際商業に影響を及ぼすか、③学識ある専門職業 (learned profession) の法理により反トラスト法の適用を除外されるか、④州行為の法理による連邦反トラスト法の適用除外が認められるかという四つの争点があったが、最高裁は、①、②を肯定し、③、④を否定することによって、シャーマン法一条違反を認めた。これらの争点のうち日本の問題を検討する際に、特に重要なのは①である。

（2）ゴールドファーブ事件は、原告が少なくとも三七人の弁護士に問合せをして、最低報酬規程に定める額を下回る額で引受ける旨の回答を得られなかったという強固な下限価格 (rigid price floor) が設定されていたケースであり、それ故に価格協定の成立が認められたのである。翻って現在の日本はどうかといえば、「弁護士は、所属弁護士会の定める報酬規程を遵守し、その最低額未満をもって事件等を取扱う旨の表示又は宣伝をしてはならない」としていた旧日弁連弁護士報酬規程九条は一九九五年の改定によって削除されている。また、現行の（二〇〇三年の弁護士法改定前の）日弁連報酬等基準規定八条一項は、経済的資力が乏しい依頼者に対する報酬の減額、免除を規定しており、六条二項は、件数に比べて一件当りの執務量が軽減されるときに適正妥当な範囲内で報酬を減額できることとしているほか、民事事件や契約締結交渉の着手金、報酬金なども三〇％の範囲内で増減できることとされている（一七条二項、一九条二項）。より一般的には、現実の報酬の収受は現行の報酬規程の下限寄りか、下限未満の場合も少なくないといわれる。以上のような点を考慮すれば、日本ではゴールドファーブ事件で見られたような強固な下限価格協定が成立しているとはみられないであろう。

また、ゴールドファーブ判決自体も一方では、対価を収受して不動産の権利関係の調査をすることを「取引または商業」と認めながらも、他方では、注一七において、「専門職業の行為を他のビジネスの行為と互換的にみるのは非現実的であろうし、専門職業に他の分野に起源を有する反トラスト法上の概念を自動的に適用することもそうであろう。専門職業が有する公共サービスの側面その他の特色は、特定の行為が他の文脈ではシャーマン法違反とみられたとしても、異なった取扱いを受けるべきことを要求するかもしれない。」と述べていることが示唆的である。弁護士業務の内容、目的、形態などによってはシャーマン法違反とされない余地も残されているように思われるからである。

3　勝訴原告の弁護士報酬請求権（片面的敗訴者負担ルール）

（1）　日米ともに弁護士報酬は依頼者と弁護士の契約によって決定され、訴訟の結果にかかわらず、依頼者は自己の弁護士報酬を負担するのが原則である。しかし、アメリカでは、司法アクセスを実質的に確保する目的で、この原則に対する様々な例外が設けられているといわれる。[27] 広い意味における公益を追求して勝訴した者が依頼した弁護士に支払う報酬の一部を相手方から回収できるという制度もその一例である。この場合、そのような訴訟を提起した者が敗訴しても相手方の弁護士費用を負担させられることはないという片面的敗訴者負担ルールが、しばしば定められる。[28] 反トラスト法上のルールも、これを定めたものと理解されている。すなわち、クレイトン法四条は「反トラスト法違反行為によって自己の事業または財産に損害を被った者は……自己の被った損害の三倍の賠償と合理的な弁護士報酬を含む訴訟費用を回復することができるものとする」と規定するが、[29] これは敗訴者負担法の分類の中でも「勝訴原告に義務的に報酬を裁定する法律」として整理される。[30]「訴訟費用」がどのような範囲の費用を含むかの問題も重要であるが、以下では「合理的な弁護士報酬（reasonable attorney's fee）」に限定して述べる。[31]

（２）反トラスト訴訟において損害賠償が認容されれば――たとえそれが名目的なものであっても――、必ず弁護士報酬も認容されるとするのが判例である。しかし、クレイトン法四条が「勝訴当事者（prevailing party）」と規定していないことを根拠に、損害賠償が認容されずとも反トラスト法違反と損害を被ったことを証明しえた原告に弁護士報酬の請求を認容した判決もある。

また、私人による差止請求を規定するクレイトン法一六条は一九七六年に改正され、「本条に基づく訴訟において、原告が実質的に勝訴する（substantially prevails）場合、裁判所は、合理的な弁護士費用を含む訴訟費用をそのような原告に回復させなければならない」と規定するに至った。この場合、原告が実質的に勝訴したか否かは、提訴直前の状況、現在の状況、この両者に変化があれば、それに訴訟が果たした役割について裁判所が検討して判断されるとするのが判例である。その結果、損害賠償は認容されなかったが、差止請求を認容された原告は、（減額されるとはいえ）弁護士費用を回復することができる。

さらに、被告（反訴原告）が反トラスト法違反を理由とする反訴請求の結果、三倍賠償を得た場合も弁護士費用を回復できるが、原告による反トラスト請求を防御しえた被告や被告（反訴原告）による反訴請求を防御しえた原告（反訴被告）は、弁護士費用を回復することができない。[32]

（３）以上のような片面的敗訴者負担ルールを反トラスト法が採用した理由について、実質的な検討を行った判決は少ない。しかし、「原告の策謀の極めて濫訴的、事実無根の性質」の故に訴却下の申立を認められた勝訴被告に対する弁護士費用の支払を命じた第一審の決定を破棄した控訴審判決は、次のように述べている。[33]「特別な立法がなければ、反トラスト民事訴訟において被告は弁護士費用を回復できない。我々の結論はクレイトン法の政策上の考慮に基づいている。三倍賠償訴訟の主要な目的が政府による執行に加えて、もう一つの執行手段を提供することにあることはよく知られた事実である。三倍賠償の可能性が反トラスト訴訟を提起させるインセンティブは、敗訴した場合に被告の弁護士報酬その他の費用を支払わなければならないとしたら、大いに低下することになろう。……裁判所への自由なアクセスは否定されても罰せられてもならない。訴訟を提起する費用が濫訴または抑圧的訴訟に対する十分な歯止めとならない場合には、連邦議会は裁判所が勝訴当事者に例外的に弁護士報酬その他の異例の費用を容認することができるような規定を設けてきたのである（特許法または著作権法上の規定をあげる)。」いわゆる「私的司法長官（private attorney general)」の考え方を重要な根拠の一つとした判決といえよう。[34]

ただし、「私的司法長官」の意味は若干吟味される必要がある。弁護士ではなく、依頼者である当事者（反トラスト法の場合は原告）が弁護士報酬を受ける仕組みであることから、資力の乏しい人々の代理として行動する有能な弁護士を確保するということでは説明として十分でなく、「訴訟を遂行する機会費用が訴訟の結果期待される利益よりも大きすぎるので、たとえ勝訴が見込める請求内容であっても訴訟の提起や遂行それ自体が不経済であるような場合に、勝訴に伴う弁護士費用の負担転換は、当事者の資力のいかんにかかわらず、機会費用を減少させ、期待される利益を相対的に大きくするからであり、訴訟を考える際の当事者の資力だけの問題ではないと制度設計において考えられていることになる」との指摘もある。[35] つまり、それだけでなく、訴訟当事者が期待できる利益そのものは決して大きくないにもかかわらず、高額の弁護士報酬の負担転換を正当化する説明として成立しうるのは、訴訟の結果もたらされる社会全体の利益が促進され、あるいは有用な価値が実現するということ、そして先例となるような訴訟の追行は通常の訴訟とは比較にならないほど多くの弁護士の資源を費やす必要があること(私人をして公的機関の法執行状態あるいは民間企業などの遵法状況を監視させることが社会全体として法の遵守、社会が望む法実現をもたらすこと）であろうとされるのである。[36]

（4） 合理的な弁護士報酬は、どのように算定されるか。この問題について裁判所は、①投下された時間と労力、②事件の新規性と困難性、③リーガルサービスを適切に遂行するために必要な技量、④慣習的な報酬・市場のレート、⑤判決の認容した金額を含めて得られた結果など、前述したＡＢＡのModel Rulesに規定する合理性の判断基準のいくつかを挙げるものがある。むろん、時間が過大であったり、回避可能であれば軽減される。

多くの裁判所は、合理的な弁護士報酬の認定に当たって基準指標(lodestar)方式を採用してきている。これは、原告の主張が認められた争点について弁護士が合理的に費やした時間に弁護士の通常の報酬単価を乗じて得た基本となる報酬金額である。この基本となる金額は、弁護士の業務の質や事件の複雑性、得られた賠償金額などを勘案して調整されうる。しかし、一般に、弁護士の経験、評判、能力等は報酬単価に反映されることから、弁護士の業務の質を理由として基準指標による数値を調整することには裁判所は消極的な傾向があるとされる。

三　日本の問題を考えるために

1　広告制限と独占禁止法

弁護士の業務広告に対する自主規制は、従来、しばしば「品位の保持」を根拠として行われると説かれてきたが、今後は弁護士の提供するリーガルサービスを利用する市民の観点に立って、「品位の保持」のみならず、潜在的依頼者の「誤導(misleading)のおそれ」や「私的領域への過度の立ち入り(overreaching)」をも理由としているものとみなければならない。現実に日弁連「弁護士の業務広告に関する規程」は、三条で弁護士の品位又は信用を損なうおそれのある広告(六号)のみならず、事実に合致していない広告(一号)や、誤導又は誤認のおそれのある広告(二号)、誇大又は過度な期待を抱かせる広告(三号)をも禁止するとともに、五条では面識のない者に対する訪問又は電話による広告を禁止しているのである。また、一般にそのような広告制限は、独禁法との関係でも許容されなければならないであろう。例えば、「弁護士及び外国特別会員の業務広告に関する運用指針」によれば、「割安な報酬で事件を受けます」との広告は、曖昧かつ不正確な表現で、誤導又は誤認のおそれのある広告(二号)の一例とされる。(37) これは、報酬規程が存在する時点で判断されたものであるが、報酬規程が廃止された後でも、前述したCDAに関する最高裁判決及び差戻し審判決に照らしてみる限り、このガイドラインは是認されよう。同様に、「運用指針」が、弁護士の能力や業務の質あるいは弁護士報酬を表示する広告において、比較不明確な用語(「どこよりも」)、最大級を表現した用語(「日本一」)、完全を意味する用語(「完璧」)、実証不能な優位性を示す用語(「抜群」)などを用いることが、文脈によっては三条一号、二号、三号に該当するとすることも、(38) CDA判決の論旨に合致し、独禁法上許容されると考えるべきであろう。

2 報酬規程の廃止をめぐって

二〇〇三年弁護士法改正直前における日本の報酬規程がゴールドファーブ事件当時のアメリカにみられたように、弁護士報酬に厳格な下限を設定しているとはいえないこと等を考えれば、弁護士報酬規程を廃止することは必要でも適当でもなかった。(39) しかし、報酬規程の廃止が決まった現在、以上のように言うだけでは足りないことも明白である。弁護士に依頼し、あるいはリーガルサービスを受けようとする者にとって弁護士報酬の目安(予測される大よその報酬について提供される情報)が必要であることはいうまでもないからである。ただ、廃止を求める側でも何らかの「規制」や「目安」が必要であることについては了解されているようであり、行政改革推進本部・規制改革委員会の「見解」は「資格者団体が各資格者が独自の報酬額を算定できるよう、報酬についての基本的考え方や原価計算の方法を示す」ことを許容しているほか、(40) 公取委が公表した「資格者団体の活動に関する独占禁止法上の考え方」(二〇〇一年一〇月)も「需要者、会員等に対して過去の報酬に関する情報を提供するため、会員から報酬に係る過去の事実に関する概括的な情報を任意に収集して、客観的に統計処理し、報酬の高低分布や動向を正しく示し、かつ、個々の会員の報酬を明示することなく、概括的に、需要者を含めて提供すること」は、独禁法上問題とならないとしている。日弁連は、二〇〇三年三月に「アンケート結果に基づく市民のための弁護士報酬の目安」を発表したが、これは法律相談、金銭消費貸借、連帯保証債務など二八の設例ごとに全国の弁護士に報酬を質問した結果を公表したものであり、おそらく、これをもとに何らかの市民にとっての弁護士報酬の目安が作成されることになると思われる。いまひとつ報酬規程が廃止された場合に問題となりうるのは、経済的資力の乏しい依頼者への「ロビンフッド価格差別」が困難となることであろう。これについては、端的にこのような者への法律扶助制度の抜本的な拡充あるいは公的基金から弁護士に直接適切な水準の報酬を支払う制度を求めるほかない。

3　弁護士報酬敗訴者負担制度について

両面的敗訴者負担制度の導入が一般市民に対し、提訴、訴訟継続について萎縮効果をもたらすことは明らかである。行政による事前規制から司法による事後救済へという国の基本的な方針があるが、これに照らして考えても(両面的)敗訴者負担制度は導入すべきでない。特に独禁法違反行為の存在や二五条訴訟における損害(額)、因果関係、二四条訴訟における「著しい損害」(いかなる解釈を行うにせよ)などの証明を私人が行うことが困難な訴訟類型においては、提訴が躊躇されることは明白である。他方、少なくとも二四条訴訟においては、訴えが不正の目的によることの疎明がなされたときには相当の担保を立てなければならないのであって(八三条の二)、濫訴を防止するための手当はなされているというべきである。

以上のように、勝訴の見込みが著しく不透明な独占禁止法訴訟について導入する必要があるのは、むしろ片面的敗訴者負担制度である。日弁連「『国民が利用しやすい司法の実現』及び『国民の期待に応える民事司法の在り方』

について」（二〇〇〇・六・一三）は、これを「独禁法違反行為による損害賠償請求訴訟」に導入すべきであるとし、また同「弁護士報酬敗訴者負担制度に関する意見書」（二〇〇二・三・一〇）は、「独占禁止法違反の一定の不公正な取引方法による利益侵害又はそのおそれに対する侵害停止又は予防請求訴訟」（独禁法二四条）として、私人による差止請求訴訟について片面的敗訴者負担制度の導入を提言する。損害賠償訴訟にも差止請求訴訟にも導入するのが反トラスト法の制度とも合致する望ましい方向であるといえよう（ただし、米国法が不公正な取引方法の差止に限定しないことはいうまでもない）。

（1）拙稿「経済法・独占禁止法の観点から見た弁護士法七二条問題」、『月刊司法改革』八号、二〇〇〇年、二四頁。

（2）「業務独占」を伴う資格制度の問題点として、「限られた有資格者が特権意識を持ち、当該資格者による特殊なムラ社会が形成されがちであ」り、「そうした市場においては、一般に競争が排除され、サービスの質が低下し、価格が高止まりしがちである」と述べていた（各論「八 国民生活・経済活動一般」）。

（3）弁護士法は業務広告に関する規定を有さないが（品位保持に関する規定はある）、日本弁護士連合会会則二九条の二が「弁護士は、自己の業務について広告することができる。但し、本会の定めに反する場合は、この限りでない」とし、また二九条の三は「本会及び弁護士は、弁護士の使命及び業務の内容について、国民に対し広く知らせるとともに、国民が弁護士を活用するための情報の提供に努めなければならない」と規定する（外国特別会員基本規程二九条にも同趣旨の規定がある）。二九条の二但し書にいう「本会の定め」に相当するものが「弁護士の業務広告に関する規程」（二〇〇〇年三月）、「外国特別会員の業務広告に関する規程」（同）であり、さらにこれらについて「弁護士及び外国特別会員の業務広告に関する運用指針」（二〇〇〇年五月）が定められている。各弁護士会は、これに基づいて広告規程を設けることができる。改定の内容や経緯等については、さしあたり、日本弁護士連合会・弁護士業務の広告問題ワーキンググループ編『弁護士広告』（二〇〇〇年）、『自由と正義』二〇〇一年七月号の特集「広告自由化と弁護士業務」を参照。

（4）弁護士法三三条二項は「弁護士会の会則には、左の事項を記載しなければならない」とし、その八号に「弁護士の報酬に関する標準を示す規定」を掲げ、また同法四六条二項は「日本弁護士連合会の会則には、左の事項を記載しなければならない」として、一号で「第三三条第二項……第七号乃至第一一号……に掲げる事項」(=標準報酬規定を含む)を指示していた。これに基づき日弁連会則八七条は、「弁護士は、その職務に関し、報酬として着手金、報酬金、手数料、法律相談料、鑑定料、顧問料及び日当を受けるほか、受任する事件又は法律事務の処理に必要な実費の支払を受ける」(一項)、「前項の報酬及び実費の標準に関し必要な事項は、会則をもってこれを定める」(二項)と規定していた。これを受けて制定されたのが、日弁連報酬等基準規程(一九九五年九月一一日、全四六条)であり、さらにこれを基本として、全国各弁護士会の報酬規程が作られていた。なお、内外の弁護士報酬規程に関する文献は枚挙に暇がないが、さしあたり、小島武司「弁護士報酬規程廃止論について」『法律時報』四五巻八号、一九七三年、一三二頁以下、三宅伸吾『弁護士カルテル』(一九九五年)を参照。

(5)　「司法制度改革審議会意見書——二一世紀の日本を支える司法制度——」(二〇〇一年六月一二日)Ⅲ、第三、三、(2)。

(6)　前掲「意見書」Ⅱ、七、(1)、イ。

(7)　司法制度改革推進本部・法曹制度検討会の第六回(二〇〇二年七月九日)。

(8)　司法制度改革審議会では、第四六回(二〇〇一年二月二日)までは弁護士会規定の策定過程を透明化する必要性は認めつつ、報酬規定を会則記載事項から削除することについては中坊委員をはじめとする有力な反対意見があって、佐藤会長の取りまとめでも触れられていない。ところが、最終意見書を取りまとめる第六〇回(同年五月二二日)になって、直前の閣議決定で会則記載事項から削除することが定められ、これに対応する必要があるとの理由から、本文に述べたような記述となった。司法制度改革推進本部・法曹制度検討会でも、第五回(〇二年六月一八日)では、日弁連の検討状況を説明した副会長が「条件付反対」と述べたこともあってか、検討会としても継続審議とされたが、第六回(七月九日)になって日弁連副会長の臨席もあったが、若干の質疑の後、座長から「報酬規定を会則の必要的記載事項から削除すると、この点は御意見は一致していると思いますので、この段階でそれを確認させていただきます」と取りまとめられているにすぎない。

(9)　弁護士から依頼者などに提供される法律役務(代理、仲裁、和解、鑑定、法律知識の提供など)は、他の商品や役務と異なり、①公益性、②提供される役務の質と量の予知と評価の困難性、③国家権力との対峙の可能性という特性を帯びる。①は依頼者の権利と利益を擁護するために、その者の経済的資力にかかわらず、全国どこにおいても必要とされる場合には、これが提供されなければならないという特性である。②は、大多数の依頼者は、通常、弁護士によって提供されるリーガルサービスの質と量を事前に予測できないだけでなく、事後においても精確に評価することが困難であるという特性である。③は、刑事事件や行政事件などにおいて典型的にみられるが、国家と対峙して被告人・被疑者、行政庁を相手方として争う依頼者などの権利、利益を擁護するために努めなければならないという性質である。

弁護士報酬規程の問題を検討する際に上の特性は、次のような形で関係する。まず、②は、換言すれば、弁護士と依頼者との間に情報の非対称性・格差があるということであり、リーガルサービスは信用財の特性を帯びるということである。このような特性のために、何らの制約なしに両者が「自由交渉」を行えば、依頼者に不測の損害が生じるおそれがある（供給されるリーガルサービスの質と量からみて不当に高額の報酬など）が、これは「資格者の報酬額を広告記載事項として認める」だけで解消するかは疑問である。また、①と③は次のようである。依頼者が経済的資力のない者であっても、その者の権利・利益を擁護するためにリーガルサービスが提供されねばならないとすれば、その提供に要する費用が資力の乏しい依頼者からは回収できないという事態が生じかねない。こうした事態を改善するために考えられる一つの方法は、国家から依頼者または弁護士に補償的給付がなされることである（法律扶助制度）。しかし、これが不十分だとすれば、そして、なお経済的資力の乏しい者にリーガルサービスが不可欠だとすれば、いま一つの方法は、経済的に余裕のある依頼者からの報酬によって「内部補助」を行うということである（Note, A Critical Analysis of Bar Association Minimum Fee Schedules, 85 Harv.L.Rev.971,986 n.62(1972)は、これを「ロビンフッド価格差別」と呼ぶ。同論文の基調は最低報酬規程に批判的だが、この問題については「これを社会的資源の望ましい分配とみるかどうかは、財産権と福祉権および分配決定がどのように行われるべきかに関する見解によって異なる」と明確な評価を控えている）。国家による法律扶助が本筋であるが、それが不十分だとすれば、「内部補助」もやむをえないという議論が出てくる可能性はありえよう。いずれにせよ、行革推進本部の「見解」には、かかる視点が欠落している。

(10) Bates v. State Bar of Arizona, 433 U.S. 350 (1977).

(11) 州行為の法理とは、州や地方団体の立法、司法、行政の各機関の競争制限的行為あるいはこれと密接な関連をもつ私人の競争制限的行為が連邦反トラスト法の適用を受けるか否かをめぐって形成されてきた判例法理である。Boston, The Impact of Antitrust Law on the Legal Profession,67 Fordham L. Rev.415,432(1998)によれば、弁護士（会）が反トラスト法上の責任を免れる上で最も有効であったのは、この法理であるという。

(12) 以下は、ＡＢＡの弁護士広告に関する会則について述べる。各州の修正に関しては、Arizona Rule 7.1-7.3、Texas Rule 7.01-07などが興味深いが、これについてはJohn S. Dzienkowski, Professional Responsibility Standards, Rules & Statutes 213 (2000)を参照。なお、アメリカは、一九七〇年代の半ば以降、最低報酬規程を廃止し、業務広告を解禁した。同時に、弁護士の人数を著しく増大させたことも周知のところであろう。その結果、professionからbusinessへという弁護士像の変化が生まれたとされるが、最近になってＡＢＡは、legal professionalism の衰退を問題視し、むしろ dignity と professionalism を強調して、Aspirational Goals on Lawyer Advertising という声明を発表するに及んでいる(1998)。その中でＡＢＡは、有害な広告、尊厳なき広告が存在するが、欺瞞的、誤導的な広告でなくとも、尊厳なき言辞を含むときは、弁護士の利益は損なわれ、司法制度のイメージも傷つくとし、とりわけ報酬を広告する際には、その報酬でカバーされる範囲を明確にしなければならないなどの具体的な注意を喚起していることにも留意すべきであろう。T. Calvani et al., Attorney Advertising and Competition at the Bar, 41 Vanderbilt L. Rev. 761 (1984) にも一九世紀後半以降の弁護士広告規制の歴史が述べられている。

(13)　日本の「弁護士の業務広告に関する規程」三条は、おおむねRule7.1に対応するが、四号の規定する弁護士の比較広告については、広告内容が事実に合致する場合でも禁止されると解されるのに対し(日本弁護士連合会・弁護士業務の広告問題ワーキンググループ編『弁護士広告』、二〇〇〇年、四七頁)、Rule7.1(c)は「事実に基づき実証し得」れば、これを許容する。

(14)　ただし、(a)合衆国特許商標庁において特許業務を許された弁護士は「特許弁護士」である旨の表示をすることができ、(b)海事法業務を行う弁護士は「海事弁護士」の表示をすることができる等の例外規定はある。

(15)　「弁護士及び外国特別会員の業務広告に関する運用指針」も「客観性が担保されないまま、『専門家』、『専門分野』の表示を許すことは、誤導のおそれがあり……現状ではその表示を控えるのが望ましい」とする（日本弁護士連合会・弁護士業務の広告問題ワーキンググループ編『弁護士広告』、二〇〇〇年、一〇〇頁)。

(16)　California Dental Ass'n v. FTC, 526 U.S. 756 (1999).

(17)　「サービスの質に関する広告は計測や評価が可能でない。したがって、かかる広告は重要な点において欺瞞的か誤導的であることが多い。」「以下の場合には陳述（statement）または懇請(solicitation)は、重要な点において欺瞞的または誤導的である。(a)事実について虚偽の表示がある場合、(b)関連する事実の一部しか開示されないため誤導的であるか欺瞞的である場合、(c)有利な結果および／または費用について虚偽のもしくは正当化されない期待を作り出そうとする場合、またはその可能性が大きい場合、(d)すべての可変的な要素その他関連する要因を十分かつ個別的に開示することなく、特定のサービスの報酬について説明する場合、(e)合理的な蓋然性をもって通常の分別ある者を誤解または欺瞞に導くと予想される、その他の表示または含意を含む場合。」

(18)　In re California Dental Ass'n., 121 F. T. C. 190 (1996). ＦＴＣ法五条は、条文の内容はシャーマン法一条と異なるが、広告制限などの違法要件は、解釈上、シャーマン法一条の要件と同じであり、共同行為の成立と広告制限などが不当に取引を制限するか否かがそれであるとされる。

（19） California Dental Ass'n v. FTC, 224 F.3d 942 (9th Cir. 2000).

（20） 同様の指摘は、ＯＥＣＤ「規制改革報告書（OECD Report of Regulatory Reform, Vol.1）」（一九九七年）でもなされている（ＯＥＣＤ編、山本哲三・山田弘監訳『世界の規制改革（上）』、二〇〇〇年）。それによれば、専門職業サービスは、それを購入した後でさえも、消費者はその品質について相応の判断を下すことができない可能性がある。このような状況のもとでは、売り手には全体的な品質を落とそうとするインセンティブ、あるいは不必要に過剰なサービスを提供しようというインセンティブが働くおそれがあり、このような市場の失敗に対処するための規制には根拠があるとされている（同書一五一―一五二頁）。なお、上のような情報の非対称性、信用財という特性から政府（裁判所または法務省）規制の必要性を示唆する考え方もあるが（司法制度改革推進本部・法曹制度検討会の第五回（〇二年六月一八日）における経済学者の議論をみられたい）、それは日本の弁護士、弁護士会に対する弾圧の歴史を無視ないし軽視する議論であって、日本における弁護士自治の歴史的意義を考えれば、弁護士会による自主規制でなければならないであろう。

（21） P. E. Areeda & H. Hovenkamp, Antitrust Law 435 (2002 Supplement) も、情報の非対称性は一方が専門職業であるから必ず存在するとはいえず、取引相手が保険会社のように専門知識を有し、価格やサービスの質について評価する能力に格差があるかが問われねばならないという。

（22） Model Rules とやや異なる例として、Florida Rule 4-1.5 は「弁護士は違法な、禁止された、もしくは明らかに過大な報酬……に合意し、これを請求し、または徴収してはならない」として報酬が明らかに過大である場合を列挙する。Kansas Rule 1.5 は「弁護士の報酬は合理的でなければならないが、報酬が合理的でないとの裁判所の決定は、当該弁護士の懲戒を必要とする違反であると推定させる証拠と考えられてはならない」と規定する。John S. Dzienkowski, Professional Responsibility Standards, Rules & Statutes 150,162 (2000).

（23） Model Rules は、ＡＢＡの Ethics 2000 委員会によって改定作業が行われており、(a)項柱書きを「弁護士は、不合理な報酬または不合理な額の費用を契約し、請求し、または徴収してはならない」とする改定がなされる予定であるが、合理性の判断要因は変わらない。

（24） このうち、反トラスト法との関係で注意すべきは③である。これはゴールドファーブ判決以前から存在し、その後にも削除されていない。これが弁護士による報酬の共同決定や弁護士会による報酬決定を容認するものでないことはいうまでもないが、地域によっては一律ないし類似の報酬をもたらしかねない微妙な規定ではある。

(25) Goldfarb v. Virginia State Bar, 421 U.S. 773 (1975). なお、United States v. Oregon State Bar, 385 F. Supp. 507 (D. Or. 1974) も参照。

(26) ただし、本判決は両被告の責任（liability）の問題だけについて判断を示し、損害（damage）については地方裁判所に審理させるよう控訴審裁判所に差し戻した（421 U.S.773,793）。

(27) 山城崇夫「合理的敗訴者と非合理的敗訴者――アメリカ合衆国における弁護士費用負担ルールの近年の展開から――」、木川統一郎博士古稀祝賀論集刊行委員会『民事裁判の充実と促進』、一九九四年、三六七頁。

(28) 牛島聡美「アメリカ公共訴訟と敗訴者負担」『法と民主主義』三七六号、二〇〇三年、一〇頁。

(29) これは、元来、一八九〇年七月二日に成立した「原始シャーマン法」（26 Stat.209）第七条に存在した規定である。「この法律により禁止され、もしくは違法とされる他の者もしくは会社による行為によって、自己の事業もしくは財産に損害を被った者は……自己が被った損害の三倍額の賠償および合理的な弁護士報酬を含む訴訟費用を回復するものとする。」

(30) 山城、前掲書三六九頁の注（5）。

(31) 以下の叙述は、ABA Section of Antitrust, Antitrust Law Developments　1011-1019 (5th ed. 2002) に多くを負う。

(32) ただし、一九九三年に改正された連邦民事訴訟規則一一条は、弁護士が訴訟遅延や嫌がらせなど不当な目的で、あるいは不必要な訴訟費用を負担させるために訴答や申立書面を提出した場合、裁判所は、申立または職権により適当な制裁を課すことができると規定している（本人訴訟の場合は本人に同様の効果が及ぶ）。この制裁の一種として、裁判所は他方当事者へ違反の直接の効果として被った弁護士費用を支払わせることがありうる。したがって、この場合には例外的に被告や反訴被告が弁護士費用を回復することがありえないわけではない。

(33) Byram Concretanks, Inc. v. Warren Concrete Products Co., 374 F.2d 649, 651(3d Cir.1967).

(34) 尤もこの考え方は、Alyeska Pipeline Service Co. v. Wilderness Society, 421 U.S.240(1975) において制定法に規定のない限り、連邦裁判所に弁護士費用の負担を転換する権限はないとして否定されたが、反トラスト訴訟に関する限り、制定法上に根拠規定が存在する。しかも、連邦議会は、この判決後、「市民的権利弁護士報酬算定法（The Civil Rights Attorney's Fees Awards Act of 1976, 90 Stat.2641）」や「裁判への公平なアクセス法（Equal Access to Justice Act of 1980, 94 Stat.2321）」を制定して、「私的司法長官」の考え方を実質的に引継がせた。

(35) 紙谷雅子「弁護士報酬の負担転換Fee Shifting に関する一考察」『学習院大学法学会雑誌』三八巻一号、二〇〇二年、四二頁。

(36) 同右、四五頁。

(37) 日本弁護士連合会・弁護士業務の広告問題ワーキンググループ編『弁護士広告』、二〇〇〇年、九八頁。

(38) 「運用指針」の「第三 規程三条によって規制される広告」の2(12)。前掲『弁護士広告』九七頁、五一頁。

(39) 前掲注(20)のOECD報告書も規制を撤廃し、競争法の適用を可能とするのなら、「消費者保護のためのセーフガードを設けたうえで」行うべきことを指摘している(前掲書二〇二頁)。また「個人顧客に対するサービスについて」消費者保護の観点から、「保険、保証制度、顧客救済基金または資格付与時点での規制」といった「革新的な規制方法」を開発すべきであるとする(二〇三頁)。

(40) 既に報酬規程を会則記載事項から削除した弁理士や税理士は、現実にこの方向を指向しているようである(弁理士会・弁理士報酬問題検討委員会「弁理士報酬についてのガイドブック」(二〇〇〇年)や日本税理士会連合会業務対策部「税理士業務報酬算定に関するガイドライン(指針)」(二〇〇二年))。弁理士会のガイドブックは、報酬の定め方として、①固定額制、②従量額制(時間従量額制、書類従量額制など)、③成功謝金額制、④実費勘案額制(調査費用、図面その他のイメージ情報作成代、印書または文字情報入力代、意匠写真代、意匠図面代、商標見本代など)、⑤弁理士の経験、業務内容の難易度などの考慮、⑥事件価値相関額制などをあげ、これを適宜組み合わせることで額を具体的に定める方式を決定し、その上でその方式に基づく弁理士報酬額を定めることが推奨されるとしている。また、同ガイドブックは「報酬の額を具体的に定める上で、下記の点について考慮することが推奨される。」として、①業界での報酬実勢額の参照、②国内同業者との額の自由競争、③国際的な同種報酬額の考慮、④事務所の健全な経営、⑤顧客との合意を挙げている。①がABAのRule 1.5(a)(3)に通じているようでもあり興味深い。

【追記】本稿は、故・本間重紀先生が晩年追究されていた「司法改革への批判的検討」という課題について、微力ながら貢献したいと考えて拙い論文を執筆し、二〇〇三年八月に脱稿したものである。執筆時期との関係から、弁護士報酬敗訴者負担問題のその後の展開については、残念ながら触れることができなかったことをお断りしておきたい。

第14章　協調行動の予防としての水平型合併規制
——米国反トラスト法の実務——

宮井　雅明

はじめに

我国独禁法上の市場集中規制をめぐっては、従来から協調行動予防の観点を導入すべきことが主張されてきたところ、公正取引委員会の一九九八年「株式保有、合併等に係る『一定の取引分野における競争を実質的に制限することとなる場合』の考え方」において、それが明示されるに至った。事前相談事例の中にも協調行動促進のおそれが問題点として指摘される事例が散見されるようになった。もっとも、具体的な判断手法に関する議論の詰めはこれからである。(1) 同様の動きは、ＥＵ競争法にも見られる。周知のように、ＥＵ企業集中規則は「支配的地位の創出ないし強化」を規制基準とするが、近年、いわゆる「集合的支配」の解釈と認定を通じて協調行動予防の観点が明示的に導入されるに至り、その具体的な判断手法について議論が始まった。(2) 他方、「競争の実質的減殺」（クレイトン法七条）を規制基準とする米国反トラスト法では、少なくとも一九八二年合併ガイドライン以降、協調行動の予防を主眼とする合併規制が志向されてきたといわれる。(3) しかし、一九九二年水平型合併ガイドライン以降は、単独価格引き上げ理論に依拠した提訴事例が増大し、協調行動予防の観点のみに基づく提訴事例は減少した。単独価格引き上げ理論は経済分析に比較的なじみやすく、そのことが、この理論の実務における隆盛を招いている側面があるといわれる。(4) もっとも近年では、ＥＵの動向に触発されて、司法省反トラスト局内でも、協調行動を促進する合併を識別する経済分析の手法について研究が開始された。(5) かくして、今、協調行動予防の観点からの合併審査の手法に新たな関心が向けられようとしている。

本稿は、この問題について新たな提案を行う趣旨ではなく、むしろ、米国反トラスト法を素材として、協調行動予防の観点からする合併審査の実態を明らかにし、今後の課題を整理しようとするものである。かような作業は、この問題に関する本格的な比較法研究への準備作業として意味を持つだろう。分析の対象は、一九八二年合併ガイドライン公表以降の、水平型合併に関わる連邦裁判所判決とＦＴＣ（連邦取引委員会）審決に限定した。提訴後の合併断念事例や同意判決・審決等も重要だが、これらすべてを検討する余裕は筆者にはない。とりあえずは、裁判所ないしＦＴＣがいかなる主張や証拠に説得力を見出したかに分析の焦点を絞りたい。本稿は、この作業を通じて、一九八二年以降の合併ガイドラインのコンセプトと手法が実務でどのように受容され、具体化されてきたかを実証することをも狙いとしている。以下、通常の合併審査の手順に従い、市場画定（一）、市場占拠率ないし集中率に基づく違法性の推定（二）、集中率統計以外の質的指標に照らした反競争的効果の認定（三）の順に、審判決例の立場を分析する。(6)

一　市場画定

一九八二年合併ガイドライン以降、仮定的独占者による「少額だが有意で一時的でない価格引上げ (small but significant and nontransitory increase in price)」が利益をもたらすか否かを問う、いわゆるＳＳＮＩＰテストが市場画定の基準として採用され、審判決例に大きな影響を及ぼしてきたことは周知のとおりである。紙幅の都合上、審判決例におけるＳＳＮＩＰテストの受容のされ方、その具体的適用のあり方に関わるすべての論点に言及することは不可能である。(7) ここでは、協調行動予防の観点から水平型合併を審査する際のＳＳＮＩＰテストの意義と機能に関わって、三つの点を指摘するにとどめる。

1　ＳＳＮＩＰテストの意義

第一に、元来ＳＳＮＩＰテストは、市場占拠率や集中率の数値がより正確に市場力行使の蓋然性を反映するような関連市場の画定を目的とするから、予想される市場力行使の具体的シナリオに応じて市場画定のあり方は異なりうる。審判決例においても、かようなＳＳＮＩＰテストの性格を浮き彫りにするものが見られる。

まず、市場力行使の相手方である顧客群を具体的に特定することがＳＳＮＩＰテスト適用における先決問題となる。一九九二年オーエンス・イリノイ事件ＦＴＣ審決(8) は、この点を示す好例である。本件では、米国における二大ガラス容器製造業者のひとつによる第三位企業の買収が問題であった。ガラス容器は用途と顧客に応じて多様な製品を含んでいるが、ガラス容器全体では、金属・プラスチック・紙等の他の素材との競合によりＳＳＮＩＰテストは充たされないと認定された。しかし、ＦＴＣは、価格引き上げに伴う他素材の容器への転換が困難な、非弾力的な需要を持つ最終製品がありうるとして、かような最終製品について部分市場が成立する可能性を認めた。具体的には、ジャム・ゼリー容器、マヨネーズ容器、ピクルス容器、ワイン・クーラー容器、ワイン容器、ベビー・フード容器の六製品については、物理的性質や商品イメージの点でガラスに代わる素材がないことから、独自の部分市場が認定された。(9) ただし、本件では、異なる最終製品の間で供給面での代替可能性が高いことから、ガラス容器全体での企業間の市場占拠率の分布が上記六製品の各々について等しく妥当すると認定された。[10] 本件は、需要面での代替可能性に基づく関連市場画定問題と、供給面での代替可能性に基づく市場参加者の識別および市場占拠率の測定問題とを区別する、一九九二年水平型合併ガイドラインの方法論に忠実に従う点でも注目される。

また、一九九〇年オリン事件ＦＴＣ審決[11]は、市場力行使の対象としてどの商品を念頭に置くかによって関連市場画定のあり方が異なりうることを示す。本件では、水泳用プールの消毒剤を生産・販売するオリン社によるＦＭＣ社の消毒剤部門の買収が問題であった。固形の消毒剤は、イソシアヌレイト（ＩＳＯＳ）と次亜塩素酸カルシウム（ＣＡＬ／ＨＹＰＯ）との二種類に大別され、両者は、使用形態・機能・顧客層（自家用プールの所有者）において共通していた。しかし、より長時間の使用が可能な点や安定剤とともに使用する必要がない等の点でＩＳＯＳがより便利であり、その分価格プレミアムを維持していた。オリン社は、ＣＡＬ／ＨＹＰＯの生産において支配的地位を占めていたものの、ＩＳＯＳについては自社プラントでの量産化に失敗し、本件買収以前にはモンサント社にＩＳＯＳの生産を委託していた。本件買収は、ＦＭＣ社のＩＳＯＳ生産プラントとその原料であるシアヌール酸の生産プラントを対象としていた。ＦＴＣは、ＩＳＯＳとＣＡＬ／ＨＹＰＯとの間の価格差が縮小するに伴ってオリン社製ＣＡＬ／ＨＹＰＯの相当数の顧客がＩＳＯＳに転換したことを示す統計に基づき、両者間で需要の交差的価格弾力性が高いことを認定した。そのうえで、ＣＡＬ／ＨＹＰＯの生産者としてのオリン社の競争上の地位を評価するための関連市場としては（ＣＡＬ／ＨＹＰＯとＩＳＯＳの両者を含む）「固形消毒剤」市場が適切であるとした。他方で、ＩＳＯＳの生産者としてのオリン社の（ＦＭＣ買収後の）競争上の地位を評価する際には、ＩＳＯＳの値上げの可能性を見る場合にはＩＳＯＳのみからなる市場が、ＩＳＯＳとＣＡＬ／ＨＹＰＯとの同時値上げの可能性を見る場合には「固形消毒剤」市場が、それぞれ適切であるとした。[12]

2　SSNIPテストの実際の機能

第二に、SSNIPテストは、仮定的価格引き上げに対する顧客ないし供給者の反応に着目する訳だが、実際の訴訟では、利用可能な証拠をかような観点から解釈するための指針として機能している。具体的には、合併前の既存の取引関係、既存の供給パターンは、関連市場を推測する重要な証拠ではあるが、それのみでは不十分とされる。他方で、商品の機能、品質、価格差、顧客の嗜好や購買行動の特徴、代替関係に関する供給者ないし顧客の認識といった、従来から市場画定において重視されてきた証拠[13]は、SSNIPテストの下では合併後の仮定的価格引き上げに対する反応を推測する手がかりとして意味を持つ。

たとえば、一連の病院合併事件における地理的市場の画定においては、いわゆるエルジンガ＝ホーガーティ(Elzinga/Hogarty)・テスト[14]が多用されているが、エルジンガ＝ホーガーティ・テストについては、その有用性とともに限界が指摘されていることが注目される。

病院合併事件におけるエルジンガ＝ホーガーティ・テストの適用は、典型的には以下の手順に従う[15]。まず、合併当事者たる病院（以下「合併病院」と略称する）の入院患者の住所のデータから、郵便番号を単位として入院患者の居住地域を分類する。そのうえで、合併病院の所在地を起点として入院患者の居住地域を順次追加し、入院患者の大部分（七五％〜九〇％）が居住することとなる地域（「サービス・エリア」）を画定する。次に、当該「サービス・エリア」に所在する他の病院の「サービス・エリア」を、同様の手法により画定する。このようにして、当該地域内で供給される関連商品（入院患者向け医療サービスの束とされることが多い）の大部分が消費される地域(逆に言えば、当該地域からの「輸出」が全供給量のごくわずかを占めるに過ぎない地域)、すなわち、Little Out From Inside（LOFI）テストを充足する地域が画定される。次に、当該地域内に居住するすべての入院患者のうち当該地域外に所在する病院に入院する者の割合を調べ、当該地域内の入院患者の大部分（七五％～九〇％）が当該地域内に所在する病院に入院することとなるよう調整を行う。このようにして、関連商品に対する需要の大部分が当該地域内の供給によって満たされる地域（逆に言えば、当該地域への「輸入」が全需要のごくわずかしか満たさない地域）、すなわち、Little In From Outside（ＬＩＦＯ）テストを充足する地域が画定される。

病院合併事件でエルジンガ＝ホーガーティ・テストが多用されるのは、入院患者の住所のデータが比較的入手しやすいことや、郵便番号を単位とするので広狭の微調整が比較的容易なことによると思われる。しかし、事案によっては完全なデータを揃えることが困難であったり、(16)郵便番号で区分された地域の恣意的な配列の余地があったり、(17)その実際の適用には様々な問題が指摘されてきた。さらに、より重要な点として、ＬＯＦＩテストとＬＩＦＯテストについて一定の数値を充たす地域が画定されえたとしても、それのみでは地理的市場画定の決め手とならないことが指摘されてきた。(18)エルジンガ＝ホーガーティ・テストは、合併前の患者分布を示すに過ぎない。関連市場の画定においては、合併病院による仮定的料金引き上げへの反応こそが問われなければならない。したがって、住民による入院先の選択を左右する諸要因（病院が提供するサービスの質と内容、患者の移動上の便宜、掛かりつけ医師への忠誠の度合い、掛かりつけ医師が特権を有する病院の分布状況、契約者を他地域の病院に転換させるための健康保険機関による金銭的インセンティブの有効性、病院間の入院患者獲得競争の形態等）に照らして、料金引き上げに伴う患者分布の変動の有無と程度が推測されなければならない。(19)要するに、エルジンガ＝ホーガーティ・テストは、地理的市場の画定において議論のたたき台を提供する点で有益だが、それ以上の意義をこれに認めることに対して審判決例は一般に慎重な態度をとっているのである。

病院合併以外の事例でも、仮定的価格引き上げに対する顧客や供給者の反応の観点から証拠の価値が評価された例は枚挙に暇がない。たとえば、一九九〇年カントリー・レイク・フーズ事件ミネソタ地区連邦地裁判決は、(20)中西部に営業の拠点を置く牛乳の加工・販売業者間の合併が問題となった事例に関わる。政府は、ミネアポリス／セント・ポール都市部統計地域（metropolitan statistical area, MSA）に限定して地理的市場が成立すると主張したが、被告は、これに加えて、ウィスコンシン州、アイオワ州、ノース・ダコタ州の業者も市場に含まれると主張した。政府側は、ミネアポリス／セント・ポールＭＳＡの外に所在する業者による、当該地域への参入の意思を否定する旨の供述を自らの主張の根拠としていた。これに対して裁判所は、この供述の前提となった政府側の質問は、当該地域での牛乳値上げの仮定に言及せず、しかも、当該地域の価格水準に関する情報を知らせずに参入の意思を問うものであったことを指摘し、その証拠としての信憑性には疑問があるとした。そのうえで、「政府側の証拠の最も重大な欠陥は、ミネアポリス／セント・ポールＭＳＡにおける牛乳加工業者間のカルテルに基づいて価格引き上げが起こるとすれば存在するであろう市場の諸条件を、それが十分に説明していないことにある」と判示した。[21]

また、一九六二年ブラウン・シュー事件判決[22]で示された部分市場の「実際的要素（practical indicia）」（産業または公衆による別個の経済的実体としての部分市場の認識、製品の特有の性質ならびに用途、独自の生産設備、顧客の違い、価格の違い、価格変化への反応の敏感さ、専門化された売手）が、仮定的価格引き上げへの反応を推測する根拠として援用される事例も多い。たとえば、二〇〇〇年スウィーディッシュ・マッチ事件ＤＣ地区連邦地裁判決[23]では、ルース・リーフ（loose leaf）とモイスト・スナフ（moist snuff）という二種類の噛みタバコのうち、ルース・リーフの売り上げにおいて四二％・一位のスウィーディッシュ・マッチ社による、一八％・三位のナショナル・タバコ社のルース・リーフ部門の買収が問題であった。関連市場の画定においては、ルース・リーフに加えてモイスト・スナフも商品市場に含まれるか否かが問われた。この二種類の噛みタバコは、プラントの種類、添加物、包装、口腔内での感触、風味において異なっていたが、裁判所は、いずれも無煙タバコの一種で味わい方も同じであることから、両者は機能的に交換可能であるとした。[24]しかし、裁判所は、ブラウン・シュー事件判決にいう部分市場の「実際的要素」に照らした検討が別途必要であるとし、とりわけ、価格変化への反応の敏感さ（price sensitivity）を重視した。そして、ガイドラインのＳＳＮＩＰテストは、この要素を評価する一方法として位置づけられるとした。[25] 裁判所は、価格帯の一部重複や両方を嗜む消費者の存在にもかかわらず、ルース・リーフとモイスト・スナフとの間の（価格に基づく）代替関係を否定する合併当事者の内部文書や、ルース・リーフの消費者に見られるブランド・ロイヤルティー等に照らして、ルース・リーフの価格設定を抑制するにたる程のモイスト・スナフへの顧客転換を示唆する十分な証拠はないと判示した。[26] さらに、ルース・リーフの価格設定においてモイスト・スナフの価格水準は考慮されないとする合併当事者とその競争者の証言や、独自の価格変動パターンに照らしても、ルース・リーフのみからなる商品市場が適切であると結論付けた。[27]

3　統計学・計量経済学的手法

第三に、ＳＳＮＩＰテストの充足を直接実証するための統計学ないし計量経済学に基づく分析が市場画定において決め手とされた審判決は、現状では少数にとどまっている模様である。たとえば、段ボール原紙について、合衆国の西部諸州にのみ発生した原材料費高騰に起因する価格上昇に対して東部からの供給転換がほとんど生じなかったことを示す統計から、西部諸州のみからなる地理的市場を画定した一九八五年ウェアハウザー事件ＦＴＣ審決[28]は、いわゆるnatural experimentが可能であった稀有な事例である。他方、ＳＳＮＩＰが利益をもたらすために許容される最大の販売量の喪失（critical loss）ないし需要の弾力性（critical elasticity）を推測する手法は、反トラスト当局内部では多用されているようだが、[29] これらの手法による分析結果に直接言及する審判決例は少ない。筆者の見る限り、前述のスウィーディッシュ・マッチ事件判決のほか、一九九五年マーシー・ヘルス・サービス事件アイオワ北部地区連邦地裁判決[30]や一九九九年テニット・ヘルス・ケア事件第八巡回区控訴裁判所判決等[31]がこれに言及している程度である。

データの制約の問題もさることながら、原告と被告の双方がそれぞれ正反対の主張を正当化するために計量経済学的手法に訴える場合、専門を異にする裁判官にとって分析の優劣の判断は実際問題として難しいのかもしれない。しかし、ＳＳＮＩＰが利益をもたらさなくなる顧客喪失量について一応の目安が得られるならば、市場画定の論点を具体的に絞り込むのに大いに役立つことは確かである。判断手法の信頼性を高めるための一層の議論の進展が期待されるところである。

二　市場占拠率・集中率に基づく反競争的効果の推定

十分に根拠付けられた関連市場において問題の合併が一定の数値を超える市場占拠率ないし集中率をもたらす場合には、競争を実質的に減殺することの「一応有利な事件（prima facie case）」が確立される。この原則自体は、一九六三年フィラデルフィア・ナショナル銀行事件判決[32]以来今日まで受け継がれている。協調行動予防の観点からしても、合併による競争者数の減少と上位企業への市場占拠率の偏在は、協調の成立をより容易とすることから、今日でも違法性を推定する重要な要素とみなされている[33]。一九八二年合併ガイドライン以降の審判決例の分析において着目すべき点は、①「一応有利な事件」を確立するために用いられる集中率算定方法の選択、②「一応有利な事件」をもたらす集中率の閾値の選択、③市場占拠率ないし集中率の統計に基づく違法性推定の強さ、逆に言えば、反証のために求められる立証の水準、であろう。

このうち、①と②に関しては、ガイドラインにおいて事案篩い分けのために設定されているハーフィンダール・ハーシュマン指数（ＨＨＩ）[34]の閾値（合併後のＨＨＩが一〇〇〇ないし一八〇〇、合併によるＨＨＩの増加分が五〇ないし一〇〇）を、「一応有利な事件」確立の基準として援用する事例は確実に増大している。この傾向は、「一応有利な事件」が否定された事例において顕著に現れる。たとえば、一九八五年セントラル・ステイト銀行事件ミシガン中部地区連邦地裁判決[35]では、地方の銀行間の合併に関して、合併後のＨＨＩは二一六一だがＨＨＩの増加分は二一にすぎず、この数値は反競争的効果を示すには不十分だと判示された。その他、私訴に関わる一九八五年フランク・ソールツ事件ニューヨーク南部地区連邦地裁判決[36]では、合併後のＨＨＩが一〇〇〇に満たないことが「一応有利な事件」を否定する根拠とされた。このように、①と②の論点についてガイドラインの影響は顕著である。

他方、③の論点に関しては、判例法の立場をいかに解釈するかに関して立場の相違があったことは周知のとおりである。一九六三年フィラデルフィア・ナショナル銀行事件判決は、市場占拠率ないし集中率に基づく「一応有利な事件」は、競争の実質的減殺が生じそうにないことの「明白な立証（clear showing）」により反証されうるとしたが、その後の六〇年代の判例では、市場占拠率ないし集中率は事実上違法性を確定する唯一の証拠とみなされていた。これに対して、一九七四年ジェネラル・ダイナミクス事件判決[37]は、過去の市場占拠率の数値は必ずしも常に合併当事者の将来の競争能力を示すものではないとして、市場占拠率ないし集中率に基づく「一応有利な事件」が実際に反証されうることを示した。このジェネラル・ダイナミクス事件判決の射程範囲をいかに解釈するかが問題であった。一方では、市場占拠率が合併当事者の将来の競争能力を反映しない、ごく限られた状況においてのみ「一応有利な事件」の反証を認めるものと解釈する立場があった。他方では、市場占拠率ないし集中率が市場力行使の蓋然性を示す指標として万能でないことの一般的表明としてこの判決を捉え、より広く反証の余地を被告に認めるものと解釈する立場があった[38]。

八〇年代には、明示的にジェネラル・ダイナミクス事件判決を限定的に解釈する判決が存在した。たとえば、一九八五年カーギル事件第一〇巡回区控訴裁判所判決[39]は、上位企業間の協調を困難とする要素として被告が主張した、買手の規模と洗練度、多くの代替品の存在等は、ジェネラル・ダイナミクス事件において市場占拠率に基づく推定を修正するために考慮された要素とは異なるとして、これらの要素を重視しなかった地裁判決を支持した[40]。しかし、少なくとも九〇年代以降は、市場占拠率ないし集中率を絶対視する立場は後退し、集中率統計以外の質的指標による「一応有利な事件」の反証を幅広く許容する立場が優勢だとみてよい。かような立場は、当初、参入の容易さを根拠として「一応有利な事件」の反証を認めた一連の審判決[41]によって示され、その後、買手の規模と洗練度等の他の指標に基づく反証も幅広く許容されるようになった[42]。また、提訴する側である反トラスト当局も、予想される反競争的効果のシナリオを明示し、これを立証するために集中率統計以外の証拠を多用する傾向を強めた（後述）。

かような傾向を法的に正当化する試みとして、一九九〇年ベイカー・ヒューズ事件ＤＣ巡回区控訴裁判所判決[43]が無視できない。本判決は、参入の容易さに基づく「一応有利な事件」の反証を安易に容認する点で批判され、一九九二年水平型合併ガイドラインにおける参入分析の精緻化を促したことで知られるが[44]、本件のもう一つの論点は、「一応有利な事件」の反証に求められる立証の水準であった。裁判所は、ジェネラル・ダイナミクス事件判決以降の判例法においては、市場占拠率を市場力の確定的な証明として受け入れる代わりに、被告による反証の証拠を注意深く分析する立場が定着し、その結果、フィラデルフィア・ナショナル銀行事件判決における「明白な（clear）」反証を求める立場は放棄されたと判示した。その際、裁判所は、競争の実質的減殺の究極の説得責任はあくまでも原告が負うべきであるにもかかわらず[45]、反証のために被告に課せられる証拠提出責任が不当に重い場合には両者の区別は完全に崩壊し、競争の実質的減殺が生じそうにないことの「明白な」立証が被告の責任であるとすれば実質的に説得責任は転換されることになると論じた[46]。

最後に、③の論点と関わって、市場占拠率ないし集中率の大きさにより「一応有利な事件」の推定力に強弱はあるか、逆に言えば、市場占拠率ないし集中率の大きさにより「一応有利な事件」の反証に求められる立証水準は異なるかという論点に言及したい。前述のベイカー・ヒューズ事件判決はこの種のスライディング・スケールの存在を示唆するが[47]、もとよりファイン・チューニングは不可能であり、おおよその判断の目安以上の意味は持たないというべきだろう。ただし、ガイドラインにおける市場の三分類、すなわち、「非集中」（合併後のＨＨＩが一〇〇〇未満）、「穏やかな集中」（合併後のＨＨＩが一〇〇〇から一八〇〇の範囲）、「高度集中」（合併後のＨＨＩが一八〇〇以上）の区別に対応したスライディング・スケールを示唆する事例があることは注目に値する。

たとえば、一九八八年Ｂ・Ｆ・グッドリッチ事件ＦＴＣ審決[48]では、合併により協調行動が促進されるか否かが、ポリ塩化ビニルの市場とその原料である塩化ビニル・モノマーの市場との両方で問われた。前者の市場では、合併後のＨＨＩは一〇〇〇をわずかに超える程度であり、合併によるＨＨＩの増加も一〇〇をわずかに超える程度であった。これに対して、後者の市場では、合併後のＨＨＩは一六〇〇を超え、合併によるＨＨＩの増加は二〇〇から三〇〇の数値を示した。両方ともガイドラインにいう「穏やかな集中」に分類されるが、ポリ塩化ビニル市場は、いわば境界線上にあった。ＦＴＣ多数意見は、塩化ビニル・モノマー市場よりもポリ塩化ビニル市場における方が、「一応有利な事件」の反証に要する証拠は弱くてよい、逆に言えば、前者の方が、後者よりも反競争的効果に関する強い推定を受けると判示した。[49]少数意見は、同じ「穏やかな集中」に属する市場の間でさらに反競争的効果の推定力に強弱の差を認めることは無意味だと批判するが、[50]いずれにせよ、ここでもガイドラインが実体法的判断の目安として機能していたことに注意を喚起しておきたい。

三　協調行動の蓋然性の立証

1　概　観

裁判所ないしＦＴＣが集中率統計以外の質的指標に照らして協調行動の蓋然性を分析することを求められるのは、「一応有利な事件」への反証として協調行動を妨げる要因が主張される場合か、「一応有利な事件」の補強として協調行動を促進する要因が主張される場合である。協調行動の蓋然性を推測するためには、理論的には、協調の成立や、協調からの逸脱に対する監視と制裁を容易にする諸要素に着目する必要がある[51]。かような要素を具体的かつ一般的に列挙した事例として、前述のB・F・グッドリッチ事件FTC審決がある。それによれば、次の八つの特徴を備える産業は、協調行動をもたらしやすいとされる。すなわち、①参入に対する比較的高い障壁(barrier)ないし障害(impediment)、②比較的高い集中率、③製品差別化の程度、並びに、輸送費用の違いにより引き起こされる地理的要因による差別化の度合が低いこと、④産業全体で見た競争的価格水準での需要が比較的非弾力的であること、⑤費用関数の産業内格差が取るに足らないこと、⑥多数の小規模な買手、⑦取引の頻度と透明性の程度が高いこと、⑧需要と供給の技術的条件が比較的長期間にわたって安定しており予測可能であること、である[52]。

協調行動の蓋然性の質的指標として主要なものはここにほぼ網羅されているが、審判決例ではこの他に、過去の協調行動の歴史[53]、価格に関する情報交換やそれを促進する取引慣行[54]、関連商品への供給転換の容易さと迅速さ[55]、独立の競争単位としての被取得企業の重要性[56]、垂直的統合の程度[57]等が考慮されてきた。また、需要・供給条件の安定性と関わって、過剰生産能力の意義に言及する判決例もある。すなわち、生産能力の過剰は、一方では、生産拡大に伴う追加的費用が小さいことから協調からの逸脱を促す要因でありうるが、他方で、それは協調行動の結果であり得、協調からの逸脱に対して制裁を加える手段ともなりうる[58]。その他、協調行動を妨げる要因として合併による効率性が主張された事例[59]、病院合併に特有の論点として病院の非営利性が考慮された事例[60]がある。

協調行動の蓋然性を判断するに際して、ここに列挙した指標の各々にどれ程の比重が置かれるべきかについて審判決例から一般的指針を導き出すことはできないし、そのようなことは、理論的にも不可能である。そもそも各事案において利用可能な証拠の種類と範囲は異なる。また、ここに掲げた各指標について、それが協調行動を容易（困難）とする程度を数量的に把握することは、少なくとも現時点では不可能である。したがって、これらの指標のすべてが協調行動を容易（困難）とする方向を指し示す場合はともかく、そうでない場合に、協調行動を容易とする指標と困難とする指標との、どちらをどの程度重視すべきかは、結局、事案によって異なるとしか言いようがない。現時点では、予想される協調行動の態様と協調行動が成功（失敗）するシナリオとを具体的に想定したうえで、これに沿って利用可能な証拠を総合的に勘案するほかなく、現に、審判決例における判断手法もこれに近いと見られる。以下では、協調行動の蓋然性を比較的詳細に分析する事例をいくつか取り上げて、その判断手法を具体的に検討したい。

2　ケース・スタディ

(a)　バス・ブラザーズ事件オハイオ北部地区連邦地裁判決（一九八四年）[61]

本件では、ゴムの補強剤や顔料として利用されるカーボン・ブラックの市場における二件の水平型合併に対してFTCが予備的インジャンクションを請求した。この二件の合併の結果、企業数は七から五に減少、HHIは一七〇〇前後から二三〇〇前後に増大、上位四社集中度は七五前後から九〇弱に増大した。従来、市場占拠率二〇％以上の上位二企業とそれ以下の企業との間で市場占拠率の有意な格差が存在する状況だったが、本件合併の結果、市場占拠率二〇％台の上位三企業に一〇％台前半の下位二企業が続くという分布となった。[62]

裁判所は、集中率統計に基づいて「一応有利な事件」が成立することを認めた後、カーボン・ブラック市場のその他の特徴もまた、競争の実質的減殺の認定を支持するものと判示した。具体的には、関連商品の同質性（製品の標準化が意識的に追求されてきたこと、各生産者の生産費用の類似性、顧客の所在地から最も近いプラントを起点として輸送費を算定する慣行）、価格設定方式と流通構造の簡明さ（価格リストの公表、価格改定や割引が全グレード一律になされること、顧客との間で直接取引が行われること）、売手と顧客との関係、価格競争の重要性、（最終製品の生産に不可欠な中間財であることから）需要の価格弾力性が低いこと、生産技術や需要の安定性、参入の困難さ（過去二〇年間新規参入がないこと、プラント建設費用の大きさと埋没性、環境規制、顧客による新製品受容にかかる時間の長さ、輸入は市場力抑制のために期待し得ないこと）を挙げた。[63]

このうち、売手と顧客との関係に関しては、カーボン・ブラックの全購入量の二五%を占めるタイヤ生産者一社のほか、五%以上を占める顧客が五社存在した。これら大口顧客は、売手を互いに競わせることによって購入価格を抑制しうるだけの交渉力を有していたし、現に、過去には高値でのカーボン・ブラックの購入を拒絶したことがあった。裁判所は、買手市場の寡占（oligopsony）が売手による市場力の行使を抑制しうることを認めながらも、合併事件で問題なのは、合併による構造変化の下で将来ありうる市場力行使に対して大口顧客がどの程度実効的に対処しうるかであると判示した。本件では、小規模な顧客に対してより高い価格が設定されており、本件合併により顧客による価格差は一層拡大すると予想された。また、本件合併は、需要減退期における価格割引の蔓延を「正常化」する試みの一環であり、現に、産業再編の将来像が明らかになった時点で一位企業は価格引き上げを発表し、他社も即座にこれに追随するという事実があった。裁判所は、これらの事実に照らして、本件合併は、大口顧客の存在にもかかわらず、価格を競争水準以上に押し上げる結果をもたらすと認定した。[64]

本件は、合併により協調行動が容易となることを示す、ほとんどあらゆる要素が備わった稀有な事例といえる。協調行動を妨げうる唯一の要素は、買手市場の集中であった。この指標に関する裁判所の事実認定は、合併の動機ないし背景と関わらせながら、具体的に価格設定行動を跡付けるものであった。かようなかたちで合併後の市場力行使の具体的シナリオが示されたといえる。このシナリオに照らして、購入市場の集中は必ずしも協調行動を妨げるものでないと認定されたわけである。ここに、本判決の判断手法の特徴を見出すことができる。いずれにせよ、買手の規模と洗練度の要素は、それのみでは協調行動の蓋然性を否定する切り札とはなりえない。本判決は、この点を確認する意味においても重要である。この要素を考慮するに際しては、少なくとも、売手に対して交渉力を発揮し得ない小規模顧客の数、顧客が売手と独占利潤を共有する可能性、価格引き上げ分の下流への転嫁の可能性を無視することができない。[65]

（b）ホスピタル・コーポレーション・オブ・アメリカ事件FTC審決（一九八五年）[66]

本件では、全国規模で病院経営に従事するホスピタル・コーポレーション・オブ・アメリカが、テネシー州チャタヌーガ近郊地域で病院を経営する二法人を相次いで買収したことが問題であった。これにより、関連市場（チャタヌーガ近郊地域における急患用一般入院治療サービスの束）における競争者数は一一から七に減少、ホスピタル・コーポレーション・オブ・アメリカの市場占拠率は一四％前後から二六％前後に増大（順位は二位）、上位四社集中度は八〇％前後から九〇％前後に増大、HHIは一九三二～二二二〇から二四一六～二六三四に増大した。FTCは、他のすべての条件にして等しければ、この企業数の減少と集中率の増大は共謀を一層導きやすくするとした。しかし、この市場において他の条件のすべてが等しいとは限らず、集中率統計それ自体が合併審査の目的となるわけではないとして、他の指標の検討に移った。[67]

FTCは、まず、参入障壁が高いことを認定した。新規参入を含む病院施設の新設・拡張については事前に州の認可（certificate of needs）を得る必要があった。州当局による認可申請の審査は需給調整の観点から行われ、既存の病院は同業者の認可申請について当局に意見を述べることができた。これが参入障壁として作用すると認定された。[68]

次に、FTCは、本件合併後に予想される協調行動の具体的態様を示した後、協調行動の蓋然性を検討した。FTCは、マネージド・ケア（Managed Care）（民間健康保険機関による総合的健康管理）の出現以降、病院間の競争が激化するだけでなく、料金競争の比重増大に見られるように、競争の態様が変化し始めていると指摘した。[69]そして、かような認識を前提として、本件では具体的に次のような共謀が予想されるとした。すなわち、健康保険機関による費用削減圧力に共同で抵抗する共謀、広告その他のマーケティング活動を共同で停止する共謀、病院スタッフ獲得競争の停止等サービス提供に必要なインプットの削減を通じた品質競争の抑圧、施設の新設・拡張の認可申請における共謀（申請対象となる施設の種類を事前に競争者間で分割する等）、新規参入者の認可申請に対して共同で反対する共謀、料金ないし割引率に関する共謀、である。[70] そのうえで、本件では、需要の価格弾力性が低いこと、異なる顧客集団間での料金差別の可能性、マネージド・ケア等の新たな費用削減圧力に共同で抵抗しようとするインセンティブ、共同で問題を解決しようとする病院産業の伝統といった、共謀を容易にする諸要素が存在すると認定された。[71] 現に、チャタヌーガ近郊地域では、施設の新設・拡張の認可申請に際しての市場分割協定、新規参入者による認可申請に共同で反対するための話し合い、料金や従業員の賃金等に関する公式・非公式の情報交換といった、病院間での相互反応の歴史があったことも認定された。[72]

他方、被審人側は、病院の非営利性、病院サービスの多様性（heterogeneity）、健康保険機関による共謀の探知と抑止の可能性、病院産業における急速な技術変化により共謀の監視と制裁が困難となること等、共謀を妨げる諸要素を主張したが、すべて斥けられた。これらの主張のうち、病院サービスの多様性に関しては、ＦＴＣは、病院サービスに関するすべての競争変数を対象としなければ共謀は成功しないというわけではなく、現に、特定の競争変数に絞った共謀は過去に存在したと反論した。その際、共謀による独占レントが他の変数をめぐる競争に投入されるとしても必ずしもそのすべてが消滅するわけではないので、特定の競争変数に絞った共謀へのインセンティブは、それが利益をもたらす以上なくならないと指摘した。[73] また、急速な技術変化に関しては、本件で予想される協調行動のタイプを念頭に置く場合には、それを妨げる要素にはならないとＦＴＣは反論した。とりわけ、施設の新設・拡張の認可申請に際して技術分野を病院間で分割する共謀は、むしろ技術変化が急速であるがゆえに実効的たりうると指摘した。[74] 結局、ＦＴＣは、被審人側の他の抗弁をも斥け、本件合併はクレイトン法七条に違反すると結論した。

本件当時の病院産業は、反トラスト事件における事例の蓄積が乏しく、しかも、マネージド・ケアの台頭により急速な構造変化に直面していた。それゆえ、ＦＴＣとしては、集中率の増大と協調行動の蓋然性との因果関係について他の産業におけるほどには確信をもてなかったのだと思われる。集中率統計に基づく推定に安易に依拠することなく、他の証拠によって協調行動の推測を裏付ける本審決の立場は、かような背景事情に照らして理解されなければならないだろう。ここでも、合併後に予想される協調行動の具体的シナリオが提示され、協調行動を妨げうる要素の証拠としての価値が、このシナリオに照らして評価されていることが注目される。とりわけ、関連商品の多様性は、一般的には協調行動を困難とする要素として挙げられるが、協調行動の可能性を全面的に否定しうるほどの説得力を有するわけでは必ずしもないことが示された。この要素に関しても、協調行動の具体的シナリオの描き方によって、その証拠としての価値は大きく左右されることがわかる。

（ｃ）Ｂ・Ｆ・グッドリッチ事件ＦＴＣ審決（一九八八年）[75]、オクシデンタル・ペトローリアム事件ＦＴＣ審決（一九九二年）[76]

この二つの審決は、同じ関連市場（様々なプラスチック製品の原料となるポリ塩化ビニルの生産・販売）でほぼ同時期に立案・実施された二件の合併を対象とするものである。いずれの事件でも協調行動の蓋然性が問われたが、結果として正反対の結論が下された。

まず、Ｂ・Ｆ・グッドリッチ事件では、Ｂ・Ｆ・グッドリッチ社が、同業者のダイアモンド・シャムロック社から、ポリ塩化ビニル（ＰＶＣ）とその原料である塩化ビニル・モノマー（ＶＣＭ）の生産プラントを取得したことが問題であった。前述のように、本件では、ＰＶＣ市場とＶＣＭ市場との両方で協調行動の蓋然性が問われ、その際、三－１に掲げた八つの指標が参照された。ＦＴＣによる事実認定を要約すると、両方の市場とも、参入に対する障壁ないし障害は高く、需要の価格弾力性は低く、買手市場の集中率は売手市場ほどには高くなく、需要・供給条件も安定的に推移していた。また、いずれの市場でも、期間一年の書面契約による取引が大半を占めていたが、価格や数量は月毎ないし日毎に決定されており、他の売手から有利なオファーを受けた買手はその旨を売手に通知する旨の条項が挿入されることが一般的であった。以上の諸要素は、いずれの市場でも共謀の蓋然性が高いことを示唆した。[77]

他方、集中率、関連商品の多様性、費用関数の産業内格差の諸要素は、ＰＶＣ市場では共謀が困難だが、その原料であるＶＣＭ市場では共謀が容易なことを示唆した。すなわち、ＰＶＣ市場での合併後のＨＨＩは一〇〇〇をわずかに超える程度、合併によるＨＨＩの増加も一〇〇をわずかに超える程度であったのに対し、ＶＣＭ市場での合併後のＨＨＩは一六〇〇を超え、合併によるＨＨＩの増加も二〇〇を超えた。また、ＰＶＣは、大きく三つのカテゴリーに分類され、その各々について多様な製品グレードの区別があり、しかも、各社のプラントは地理的に分散していた。それに対して、ＶＣＭは同質性の程度が高く、各社のプラントは特定地域に集中していた。さらに、各社が生産する製品グレードやプラント立地の違いに対応して、ＰＶＣ市場では企業間費用格差が比較的大きかったが、ＶＣＭ市場では小さかった。[78]

以上の分析に照らしてみれば、ＶＣＭ市場で共謀の蓋然性が高いことになるが、ＶＣＭの生産の約半分は、ＰＶＣをも生産する下方統合企業によるものだった。そこで、統合企業による協調からの逸脱を有効に監視し、これに有効な制裁を課しうるかが、ＶＣＭ市場での共謀の蓋然性を判断する鍵となった。この点に関してＦＴＣは、自家消費されるＶＣＭについても、ＰＶＣ価格に着目することにより価格の監視は可能であり、また、統合企業の生産余力に照らして、統合企業相互間で逸脱に対する制裁は可能だと認定した。[79] さらに、統合企業がＶＣＭの生産能力不足のため市場でＶＣＭの不足分を購入しなければならないとすれば、利益相反のため共謀のインセンティブは生じ難いが、[80] 本件合併は、当時ＶＣＭ生産能力が不足していた唯一の統合企業であったＢ・Ｆ・グッドリッチ社の生産能力の不足を補う効果を持ち、共謀への障害を取り除くものだったと認定した。かくして、本件合併は、ＶＣＭ市場での共謀の蓋然性を高め、ＰＶＣ市場が競争的であり続けたとしても、ＶＣＭ市場での価格引き上げ分はＰＶＣ製品の価格に転嫁されるとＦＴＣは認定した。[81]

本審決もまた、合併後に予想される協調行動の具体的シナリオを提示し、これに照らして、協調行動を困難としうる要素の証拠としての価値を評価するスタイルを採用している。しかし、ここで提示されたシナリオに対しては素朴な疑問を禁じえない。ＶＣＭ市場で共謀が試みられる場合、下方統合企業が自家消費するＶＣＭについてはＰＶＣ価格を監視することによって共謀からの逸脱を監視しうるとされているが、ＰＶＣ市場では製品の多様性や産業内費用格差により共謀は困難だとされている。そうだとすれば、ＶＣＭに関する共謀の遵守をＰＶＣ価格に照らして監視することもまた、困難なのではないか。[82] 逆に、ＰＶＣ価格の監視によってＶＣＭ市場での共謀の遵守を監視しうるのだとすれば、ＰＶＣ市場においても、何らかの形態の協調行動は可能だったのではないか。そもそも、本審決がＰＶＣ市場での共謀が困難だと判断した根拠に、それほど説得力があったのだろうか。[83] 製品グレードがいかに多様であっても、価格水準や値上げ率について共通の認識に達するための工夫は(少なくとも業界人にとっては)不可能ではないと思われる。本審決における八つの要素に関する判断はいささか機械的過ぎたのではないか。オクシデンタル・ペトローリアム事件では、ＰＶＣ市場での協調行動の蓋然性が改めて問い直されることとなった。

　オクシデンタル・ペトローリアム事件では、ＰＶＣを生産・販売するオクシデンタル・ペトローリアム社による、テネコ・ポリマーズ社のＰＶＣプラントの取得が問題であった。本件では、ＰＶＣ製品がさらに、ＰＶＣ単一重合体 (homopolymer)、ＰＶＣ共重合体 (copolymer)、粉末状 (dispersion) ＰＶＣの三つの関連市場に区別され[84]、それぞれの市場で合併による協調行動の蓋然性が問われた。このうち、ＰＶＣ共重合体市場では、実稼動生産能力を尺度とする場合に、合併によりＨＨＩは一三六〇増で三五〇四、上位四社累積集中度(ＣＲ４)は八七、生産高を尺度とする場合に、ＨＨＩは一五七七増で四三六八、ＣＲ４は一〇〇となった。粉末状ＰＶＣ市場では、実稼動生産能力を尺度とする場合に、ＨＨＩは三三一増で二〇五一、ＣＲ４は八七、生産高を尺度とする場合に、ＨＨＩは三三〇増で一九三八、ＣＲ４は八〇となった。両市場とも、集中率の数値は、市場力行使の高い蓋然性を示すものであった。これに対して、ＰＶＣ単一重合体市場では、実稼動生産能力を尺度とする場合に、ＨＨＩは一五八増で一三〇五、ＣＲ４は五六から六三、生産高を尺度とすると、ＨＨＩは一五六増で一二七八、ＣＲ４は五四から六一となった。この数値に関して被審人は、過去に提訴が棄却された事例における集中率との間で有意な差はないため本件でも提訴は棄却されるべきだと主張した。これに対してＦＴＣは、市場占拠率や集中率は合併審査における重要な出発点ではあるが、合併が競争に及ぼす影響に関する無謬の指標ではないとして、集中率の特定の数値を一種のセーフ・ハーバーとして援用する被審人のアプローチを否認した。(85)

次に、ＦＴＣは協調行動の他の指標を検討した。結論的には、Ｂ・Ｆ・グッドリッチ事件において共謀が困難なことの根拠とされた、製品の多様性、生産費用格差について新たな証拠が提出された結果、いずれも、共謀を妨げるものでないと認定された。具体的には、三製品の各々に三大グレードの違いがあるが、各グレード内で品質差はなく、特定企業の製品にプレミアムがつくことはないとされた。価格設定においても、最安価の汎用品グレードに一〜二セント上乗せする形で他グレードの価格が決定されるので、グレード数の多さは必ずしも価格設定方式を複雑にはしないとされた。さらに、輸送費に関しても、業界に共通の引渡価格 (delivered price) の基準があること、輸送費が製品価格の全体に占める比率が小さいこと、異なる製品の生産に用いられる小型炉と大型炉とに分けると、それぞれのプラント立地は比較的特定の地域に集中していることが新たに認定された。(86) 生産費用格差については、確かに大型炉と小型炉との間では規模の経済性に基づく費用格差が存在するが、それぞれ異なる製品の生産に主として用いられていること、両者ともに生産可能なＰＶＣ単一重合体については、大型炉での生産における共謀を小型炉での生産によって抑制することは不可能なこと、いずれにせよ、小型炉の所有者は大型炉の所有者でもあるので、大型炉での生産における共謀の崩壊を回避するインセンティブが働くことが認定された。(87) ＦＴＣは、その他の指標も協調行動が容易なことを示唆するとして、結論としてクレイトン法七条違反を認定した。

Ｂ・Ｆ・グッドリッチ事件審決の存在にもかかわらず本件でＰＶＣ市場における協調行動の蓋然性が認定され得たのは、ＰＶＣをさらに三種類に細分化するかたちで関連市場が画定されたことによると思われる。かような市場画定を前提とすることによって初めて、ＰＶＣ単一重合体の生産に用いられる大型炉と主としてＰＶＣ共重合体の生産に用いられる小型炉との違いや、各商品市場内での製品グレードの分類と価格設定の実態が明らかになったと考えられるからである。本件は、関連市場の画定のあり方が、質的指標に照らした協調行動の蓋然性判断をも左右しうることを示す点で興味深い。いずれにせよ、Ｂ・Ｆ・グッドリッチ事件とオクシデンタル・ペトローリアム事件は、集中率がさほど大きくない事案における協調行動の蓋然性判断がいかに微妙なものかを雄弁に物語っている。

（d）クラフト・ジェネラル・フーズ事件ニューヨーク南部地区連邦地裁判決（一九九五年）[88]

本件では、クラフト社によるナビスコ社の即席シリアル部門の買収が問題となった。ハート・スコット・ロディノ法上の待機期間が満了し、買収とそれに伴う事業部門間の統合が完了した後、ニューヨーク州がクレイトン法七条とシャーマン法一条違反を根拠にナビスコ社即席シリアル部門の分離を求めて提訴した。

即席シリアルは、原料となるグレインの種類、甘味、形状、生地、風味、複雑さ、ナッツや果実等の付加的な原料の有無と種類、健康上の効用等により多くの種類に分類される。原告は、このうち大人向けシリアルについて、他とは区別される独自の関連市場が成立すると主張した。これに対して、裁判所は、消費者の現実の購入パターン（一世帯が購入するシリアルの種類が多いこと等）、小売業者による商品カテゴリー上の取扱い、供給面での代替可能性、需要の交差的価格弾力性に関する被告側証言等に照らして、消費者の年齢層の違いに対応した独自の商品市場を認定することはできないと認定した。その結果、本件での関連市場は合衆国における全種類の即席シリアルとされた[89]。

この関連市場を前提とすると、本件合併の結果、クラフト社の市場占拠率は一四・五二％で順位は三位、ナショナル・ブランドの生産者数は六から五に減少し、ＨＨＩは六六増で二二八一となった。裁判所は、合併ガイドラインに言及しつつ、本件での集中率は、他の要素に関する判断如何によっては潜在的に重大な競争上の懸念を引き起こす水準であると指摘した。(90) しかし、結論的には、協調行動の蓋然性も、クラフト社による単独価格引き上げの蓋然性も否認された。このうち協調行動の蓋然性に関しては、原告は次のように主張した。すなわち、即席シリアル産業では上位二社をプライス・リーダーとする価格に関する協調行動が存在し、その結果として、（不必要に頻繁な）新製品導入、広告、消費者向けクーポン、小売業者向け優遇措置等、社会的浪費を招く非価格競争が蔓延すると同時に参入障壁が高まっており、本件合併は、かような協調行動を一層促進すると主張した。これに対して裁判所は、本件の記録に照らすと、原告が問題視する非価格競争の蔓延は協調行動の結果とはいえないと判示した。(91)

この点に関わる事実認定において裁判所は、広告を通じた製品の差別化と多様な品揃えは即席シリアル産業における重要な競争変数であると認定していた。また、製品価格の変更を上位二社が率先して公表するのは確かだが、他社のこれへの対応の仕方は必ずしも一様でないこと、近年、二位企業は一位企業の値上げ公表への追随を明確に拒否し、卸売価格の値下げを含む新価格戦略を発表したことを指摘した。さらに、小売店向け優遇措置を通じた値下げ競争が常態化していること、小売価格や棚スペースは小売店が主導的に決定しうること、消費者向けクーポンも実質的に値下げと同視しうること、いわゆるプライベート・ブランドの台頭が近年著しいこと等を指摘した。(92) 以上の事実認定が、原告主張の協調行動のシナリオを否定する根拠となっていると考えられる。

さらに、裁判所は、原告の請求どおりナビスコ社シリアル部門を分離した場合に、本件合併を容認する場合より競争が促進されるか否かを検討した。ナビスコ社シリアル部門をクラフト社から分離し独立の競争単位として機能させるには、具体的には、それをナビスコ社に返還する選択肢と、新規参入者に売却する選択肢とが考えられる。このうち前者に関しては、即席シリアル産業から撤退するナビスコ社の方針が変更される可能性が示されていない以上、ナビスコ社が即席シリアル産業で協調行動をかく乱しうる攻撃的企業 (maverick) になるとか、クラフト社と異なる競争行動をとると信ずべき理由はないし、ナビスコ社が過去に maverick であったこともないと裁判所は判示した。後者の選択肢に関しても、新規参入者はナビスコ社のブランド力に価値を見出し、これに高い金額を支払うと予想され、プライベート・ブランド用に低価格製品を生産するとは考えにくく、また、新規参入者が既存企業と異なる形態で競争すると信ずべき理由はないと裁判所は判示した。[93] 結局、原告の請求は棄却された。

本件では、原告主張に沿って、即席シリアル産業における非価格競争の蔓延が、プライス・リーダーシップによる価格競争の停滞に起因するものか否かが問われたわけである。原告のシナリオは、合併前に既にプライス・リーダーシップが成立していることを前提とするものだったが、この前提を揺るがす事実が示されたために説得力を認められなかったのだといえる。ここでも、協調行動の具体的シナリオに照らして証拠の価値が評価されている。また、本件は、被取得企業ないし部門が、分離後に協調行動をかく乱する要因となり得るか否かを検討する点でも注目される。この点への着眼は、合併と協調行動との因果関係をより直接的に問うことを意味する。[94] もっとも、被取得企業ないし部門が協調行動をかく乱する要因たりうるか否かの判断が常に容易とは思えない。少なくとも現状では、協調行動の具体的シナリオに照らして勘案されるべき指標のひとつにとどまるといえよう。

四　むすびにかえて

本稿の分析結果を一般化することには慎重でなければならないが、現段階でも、次の諸点を指摘することは許されるだろう。

第一に、一九八二年以降の合併ガイドラインは、実体法的判断の目安として確実に影響力を増しつつある。確かにガイドラインには法的拘束力は認められていない。しかし、そもそも合併審査において一定の政策的判断は避けられないのであり、かような政策的判断の具体的な目安がなければ合併規制はそもそも機能し得ない。反トラスト当局の政策判断を反映するガイドラインは、事実上、訴訟当事者にとって立証活動の指針として機能するに至ったといえる。本稿の目的に照らして重要なのは、かような形でのガイドラインの受容を通じて、ガイドラインのコンセプトもまた、訴訟当事者や裁判所・ＦＴＣに浸透しつつあることである。市場力行使のシナリオに照らした市場画定等に、そのことは反映している。

第二に、本稿三－２で検討した諸事例が示すように、協調行動の蓋然性を判断する際には、個々の事案の特殊性に照らして具体的に協調行動のシナリオを描くことが求められる。このことは、市場画定や集中率測定の段階にも多かれ少なかれ当てはまるのだが、質的指標に照らして協調行動の蓋然性を判断する段階では、協調行動のシナリオはより具体的に描かれなければならない。そのうえで、利用可能な証拠の価値を、当該シナリオに照らして評価することが求められる。(95) 少なくとも現状では、そうする以外に協調行動の蓋然性を推測する確実な手法は見当たらないようである。

しかし、第三に、少なくとも現状では、質的指標に照らした協調行動の蓋然性判断において恣意性と不確実性とを完全に除去することは不可能である。協調行動を完全に否定する質的指標は存在しないこと、（独占水準の価格・産出量に達し得ないという意味で）不完全な協調行動であっても予防の対象とされるべきことに鑑みれば、集中率の一定水準をもって違法性を確定する立場にはそれなりに根拠があるともいえる。少なくとも、質的指標に照らした判断が求められる事案は極力限定されるべきだといえるかもしれない。現に、本稿三－２で取り上げた諸事例は、当局の経験が乏しい産業に関わっていたり、集中率の数値がガイドラインにいう「高度集中」の域に達していなかったりと、集中率に基づく推定を覆しうる要素が顕在化した例外的な事例であったといえないこともない。(96) いずれにせよ、協調行動の蓋然性の指標として集中率の意義を再評価する作業が今後不可欠である。

（1）　協調行動予防の観点から我国独禁法上の市場集中規制の実態と問題点を分析するものとして、宮井雅明「企業結合の制限（2）―市場集中の規制」日本経済法学会編『経済法講座2　独禁法の理論と展開（1）』三省堂、二〇〇二年、二六七頁以下所収と、そこで引用した諸文献を参照されたい。ここで「協調行動」という場合には、明示的ないし暗黙の合意を伴うカルテルのみならず、いわゆる協調的寡占の下での企業行動をも含んでいる。

(2) この問題に関するＥＵ競争法の到達点を示すものとして、Airtours plc v. Commission of the European Communities, Judgement of the Court of First Instance (6 June, 2002) (Case T-342/99) を無視することができない。協調行動予防の観点からのＥＵ企業集中規則の解釈・運用をめぐる実務と議論の動向については、武田邦宣「ＥＵ集中規則における規制基準の展開」(二・完)『神戸外大論叢』五〇巻六号、一九九九年、七三頁、山根裕子『合併審査—米欧の事例と日本の課題』ＮＴＴ出版、二〇〇二年、一五九頁以下等が詳しい。

(3) 本稿の目的に照らせば、一九八二年合併ガイドラインとその改訂版(一九八四年、一九九二年、一九九七年)の内容や、それらが当時の反トラスト政策に及ぼした影響について詳細な分析が必要なのだが、最近の山根裕子・前掲注(2)をはじめとして、我国でも既に多くの紹介があるので、紙幅の都合上省略させていただく。筆者自身の整理としては、宮井雅明「反トラスト法における市場力の研究」(二)(三)『法政研究』静岡大学、一巻二・三・四号、一九九七年、四八九頁、二巻一号、一九九七年、一四五頁を参照されたい。なお、本稿で「合併」という場合、クレイトン法七条の規制対象となる株式や資産の取得を総称する概念として用いている。

(4) この点を指摘する論考は数多いが、最近のものとして、William J. Kolasky, Coordinated Effects in Merger Review: From Dead Frenchmen to Beautiful Minds and Mavericks (April 24, 2002) (http://www.usdoj.gov/atr/public/speeches/11050.htm) を参照。

(5) See, Charles A. James, Rediscovering Coordinated Effects (August 13, 2002) (http://www.usdoj.gov/atr/public/speeches/200124.htm).

(6) もちろん、合併規制の論点はこれらに尽きるものではない。協調行動の予防に関わる論点に絞るとしても、少なくとも、効率性の考慮の是非と考慮のあり方の問題を外すわけにはいかない。しかし、この問題については、武田邦宣『合併規制と効率性の抗弁』多賀出版、二〇〇一年、が詳細かつ正確に検討しているので、本稿では検討しない。なお、本稿執筆の動機は、筆者が前掲注(1)論文で「市場集中規制の理論」として論じた事柄を具体的に実証する必要性を痛感したことにある。前掲注(1)論文を本稿とあわせて参照していただければ幸いである。

(7) 判例法上の関連市場画定基準との比較を含め、ＳＳＮＩＰテストの意義を詳細に論じるものとして、林秀弥「競争法における関連市場の画定基準——『一定の取引分野』をめぐる独禁法上の課題とその解決方法に向けて——」(一)(二・完)『民商法雑誌』一二六巻一号、二〇〇二年、四七頁、二号、二〇〇二年、一九九頁を参照。ＳＳＮＩＰテストの発案者の一人による、同テストの起源、コンセプト、裁判所による受容等に関する回顧的説明として、Gregory J. Werden, The 1982 Guidelines and the Ascent of the Hypothetical Monopolist Paradigm (June 4, 2002) (http://www.usdoj.gov/atr/hmerger/11256.htm) も参照。

（8）Owens-Illinois, Inc., et al., 5 TRADE REG. REPTR. ¶ 23,162 (F. T. C. 1992).

（9）各商品市場の詳細については、id. at 22,816-22,821 を参照。

（10）Id. at 22,822.

（11）In the Matter of Olin Corp., 113 F. T. C. 400 (1990).

（12）Id. at 599-600.

（13）これらの証拠が重視される法的根拠は、判例法上の「合理的交換可能性」基準、「特有の性質および用途」基準、部分市場の「実際的指標」（本文で後述）であるが、本稿ではその詳細について論じる余裕がない。詳しくは、林秀弥・前掲注（7）論文を参照されたい。

（14）この基準の原典として、Kenneth G. Elzinga and Thomas F. Hogarty, The Problem of Geographic Market Delineation in Antimerger Suits, 18 ANTITRUST BULL. 45 (1973); Kenneth G. Elzinga and Thomas F. Hogarty, The Problem of Geographic Market Delineation Revised: The Case of Coal, 23 ANTITRUST BULL. 1 (1978) を参照。

（15）以下の記述については、United States v. Rockford Memorial Corp., 717 F. Supp. 1251, 1266-1268 (N. D. Ill. 1989) を主として参考にしている。なお、本文中のＬＯＦＩないしＬＩＦＯテストの数値が七五％超の場合には「弱い市場」、九〇％超の場合には「強い市場」とされ、実際の訴訟では、「強い市場」が基準とされる傾向が強い。

（16）たとえば、F. T. C. v. Freeman Hospital, 69 F. 3d 260 (8th Cir. 1995) では、合併病院はミズーリ州に所在し、ミズーリ州内の病院の入院患者データは入手可能だったが、ＬＩＦＯテストの検証に必要な、カンサス、アーカンソー、オクラホマ州のデータは入手できなかった。そこで、被告側証人は、合併病院による仮定的料金引き上げに反応して、入院患者は、自宅から合併病院所在地までの距離と同じ距離の範囲内にある病院に転換するとの仮定の下に地理的市場を推測し、裁判所もこの証言に説得力を見出した。

（17）たとえば、United States v. Rockford Memorial Corp., 717 F. Supp. 1251 (N. D. Ill. 1989) では、被告側証人は、実際のサービス・エリアに隣接する地域の有力病院を市場に含めるため、合併病院に入院患者を送り込んでいない三つの郵便番号地域を意図的に「サービス・エリア」に含めていた。

（18）この点を明言するものとして、In the Matter of Hospital Corporation of America, 106 F. T. C. 361, 466-467 (1986); In the Matter of

Adventist Health System/West, et al., 117 F. T. C. 224, 291-292 (1994); United States v. Mercy Health Services, 902 F. Supp. 968, 978 (N. D. Iowa 1995) 等を参照。

(19) 既に引用したもの以外では、United States v. Carlion Health Service, 707 F. Supp. 840 (W. D. Va. 1989); F. T. C. v. Butterworth Health Corp., 946 F. Supp. 1285 (W. D. Mich. 1996); F. T. C. v. Tenet Health Corp., 186 F. 3d 1045 (8th Cir. 1999) を参照。

(20) United States v. Country Lake Foods, Inc., 754 F. Supp. 669 (D. Minn. 1990).

(21) Id. at 675-676.

(22) Brown Shoe Co. v. United States, 370 U. S. 294 (1962).

(23) F. T. C. v. Swedish Match, 2000-2 TRADE CASES (CCH) ¶ 73,122 (D. D. C. 2000).

(24) Id. at 89, 325.

(25) Id. at 89, 326.

(26) Id. at 89, 328-89, 329.

(27) Id. at 89, 329-89, 330.

(28) In the Matter of Weyerhaeuser Co., et al., 110 F. T. C. 361 (1985).

(29) critical loss ないし critical elasticity 分析の反トラスト当局内での利用と裁判所による受容に関しては、Gregory J. Werden, supra note 7 を参照。とくに、FTCでの利用については、David Scheffman, Malcolm Coate, and Louis Silvia, 20 Years of Merger Guidelines Enforcement at the FTC: An Economic Perspective (June 4, 2002) (http://www.usdoj.gov/atr/hmerger/11255.htm) を参照。

(30) United States v. Mercy Health Service, 707 F. Supp. 840 (W. D. Va. 1989). 本判決では、合併病院による五%の料金引き上げが利益をもたらさなくなるために八%の患者喪失が必要だとする政府側の分析それ自体に争いはなく、むしろ、実際に八%の患者喪失がありそうか否かが争点であった。その意味で、本件は、critical loss 分析が受容されたうえで論点が具体的に絞られた事例といえないこともない。

(31) F. T. C. v. Tenet Health Corp., 186 F. 3d 1045 (8th Cir. 1999). また、直接critical loss ないし critical elasticity 分析に言及していないが、SSNIPに反応する他商品への顧客の転換の規模が具体的に明らかにされなかったことから、市場画定の段階で請求棄却とされた事例として、United States v. Engelhard Corp., 126 F. 3d 1302 (11th Cir. 1997); United States v. Sungard Systems, Inc., 172 F. Supp. 2d 172 (D. D. C. 2001) 等を参照。

(32) United States v. Philadelphia National Bank, 374 U. S. 321 (1963).

(33) Hospital Corporation of America v. F. T. C., 807 F. 2d 1381 (7th Cir. 1986) は、合併規制において競争者の維持それ自体を重視した六〇年代の判例法の立場は既に否定され、明示的ないし暗黙の共謀を容易にし、競争水準を超えて価格を上昇させる合併のみを規制する経済的アプローチが判例法として採用されるに至ったとの認識を示し、かような立場から、合併による企業数の減少と集中率の増大が競争の実質的減殺の指標として持つ意味を説明している (id. at 1386-1387)。

(34) 蛇足ながら、ＨＨＩは、関連市場に参加する企業の市場占拠率に一〇〇を乗じた数を二乗したものの総和で表され、〇(完全競争市場) から一〇〇〇〇 (完全独占) までの値をとる。周知のように、上位企業間の市場占拠率格差が大きいほど、ＨＨＩは大きな値をとる。

(35) United States v. Central State Bank, 621 F. Supp. 1276 (D. C. Mich. 1985).

(36) Frank Saltz & Sons, Inc. v. Hart Schaffner & Marx, 1985-2 TRADE CASES (CCH) ¶ 66,768 (S. D. N. Y. 1985).

(37) United States v. General Dynamics Co., 415 U. S. 486 (1974).

(38) 産業組織論におけるパラダイムの転換と関連付けて、ジェネラル・ダイナミクス事件判決の解釈の変化を説明するものとして、Jonathan B. Baker, Mavericks, Mergers, and Exclusion: Probing Coordinated Competitive Effects under the Antitrust Laws, 77 N. Y. U. L. REV. 135, 142-151 (2002) を参照。

(39) Monfort of Colorado, Inc. v. Cargill, Inc., 761 F. 2d 570 (10th Cir. 1985).

(40) 同様の判断を示すものとして、他に、Christian Schmidt Brewing Co. v. G. Heileman Brewing Co., 600 F. Supp. 1326 (E. D. Mich. 1985) も参照。

(41) 後述のベイカー・ヒューズ事件判決のほか、United States v. Waste Management, Inc., 743 F. 2d 976 (2d Cir. 1984); In the Matter of the Echlin Manufacturing Co., et al., 105 F. T. C. 410 (1985); United States v. Calmar Inc. 612 F. Supp. 1298 (D. C. N. J. 1985); F. T. C. v. Promodes S. A., 1989-2 TRADE CASES (CCH)¶ 68, 688 (N. D. Ga. 1989); United States v. Syufy Enterprises, 903 F. 2d 659 (9th Cir. 1990) 等を参照。

(42) 後述のクラフト事件判決のほか、United States v. Archer-Daniels-Midland Co., 781 F. Supp. 1400 (S. D. Iowa 1991) 等を参照。

(43) United States v. Baker Hughes, Inc. 908 F. 2d 981 (D. C. Cir. 1990).

(44) ベイカー・ヒューズ事件判決等における参入分析の問題点と、それを克服すべく考案された1992年水平型合併ガイドラインにおける参入分析のコンセプトについては、Jonathan B. Baker, The Problem with Baker Hughes and Syufy: On the Role of Entry in Merger Analysis, 65 ANTITRUST L. J. 353 (1997); Jonathan B. Baker, Responding to Developments in Economics and the Courts: Entry in the Merger Guidelines (June 4, 2002) (http://www.usdoj.gov/atr/hmerger/11252.htm) を参照。本稿では詳細に検討できないが、注（41）に掲げた審判決以降、参入の容易さの認定に慎重な態度をとる判決（たとえば、United States v. United Tote, Inc., 768 F. Supp. 1064 (D. Del. 1991) を参照）も現れ、さらに、一九九二年水平型合併ガイドライン以降は、明示的にその分析枠組みに依拠しつつ、参入の蓋然性、迅速性、十分性を吟味するアプローチを採用する判決例（F. T. C. v. Cardinal Health, Inc., 12 F. Supp. 2d 937 (D. D. C. 1998) を参照）が現れるに至った。今後は、「一応有利な事件」を覆す切り札として参入の容易さが安易に援用されることはないと予想される。

（45） 908 F. 2d 981, 990-991.

（46） Id. at 991.

（47） Ibid.

（48） In the Matter of the B. F. Goodrich Co., et al., 110 F. T. C. 207 (1988).

（49） Id. at 311, 314.

（50） Id. at 354-362 (Separate Statement of Commissioner Mary L. Azcuenaga) を参照。

（51） 文献は数多いが、とりあえず、William J. Kolasky, supra note 4 のみ掲げておく。

（52） 110 F. T. C. 207, 295. なお、①において、「参入障壁」と「参入障害」とが区別されているのは、In the Matter of Echlin Manufacturing Co., et al., 105 F. T. C. 410 (1985) が先例として存在するためである。本審決は、「参入障壁」を、「既存企業が直面する長期費用と比較して、参入者によって負担されなければならない追加的な長期費用」(id. at 485) と定義し、これが法律家や経済学者の間で広く受け入れられた定義であるとした。しかし、公共政策の観点からは、既存企業による価格引き上げが新規参入によって抑制されるまでの期間の長さが重要であるから、「有意な期間市場への参入を必然的に遅らせ、かくして、その期間において市場力が行使されることを許容するあらゆる条件」(id. at 486) に着目する必要があるとし、これを「参入障害」と呼んだ。この「参入障壁」の定義は明らかにシカゴ学派の影響を受けたものであり、しかも、実際の事実認定においては「参入障壁」が低いことが強調され「参入障害」の分析は不十分であった。それゆえ、少数反対意見を書いたベイリー（Bailey）委員は、多数意見の立場を「『シカゴ学派』による経済的『国家宗教』アプローチ」(id. at 495) と呼んで厳しく批判したのである。いずれにせよ、合併規制の文脈においてかような概念の使い分けには今日あまり根拠はないといえる。

(53)　後述のホスピタル・コーポレーション・オブ・アメリカ事件ＦＴＣ審決のほか、F. T. C. v. Elders Grain, Inc., 868 F. 2d 901 (7th Cir. 1989); The Coca-Cola Co., 5 TRADE REG. REPTR. ¶ 23,625 (F. T. C. 1994); F. T. C. v. Cardinal Health, Inc., 12 F. Supp. 2d 34 (D. D. C. 1998) 等を参照。

(54)　たとえば、Bon-Ton Stores, Inc. v. May Department Stores Co., 881 F. Supp. 860 (W. D. N. Y. 1994) では、競争者(伝統的デパートメント・ストア）間で互いに小売価格をモニターしあう慣行があったことが指摘されている。F. T. C. v. Cardinal Health, Inc., 12 F. Supp. 2d 34 (D. D. C. 1998) では、合併当事者（処方薬卸売業者）が顧客（病院）との間の契約に挿入していた最恵国待遇条項が反競争的効果の一証拠とされた。

(55)　たとえば、Owens-Illinois, Inc., et al., 5 TRADE REG. REPTR. ¶ 23,162 (F. T. C. 1992); R. R. Donneley & Sons Co., et al., 5 TRADE REG. REPTR. ¶ 23,876 (F. T. C. 1995) を参照。

(56)　後述のクラフト事件判決のほか、The Coca-Cola Co., 5 TRADE REG. REPTR. ¶ 23,625 (F. T. C. 1994) を参照。

(57)　後述のＢ・Ｆ・グッドリッチ事件審決を参照。

(58)　United States v. Elders Grain, Inc., 868 F. 2d 901, 905-906 (7th Cir. 1989); United States v. Rockford Memorial Corp., 898 F. 2d 1278, 1285 (7thCir.1990).

(59)　F. T. C. v. H. J. Heinz Co., 116 F. Supp. 2d 190 (D. D. C. 2000). ただし、控訴審では、この主張は認められなかった。172 F. 3d 708 (D. C. Cir. 2001).

(60)　F. T. C. v. Butterworth Health Corp., 946 F. Supp. 1285 (W. D. Mich. 1996).

(61)　F. T. C. v. Bass Brothers Enterprises, Inc., 1984-1 TRADE CASES (CCH) ¶ 66,041 (N. D. Ohio).

(62)　以上につきid. at 68,609-68,612 を参照。

(63)　集中率統計による「一応有利な事件」の成立と、集中率統計以外の考慮事由の要約について、id. at 68,620-68,621 を参照。

(64)　以上の事実認定についてはid. at 68,614-68,616 を参照。

(65)　ちなみに、買手の規模と洗練度が協調行動の蓋然性を否定する根拠として援用された事例のうち、United States v. Archer-Daniels-Midland Co., 781 F. Supp. 1400 (S. D. Iowa 1991) では、関連商品（砂糖の代わりとなる甘味料である高果糖コーン・シロップ）の買手(特に炭酸飲料のボトラー)が協同組合の結成等を通じて共同購入を進める傾向にあったことや、新規参入を促すこと等により売手の高価格設定に対抗する手段を買手が持っていたことが重視された(id. at 1416-1418)。Owens-Illinois, Inc., et al., 5 TRADE REG. REPTR. ¶ 23,162 (F. T. C. 1992) では、関連商品(諸種の食品用ガラス容器)の買手市場の集中度が高いことのほかに、買手の中に容器の自家製造施設を持つ者が多いことや、買手が売手の生産費用をモニターする契約上の権利を有する場合が多いことが重視された(id. at 22,824-22,825)。他方、AlliedSignal, Inc. v. B. F. Goodrich Co., 183 F. 3d 568 (7th Cir. 1999) では、関連商品(航空機の着陸用ギア)の買手たる航空機メーカーは、規模と洗練度において売手による市場力の行使を抑制しうる立場にあるが、航空機の売手として顧客(航空会社)に市場力を行使しうる立場にあることから、関連商品購入における費用増を顧客に転嫁する可能性が否定できないので、本案審理前の予備的インジャンクション請求の段階では、買手の規模と洗練度は集中率に基づくクレイトン法七条違反の蓋然性を否定する要素とはなり得ないと判示された (id. at 574-575)。

(66) In the Matter of Hospital Corporation of America, 106 F. T. C. 361 (1985).

(67) 以上につきid. at 487-489 を参照。

(68) Id. at 489-496.

(69) Id. at 478-487.

(70) Id. at 496-499.

(71) Id. at 499-500.

(72) Id. at 500-501.

(73) Id. at 507-508.

(74) Id. at 510-511.

(75) In the Matter of the B. F. Goodrich Co., et al., 110 F. T. C. 207 (1988).

(76) In the Matter of Occidental Petroleum Corp., et al., 115 F. T. C. 1010 (1992).

(77) 参入障壁ないし障害については、110 F. T. C. 207, 295-303 を、需要の価格弾力性についてはid. at 317-320 を、買手市場の集中度についてはid. at 323-324 を、需要・供給の安定性・予測可能性についてはid. at 326-329 を、取引形態についてはid. at 325-326 を、それぞれ参照。

(78) 集中率についてはid. at 303-314 を、関連商品の多様性についてはid. at 315-317 を、費用関数の産業内格差についてはid. at 321-323 を、それぞれ参照。

(79)　Id. at 331-332.

(80)　Id. at 330-331.

(81)　以上につきid. at 332-338 を参照。

(82)　これは、オリバー（Oliver）委員長の一部賛成・一部反対少数意見が主張した点である。Id. at 349-354.

(83)　これは、アズケナガ（Azcuenaga）委員の一部賛成・一部反対少数意見が主張した点である。Id. at 354-362.

(84)　このうち、ＰＶＣ単一重合体とＰＶＣ共重合体とは、供給面での代替可能性に照らして同一市場を構成すると被審人側は主張した。ＦＴＣは、共重合体から単一重合体への生産転換は、費用面での不利が伴うものの比較的容易であるとして、単一重合体の市場に共重合体の生産プラントを含めた。他方、単一重合体から共重合体への生産転換は、追加的な投資の必要性等に照らして、ありそうにないとして、共重合体の市場に単一重合体の生産プラントを含めることを拒否した。115 F. T. C. 1010, 1221-1229. また、地理的市場の画定と関わって、本件合併に対する予備的インジャンクション請求に係るF. T. C. v. Occidental Petroleum Corp., 1986-1 TRADE CASES (CCH) ¶ 67,071 (D. D. C.) は、輸入急増の事実、外国における過剰生産能力の存在等に照らして、合衆国より広い範囲で地理的市場が画定されるべきだと判示したが、本案に係るＦＴＣ審決は、国内供給に占める輸入比率が小さいこと、国内価格の上昇に反応する輸入の増大比率が小さいこと、関税・輸送費用上の問題等に照らして、地理的市場は合衆国全体に限定された。115 F. T. C. 1010, 1229-1241.

(85)　以上、集中率の測定と数値の解釈に関する議論については、id. at 1243-1249 を参照。

(86)　商品の多様性（同質性）に関する以上の認定についてid. at 1250-1259 を参照。

(87)　Id. at 1265-1266.

(88)　State of New York v. Kraft General Foods, Inc., 926 F. Supp. 321 (S. D. N. Y. 1995).

(89)　関連市場画定に関する事実認定についてid. at 326-335 を、法的結論についてid. at 359-361 を参照。

(90)　集中率の測定とその評価についてid. at 361-363 を参照。

(91)　Id. at 364.

(92)　以上の事実認定についてid. at 342-352 を参照。

(93)　以上につきid. at 364-365 を参照。

(94)　合併が協調行動を促進するか否かの判断においてMaverickの識別を重視する立場から、Maverick識別のための具体的手法を提案するものとして、Jonathan B. Baker, supra note 38 を参照。

(95) かような手法自体は、政権交代に関わりなく反トラスト当局内で受け継がれている模様である。たとえば、Joseph J. Simons, Merger Enforcement at the FTC (October 24, 2002) (http://www.ftc.gov/speeches/other/021024mergeenforcement.htm) におけるクルーズ・ライン合併事件の分析を参照。

(96) 逆に、合併後の集中率が高い事例では、参入の容易さが認定されない限り、集中率統計以外の質的指標に関する証拠に高い価値が認められることは少ないように見受けられる。たとえば、いずれも合併後のＨＨＩが三〇〇〇を超え、クレイトン法七条違反ないし違反の蓋然性が認定された、F. T. C. v. PPG Industries, Inc., 798 F. 2d 1500 (D. C. Cir. 1986); The Coca-Cola Co., 5 TRADE REG. REPTR. ¶ 23,625 (F. T. C. 1994); F. T. C. v. Swedish Match, 2000-2 TRADE CASES (CCH) ¶ 73,122 (D. D. C. 2000); F. T. C. v. H. J. Heinz Co., 246 F. 3d 708 (D. C. Cir. 2001) を参照。

【追記】本稿は審判決例の分析に重点を絞ったため、紙幅の都合上、合併規制の理論に関わる文献の引用は最小限度にとどめた。また、筆者の個人的事情により、二〇〇二年末に本稿を脱稿した後、主題に関するその後の展開を本稿に反映させることができなかった。本稿脱稿後に執筆した、拙稿「市場支配力の法的分析」『企業結合規制の再検討（日本経済法学会年報第二四号）』有斐閣、二〇〇三年、一七頁以下を併せて参照していただけると幸いである。

あとがき

本書は、静岡大学人文学部の故本間重紀さんを追悼する趣旨で企画された論文集である。本間さんが、二〇〇一年五月六日に五七歳という若さでこの世を去ってから早三年が過ぎてしまった。そのあまりにも早すぎる逝去が多くの人々に惜しまれたことは我々の記憶に新しい。五月八日の告別式で最後の別れに駆けつけた人々を代表して佐藤博明静岡大学学長、山本義彦人文学部長、宮坂富之助早稲田大学名誉教授らが述べた弔辞は、本間さんを失った無念さと悲しみに満ち溢れていた。二ヵ月半後の七月二〇日に催された「本間重紀さんを偲ぶ会」には一六〇名を超える友人知人や教え子たちが一堂に会し、生前の本間さんの活躍と人となりを語り合ったことが、まるで昨日のように思い出される。

本間さんは一九四四年二月一一日に新潟県佐渡島に生まれた。六八年に東京大学法学部を卒業後、同社会科学研究所助手を経て、七四年に静岡大学人文学部に赴任され、二七年間にわたって静岡の地を基点にして学問研究と教育活動に従事された。学会活動はもとより、地域住民や中小業者、弁護士など数多くの人たちと共に現実の諸問題にも果敢に取り組み、非常に広範な社会活動・社会運動に積極的に関与された。その人柄は実に闊達で、担当した経済法ゼミナールの卒業生たちが毎年ＯＧＯＢ会を開催して数多く集まるなど、自ずと人を惹き付ける温かみを持っておられた。他方、権力や権威に対してはあくまでこれを退ける峻厳さを持ち続け、権力批判の舌鋒は誠に鋭いものがあった。

我々が本書に「構造改革批判と法の視点」というタイトルを付けた理由は、それが内容を最も的確に表すものであると考えたからであることは当然であるが、それだけにとどまるものではない。本書は、本間さんが学問的かつ実践的に追求し続けた課題に、我々が少しでも応えようとしたささやかな営為の所産であることを示そうとしたからでもある。なぜなら他ならぬ本間さんこそは、規制緩和や司法改革などの「構造改革」の危険な本質を誰よりも早く見抜き、これに対して警鐘を鳴らし続けた人だったからである。

本間さんの学問的業績は非常に多岐にわたっている。詳細に触れる余裕はないが、主な領域だけでも、第一に東大社研時代の助手論文でもあった戦時経済統制法研究に始まる一連の戦前戦後の国家独占資本主義法に関する諸研究があり、第二に独占支配の法構造に関する理論法学的な諸研究があり、そして第三に規制緩和政策批判に代表される現代の現実的課題に関する優れて実践的な諸研究がある（本間さんの業績紹介については『法律時報』七三巻八号の追悼文を、また業績一覧については『静岡大学法政研究』六巻三・四号を参照されたい）。

とりわけ、重篤な病との闘いを続けた三年間を含む最後の数年間は、本間さんがその著書に『暴走する資本主義——規制緩和の行方と対抗戦略』（花伝社）とのタイトルを付したことに良く表れているように、第三の研究領域が集中して精力的に取り組まれた時期であった。総論としての規制緩和政策に対する根本的な本質批判、各論としての大規模小売店舗規制の緩和・廃止政策批判、持株会社解禁論批判、著作物再販廃止論批判、そして司法改革批判等々に関する多くの著作のほとんどはこの時期に発表され、その主要なものは『暴走する資本主義』として結実した。それは単に法律学の書というより、当時社会を席巻していた規制緩和政策に対するほとんど初めての全面的な批判の書であったのであり、その骨太で力強い論理と説得力により、規制緩和政策と現実的に切り結び格闘する各分野の実践家たちを励まし、彼らから高い評価と歓迎を受けたのである。

もちろん本間さんのこのような研究活動は、それのみにとどまるものではなかった。否、本間さんにあっては、すでに触れたように、研究活動は常にそれに係わる実践と深く結びついたものであった。「研究は足でするものだ」というのが本間さんの持論であった。規制緩和や司法改革などの「構造改革」の嵐が吹き荒れる中、重篤な病を抱えて幾度となく入退院を繰り返しながらも、求められれば退院時には全国各地に講演に出かけた。入院時には病室で『暴走する資本主義』や編著書である『コンビニの光と影』を執筆する一方、酸素吸入器をつけて病室や控え室で研究会を主宰し、廊下でゼミの学生の相談に乗っていた。

傍からは無謀とすら思われるほどの本間さんのかような実践的姿勢は、その熱い魂のほとばしりのように感じられ、彼を知る多くの人の胸を打たずにはおかなかった。その姿に感動を覚えない者はいなかった。かくいう我々も、実践活動に結び付けられた本間さんの学問に惹き付けられ、その生き様に心を揺さぶられたものである。我々が刊行委員会を組織して本書を公刊した理由は、本間さんが身をもって我々に見せ、伝え、投げかけてくれた学問的営為に対して、追悼論文集という形で我々の学問的営為の一端を投げ返したかったからでもある。

上記の「偲ぶ会」以後、本間さんが在職していた静岡大学の法経学会が二〇〇二年三月に追悼号として上記の『法政研究』を発行し、没後一年に当る同年五月には、経済法ゼミナールの教え子たちが追悼文集を編んでいる。そして今日、我々刊行委員会は、追悼論文集としての本書を本間さんの墓前にささげることとしたい。我々は本間さんとは民主主義科学者協会法律部会と日本経済法学会という少なくとも二つの学会で活動を共にしていた者である。本書が成功しているかどうかは、読者とともに天国の本間さんにも判断してもらうほかない。夢の中でも良いから、本間さんを囲んで、本書の合評会を開きたいところである。

本書の企画は本間さんの逝去後まもなく始められたが、刊行までに三年近くを要してしまった。しかしそれでも本書が何とか没後三年に間に合うように刊行され得たのは、一四人の執筆者の方々のご協力と、出版を引きうけていただいた花伝社のご尽力の賜物である。ここに心からの謝意を表したい。

二〇〇四年五月

本間先生追悼論文集刊行委員会
飯田泰雄、近藤充代、高瀬雅男、土田和博、山本晃正

執筆者紹介

（　　）内は執筆した章

広渡　清吾	東京大学社会科学研究所教授	(第 1 章)
戒能　通厚	早稲田大学法学部教授	(第 2 章)
小田中聰樹	専修大学教授	(第 3 章)
吉田　省三	長崎大学経済学部助教授	(第 4 章)
山本　義彦	静岡大学人文学部教授	(第 5 章)
飯田　泰雄	鹿児島大学法文学部教授	(第 6 章)
原田　純孝	東京大学社会科学研究所教授	(第 7 章)
山本　晃正	鹿児島国際大学経済学部教授	(第 8 章)
近藤　充代	日本福祉大学経済学部教授	(第 9 章)
丹宗　曉信	丹宗独占禁止・知的財産法律事務所・弁護士	(第 10 章)
高瀬　雅男	福島大学教授	(第 11 章)
高橋　岩和	明治大学法科大学院教授　兼　明治大学法学部教授	(第 12 章)
土田　和博	早稲田大学法学部教授	(第 13 章)
宮井　雅明	立命館大学法学部教授	(第 14 章)

編者紹介

丹宗　曉信（たんそう・あきのぶ）
元北海道大学教授
現在、丹宗独占禁止・知的財産法律事務所・弁護士
主な著書
『経済法総論』〈現代法律学全集 50〉（共著）、青林書院、1999 年。
『独占禁止手続法』（共著）、有斐閣、2002 年。

小田中聰樹（おだなか・としき）
東北大学名誉教授
現在、専修大学教授
主な著書
『人身の自由の存立構造』、信山社出版、1999 年。
『司法改革の思想と論理』、信山社出版、2001 年。

構造改革批判と法の視点 — 規制緩和・司法改革・独占禁止法 —

2004 年 6 月 1 日　初版第 1 刷発行

編者 —— 丹宗　曉信／小田中聰樹
発行者 — 平田　勝
発行 —— 花伝社
発売 —— 共栄書房
〒101-0065　東京都千代田区西神田 2-7-6 川合ビル
電話　03-3263-3813
FAX　03-3239-8272
E-mail　kadensha@muf.biglobe.ne.jp
URL　http://www1.biz.biglobe.ne.jp/~kadensha
振替 —— 00140-6-59661
装幀 —— 澤井洋紀
印刷・製本 — モリモト印刷株式会社

ISBN4-7634-0422-9　C0036